認知日本語学講座 第4巻

編 山梨正明
吉村公宏
堀江薫
籾山洋介

認知意味論

大月　実
進藤三佳
有光奈美

くろしお出版

認知日本語学講座

編者　山梨正明
　　　吉村公宏
　　　堀江　薫
　　　籾山洋介

第 1 巻『認知言語学の基礎』（碓井智子・田村幸誠・安原和也）

第 2 巻『認知音韻・形態論』（李　在鎬・村尾治彦・淺尾仁彦・奥垣内　健）

第 3 巻『認知統語論』（小熊　猛・町田　章・木原恵美子）

第 4 巻『認知意味論』（大月　実・進藤三佳・有光奈美）

第 5 巻『認知語用論』（小山哲春・甲田直美・山本雅子）

第 6 巻『認知類型論』（中村　渉・佐々木　冠・野瀬昌彦）

第 7 巻『認知歴史言語学』（金杉高雄・岡　智之・米倉よう子）

認知日本語学講座・刊行にあたって

　認知言語学は，言葉の形式・意味・運用の諸相を体系的に考察し，言語学の領域だけでなく，認知科学の関連分野の知見を組み込みながら学際的な研究パラダイムとして進展している。特に近年の認知言語学の研究は，文法論，意味論の研究だけでなく，音韻・形態論，語用論(談話・テクスト分析を含む)，歴史言語学，言語類型論，等，着実にその研究のスコープを拡げており，より学際的で包括的な言語研究のアプローチとして，また経験科学としてより説明力をもつ言語学のアプローチとして注目されている。

　認知言語学の進展に伴い，これまでもいくつかの入門書，研究書，翻訳書が出版されている。しかし，その大半は主に文法と意味の考察が中心となっており，音韻・形態論，語用論，歴史言語学，類型論，等の言語学の研究領域を視野に入れた体系的な認知言語学の研究書は，国内外においても多くは出版されていない現状にある。また，これまでの認知言語学の入門書や研究書は，英語を中心とする欧米の言語の研究が中心となっており，認知言語学の方法論，分析法を日本語の研究に適用した入門書や研究書は殆ど出版されていない。

　本国における日本語研究を見た場合，言語現象に関する記述・分析を試みる研究は広範になされているが，言葉の形式・意味・運用の諸相を体系的に研究する理論的な枠組みに基づく日本語研究は，現在までのところ実現しているとは言いがたい。従来の理論言語学のアプローチとしては，構造言語学，生成文法のアプローチが考えられる。しかし，これらのアプローチは，主に言語の形式的なレベル(音韻・形態レベル，文法レベル)に関わる言語現象の分析が中心となり，言葉の意味と運用に関わる言語現象までを包括的に研究するアプローチとしては，限界が認められる。これまでの日本語研究において，言葉の意味・運用の諸相をも含めて言語現象を包括的に，かつ体系的に研究していく本格的なアプローチがなされていないのは，形式的な言語学のアプローチの限界に起因する。

　認知言語学は，形式的な言語学の研究パラダイムに対する批判から出発し，経験科学としての言語学を根源的に問い直す新しいパラダイムとして注目される。従来の理論言語学の研究では，言語分析に際し，形式と意味の関

係からなる自律的な記号系を前提とするアプローチがとられ，実際の伝達の場における言語主体(話し手・聞き手)の運用能力を反映する記号系としての文法研究はなされていない。この現状を考慮した場合，言語の形式・構造のみならず，意味・運用までを視野に入れた認知言語学の研究，さらに言えば，日常言語の生きた文脈との関連から見た言語現象の体系的な分析を目ざす認知言語学の研究のアプローチは重要な意味をもつと言える。

　理論言語学の日本語教育や外国語教育への応用の可能性の観点から見た場合はどうだろうか。この点から見た場合，従来の形式・構造を中心とする理論言語学の研究が，日本語教育，外国語教育の実践の場から遊離している現状は否定できない。これに対し，認知言語学のパラダイムに基づく言語研究は，日本語教育や外国語教育の関連分野にも重要な知見を提供する新たな言語学のパラダイムとして注目される。認知言語学は，言葉の形式・構造の側面だけでなく，言葉の意味的な側面，運用的な側面，修辞的な側面の研究も精力的に進めている。日本語教育や外国語教育の場においては，言葉の形式・構造に関する知見だけでなく，意味的，運用的，修辞的な研究から得られた知見の応用が重要な役割を担う。この点で，認知言語学の研究から得られる知見は，日本語教育や外国語教育の場において，教育メソッド，教材研究，シラバス・カリキュラム作成，等の新たな開発に貢献することが期待される。

　これまでの認知言語学の入門書や研究書は，英語を中心とする欧米の言語の研究が中心となっており，日本語の分析を中心とする認知言語学の本格的な入門書や研究書は出版されていないのが現状と言える。本講座はこの点を考慮し，認知言語学の方法論と研究法を，主に日本語の具体的な分析に適用した研究書のシリーズとして企画されているが，日本語以外の言語現象も考察の対象としている。

　本講座の読者層としては，主に言葉と関連分野の研究に関わる専門課程の学部学生，大学院生，研究者を対象としている。本講座が，日本語学，言語教育の分野の研究だけでなく，広い意味での言葉の研究に興味を抱く読者に認知言語学の視点から新たな知見を提供し，言葉の研究・教育がさらに進展していくことを切に願ってやまない。

編者

まえがき

　本書は，認知言語学のまさに核心とも呼ぶべき認知意味論の研究書である。従来，「認知意味論」を冠した書は，研究書・入門書を含めていくつか出ているが，本書は以下の諸点で類書とは区別される。

　まず，意味論の歴史の中で認知言語学を取り上げる際に，従来は主として生成文法との対比で扱われることが多かったが，古代からの意味に関わる議論・研究の流れの中で位置づけられることは，ほとんどなかった。本書では，古代・中世における重要な議論・概念と，それらを踏まえての近現代における発展の概観を行った。また，その中で全体を「哲学的意味論」と「言語的意味論」に大きく分けて扱った。哲学的意味論は，類書ではほとんど扱われていないが，言語的意味論の研究とも大きく関わるものであり，特に語用論の発展には決定的な役割を演じている。また，両者含めて，認知言語学の先駆けとなる研究・概念を取り上げその意義を明らかにした。

　認知言語学の根本命題は，第1章1.2.5節でも触れるように，「言語の基本的機能はカテゴリー化である」ということであるが，そのことは言語のすべてのレベルや相において現われている。いわゆる「カテゴリー論」について，従来の類書には哲学的カテゴリー論に関しては，アリストテレスに関して言及がある程度で，しかも第2章1.1節で述べるように「アリストテレス的」カテゴリー論として不適切とも言うべき扱いがなされてきた。また，他の重要な（特にカントの）カテゴリー論とその意義については，ほとんど扱われてこなかった。哲学的カテゴリー論と言語的カテゴリー論をあわせての概説は本書が初めてである。中でも本書で扱う〈命名〉と〈色彩語〉の問題は，言語的カテゴリー論の2大トピックとも呼べるものであり，それぞれの先行研究を踏まえての全体像の提示，興味深い事実の発掘と知見の獲得，理論化と様々な提言は，本書の特徴の1つと言えるであろう。

　さらに，意味変化と否定の問題もカテゴリー及びカテゴリー化と深く関わる極めて重要なテーマである。まず，〈意味変化〉の研究に関してであるが，とかく言語学の研究書というと，その基盤とする各言語理論の前提や枠組みを当然の仮説のように据えたうえで議論を始めることが多い。しかし，意味変化の議論の場合，我々が日々経験し，実際に起こると考えられる意味の変

容には，歴史的原因，社会的原因，隣接する他の言語の影響等が考えられる。本書では，それらの様々な要因・動機づけによる意味の変化をまず概観し，それを踏まえたうえで，認知的な考え方・枠組みに視点を置いた場合に，何を明らかにできるのかということから議論を進めた。このようなストラテジーを取ることにより，一般的な読者にも，認知的なものの見方がどのような意義をもつのかを納得しやすくしたつもりである。

　また，英語を中心としたインド・ヨーロッパ語族でよく議論される意味変化研究であるが，語族のまったく異なる日本語についても同様の現象が見られることを紹介し，人間一般の根底にある認知能力・コミュニケーション能力の議論であることを示した。さらに，意味変化の分野においてよく一定の規則性が提唱される文法化・共感覚表現に注目し，認知的基盤に立った場合に明らかな研究成果が見られることを概観した。

　一方，〈否定〉に関して特筆すべき事柄は，否定を「対比」や「カテゴリー化」との関係で説明している点である。否定のメカニズムには，論理学を基盤とするものが不可欠である一方で，いわゆる論理学における否定の記号を用いた論理式では捉えきれない多様な否定性が存在している。こうした否定性の諸相を捉えるために，認知言語学や語用論の言語使用を重視する考え方は大きな示唆を与えてくれるものである。否定の機能と否定の意味との関係を知ることを通して，ダイナミックな人間の言語活動の一部を明らかにすることができる。否定は言語表現の基盤を支える重要な一要素である。否定の関わるレトリックは多岐にわたっており，そこには人間の身体性や認知能力が反映されていることを示す。

　本書は，全7章で構成されている。第1章「意味論の歴史と認知言語学」，第2章「カテゴリー論と命名」，第3章「色彩語」，及び「あとがき　意味研究の課題と展望」は大月，第4章「意味変化の種類と動機づけ」，第5章「意味変化と文法化」，第6章「意味拡張と多義」は進藤，そして第7章「意味論研究における否定の諸相」は有光が担当した。それぞれ先行研究を批判的に検討しつつ，筆者らの研究を組み込んでの概観・理論化・諸問題の発掘と発展性のある追究を行い，今後の展望を示した。

　各章の内容を簡潔に紹介すると，第1章では，意味の研究の歴史について，特に重要な概念を中心に取り上げつつ，その全体像を簡略に提示する。まず，「哲学的意味論」に関しては，特に意味研究と関連が高く重要なものに関して取り上げ，その意義（必要性）と概念的有効性（可能性）について評

価する．特にプラトンの対話編『クラテュロス』の議論は，記号の本性と関わる重要なものであり，ウィトゲンシュタインの「家族的類似性」は認知言語学の概念としても組み込まれており，さらにオースティン，サール，グライスなど語用論の基礎を築いた一群の哲学者達の業績についてもこれを歴史的に位置付ける．そして，「言語的意味論」に関しては，認知言語学に通じる理論を立てようとしたブレアル，今日でも必ずしも正しく理解されていないソシュール，多くの点で認知言語学の先駆者と見なすべきビューラーをはじめ，重要な学者を取り上げる．さらにアメリカ構造主義，生成文法から生成意味論を経て，認知意味論が登場するに至った経緯を簡潔にまとめ，認知意味論の根本命題，基本概念などについて全体の中で簡明に位置付ける．

第2章では，哲学と言語学におけるカテゴリー論を概観したのち，「カテゴリーの学」としての言語学の理論的な核となる問題として「命名論」を取り上げる．従来，言語学では，命名はどちらかと言えば周辺的な問題として扱われてきたが，命名は本質的にカテゴリー化と連動し，名前は命名の結果としてのカテゴリーを表すものであり，言語におけるカテゴリーを研究するうえで避けて通れないばかりでなく，汲めど尽きせぬ成果の得られる豊かな鉱脈である．先行研究を概観したのち，様々な問題群とそれに対する探究の結果を提示する．

第3章では，言語理論の試金石とも見なされる「色彩語」に関して，先行研究を踏まえたうえで，実証的な探究に基づいた分析結果・仮説を提示する．膨大な先行研究に関して従来のどの類書よりも包括的に扱っており，全体を概観するためにも，これからこの分野の研究を始めようとする学徒にとっても，大いに参考になるものと自負している．このことは，日本語の色彩語の意味に関しても，諸言語における色彩象徴の意味の研究についても当てはまることである．

なお，第1章から第3章に関しては，歴史的に見て著名な人物が多く登場することから，読みやすさを考慮し人名をカタカナでも表記した．

第4章では，古典的な Ullmann の理論，及び，Ullmann に対する，のちの Geeraerts や Blank の賛否を含む議論を紹介し，意味変化の動機付けについて，まず全般的に概観する．その中で，認知的動機付けと語用論的動機付けの果たす役割をつかみ，その具体的な例として，メタファーと語用論的推論の言語事例を示す．

第5章では，意味変化の中でも，一方向性等の規則性を示しているとして

注目され，実証的データに基づく研究成果がよく報告されている文法化の研究に注目する。英語を中心として提唱される規則性の例を挙げ，その動機づけとして主観化・間主観化の概念を概観する。さらに，日本語における文法化の研究事例を挙げ，語族を超えて現象が観察できることを示す。

　第6章では，共時的な側面から捉えられる言語の変容について，注目する。意味変化は当然のことながら，通時的なデータに基づいて変化のプロセスが議論されるものだが，共時的なデータに基づいて，形態・音韻論的融合が議論されることもあり，その再分析の例を概観する。また，視覚・触覚等の共感覚表現は，文法化と並んで一定の規則性が観察される分野である。その共感覚表現についての研究を，形容詞・動詞それぞれについて示す。

　第7章では，まず，意味論研究における否定の位置付けを踏まえ，最も基本的な内容として論理学における否定の扱いについて概観する。そして，論理学での否定に関する記号操作と，日常言語における否定の意味との相違点を明らかにしていく。また，否定と集合論との関係の中で捉え，整理する。続いて，否定の諸機能を紹介する。否定には，明示的な否定辞を伴う明示的な否定文（文レベル，語レベル，接辞レベル等）と，明示的な否定辞を伴わない非明示的な否定文があることを示す。明示的な否定辞を伴う明示的な否定文の中では，否定極性表現（Negative Polarity Items, NPIs）の諸問題も扱う。また，非明示的な否定文にはしばしば「対比」が用いられており，人間の「対比」を認識する能力が，言語における否定的な意味を創造することとつながっている。Langacker の認知図式や Lakoff and Johnson の知見を提示し，空間認知やカテゴリー化と，否定との密接な関係を述べる。また，図地反転などを用いながら，対比の種類についても提示する。さらに，メタファーの視点から否定的意味に注目し，明示的な否定辞を用いずに，いろいろな否定性が伝達されうることを述べる。そして，メタ言語否定，禁止命令，拒絶，皮肉，ジョーク等のレトリックの問題にも言及するだけでなく，否定が関わるコミュニケーションや対人配慮の諸問題についても触れる。否定に関わる歴史的な背景についても，Jespersen の否定のサイクル（Negative Cycle）を中心に知見を紹介する。非現実性と否定との結びつきについても示し，最後は，今後の否定研究に関する課題と展望を述べる。

　さらに，「あとがき」において，認知意味論あるいは広く認知言語学一般の課題を指摘するとともに，今後の展望の方向性と，その1つの可能性としての個別言語による事態把握の対照的研究について触れる。

最後に，本講座の責任編集者であられる山梨正明先生に心より深甚なる感謝の意を表したい。山梨先生は，本書の執筆者の大学院以来の恩師として，また長年にわたる学問上の先達として，その進むべき道を示唆いただいた。先生の温かいお見守りとご指導・ご助言がなかったら本書は日の目を見なかったであろう。今後の研究を益々進展させることでご恩に報いたいと願う次第である。また，くろしお出版の池上達昭氏・荻原典子氏には，適切で貴重なご助言を多数いただいた。当初の企画からかなり時間が経ってしまったが，遅筆の私共を優しく見守っていただき，私たちもご期待にお応えしなければと頑張ることができた。この場をお借りして篤く御礼申し上げる次第である。

2019年3月
大月　実
進藤三佳
有光奈美

目　次

認知日本語学講座・刊行にあた-って　　iii
まえがき　　v

第 1 章　意味論の歴史と認知言語学 1
1.0　はじめに　1
1.1　哲学的意味論　1
　　1.1.1　古代・中世　2
　　1.1.2　近現代　6
　　　1)　ミル　6
　　　2)　フレーゲ　6
　　　3)　パース，モリス　7
　　　4)　ウィトゲンシュタイン　8
　　　5)　オースティン　10
　　　6)　サール　10
　　　7)　グライス　11
　　　8)　スペルベルとウィルソン　12
1.2　言語的意味論　12
　　1.2.1　ブレアルから現代まで　13
　　　1)　ブレアル　13
　　　2)　ダルメステテール　14
　　　3)　ソシュール　15
　　　4)　ビューラー　16
　　　5)　オグデンとリチャーズ　17
　　　6)　ステルン　18
　　　7)　ブルームフィールド，サピア，ファースなど：意味の規定　20
　　　8)　ウルマン　21
　　　9)　リーチ　22
　　1.2.2　チョムスキーと生成文法　24
　　1.2.3　生成意味論　25
　　1.2.4　生成意味論から認知意味論へ　26

1.2.5　認知言語学・認知意味論の思想と基本概念　30

第2章　カテゴリー論と命名 35
2.0　はじめに　35
2.1　カテゴリー［範疇］論　36
　　2.1.1　哲学におけるカテゴリー論　36
　　　　1）アリストテレス，スコラ哲学　36
　　　　2）カント，ヘーゲル　39
　　　　3）パース　40
　　2.1.2　認知言語学のカテゴリー観と諸概念　42
2.2　自然言語とカテゴリー　44
2.3　命名の問題　44
　　2.3.1　はじめに　44
　　2.3.2　先行研究の概観　45
　　2.3.3　命名の適切性（ふさわしさ）　47
2.4　命名のダイナミズム　52
　　2.4.1　命名の側面性　52
　　2.4.2　本質存在と事実存在　53
　　2.4.3　名前の創造：既存の記号との関係による分類　55
　　　　2.4.3.1　既存の語の（そのままの）適用　55
　　　　2.4.3.2　既存の語の援用：音の部分的変化　56
　　　　2.4.3.3　既存の語の組み合わせ：表現上の増加・減少　56
　　　　2.4.3.4　まったく新しい名前を創造する場合：音声象徴・外来語　60
2.5　命名と言語進化　62
　　2.5.1　恣意性　62
　　2.5.2　超越性　65
　　2.5.3　二次的な名前（合成名）　67
　　　　2.5.3.1　認知と命名の対応性　67
　　　　2.5.3.2　命名に観察される階層性　68
　　　　2.5.3.3　二次的な名前間の関係　71
2.6　命名・名前の機能　72
2.7　命名の文法　74
2.8　命名と指示・記述・表現　76

- 2.8.1　指示と命名　77
- 2.8.2　記述と表現　79
- 2.8.3　記号と名称　80
- 2.8.4　対応関係：「多対一」と「多対多」　80
- 2.8.5　指示・記述と命名・表現：還元不可能性　82
- 2.9　命名論の諸問題・トピック　83
  - 2.9.1　文芸における命名　83
  - 2.9.2　命名の政治性　84
  - 2.9.3　翻訳と命名：対照言語学　85
- 2.10　課題と展望　87

第3章　色彩語　89

- 3.0　はじめに　89
- 3.1　色彩語の研究史　89
  - 3.1.1　色彩語研究前史　90
    1) プラトン　90
    2) アリストテレス　91
    3) バルトロメウス・アングリクス　92
    4) ニュートン　92
    5) ゲーテ　93
    6) ヤング，ヘルムホルツ，ヘリングなど　95
    7) レヴィ・ストロース，ターナー，トドロフ　96
  - 3.1.2　色彩語の先行研究　97
    1) グラッドストーン　97
    2) ガイガー　98
    3) ブルームフィールド，ウルマン，イェルムスレウなど　99
    4) バーリンとケイ，及び関連諸研究　100
    5) ケイとマクダニエル　104
    6) マクローリー　106
    7) ケイとマッフィ　108
    8) ヴィエジュビツカ，及び最近の動向　109
- 3.2　日本語色彩語の意味　112
- 3.3　色彩象徴のカテゴリー構造　122

3.4　社会的変動と言語的変異　130
3.5　課題と展望　133

第4章　意味変化の種類と動機づけ　137
4.0　はじめに　137
4.1　意味変化の原因に対する Ullmann (1951, 1962) の分類　138
 4.1.1　言語的原因 (linguistic causes)　138
 4.1.2　歴史的原因 (historical causes)　139
 4.1.3　社会的原因 (social causes)　139
 4.1.4　心理的原因 (psychological causes)　140
 4.1.5　外国語の影響 (foreign influence)　140
 4.1.6　新しい名称に対する必要性 (the need for a new name)　141
4.2　Ullmann に対する批判　142
 4.2.1　Geeraerts の議論　142
 4.2.2　Blank の議論　143
4.3　意味変化の原因・動機づけ　144
4.4　意味変化の認知的動機づけ：メタファー　145
 4.4.1　概念メタファーの認知的特徴　147
 4.4.2　メタファーによる意味変化の提唱　149
4.5　意味変化の語用論的動機づけ：語用論的推論　151

第5章　意味変化と文法化　153
5.0　はじめに　153
5.1　文法化の定義　155
5.2　語用論的推論に基づく文法化　156
5.3　日本語に見られる語用論的推論に基づく文法化　160
 5.3.1　「でも・だけど・ね／な系感動詞・終助詞」　160
 5.3.2　「わけ」　161
 5.3.3　「候ふ」　165

第6章　意味拡張と多義　169
6.0　はじめに　169
6.1　共時的な意味拡張現象としての文法化　169

6.2　知覚・感覚語彙の共感覚表現　172
6.3　英語の感覚形容詞の抽象概念への意味拡張　176
　　6.3.1　感覚領域相互間の差異　178
　　6.3.2　各感覚領域内の語彙相互間の差異　179
　　6.3.3　同意語間の差異　181
6.4　日本語の温度に関する感覚形容詞の意味拡張　183
6.5　結語と展望　186

第7章　意味論研究における否定の諸相 191
7.0　意味論研究における否定　191
7.1　否定研究の位置付け　192
　　7.1.1　否定研究の視点　192
　　7.1.2　否定に関する論理学の基盤　193
　　7.1.3　否定と集合論　197
7.2　否定の諸機能，否定が関わる意味の諸相　201
　　7.2.1　否定の諸機能，明示的な否定文　201
　　7.2.2　否定の諸機能，明示的な否定語　206
　　7.2.3　否定極性項目の認可　211
　　7.2.4　否定の諸機能，語用論的側面　214
7.3　認知言語学と否定研究の接点　217
　　7.3.1　否定の認知図式　217
　　7.3.2　否定と否定的価値の違い　222
　　7.3.3　空間認知と非明示的否定性　226
　　7.3.4　メタファーと対比　229
　　7.3.5　意味反転と否定的価値　232
　　　　7.3.5.1　dead の意味変化　232
　　　　7.3.5.2　dead に関する具体事例　233
7.4　Negative Cycle について　235
7.5　非現実性と否定　241
7.6　現在の否定研究に関する今後の課題と展望　243

あとがき　意味研究の課題と展望　247
参考文献　255　　　索　引　275

第1章
意味論の歴史と認知言語学

1.0　はじめに

　本章では，意味の研究の歴史について，特に重要な概念を中心に取り上げつつ，その全体像を簡略に提示したい。単に「意味論」と言った場合，言語学では当然のことながら言語的意味論を指すが，他の学問領域における意味に関する考察も，言語の意味の探究にとって大いに示唆を与えるものであり，本書では随時言及していきたい。また，特に哲学的意味論は，一般の言語学者には軽視されがちであるが，言語における意味の解明に資するところが多々あるばかりでなく，その知見の一部は認知意味論にも直接に影響を与えており，これを取り上げる意義が十分にあると考えられる。しかも，その重要性にもかかわらず，従来の言語学の概説書などではほとんど扱われていないという事実に鑑みても，ここに要点を簡便にまとめることは，すこぶる有益であると思われるのである。

1.1　哲学的意味論

　以下，それぞれの主張や知見を簡潔にまとめつつ，その意義・問題点などを指摘し，全体の中での位置付けを図りたい。哲学全体の歴史を概観しようとするものではないので，あくまでも意味研究と関連が高く重要なものに限って取り上げる。ただし，哲学的探究の内，特にカテゴリー論に関係する諸説に関しては第2章の2.1.1「哲学におけるカテゴリー論」において，命名に関しては第2章2.3.2「先行研究の概観」で，また色彩に関しては第3章3.1.1「色彩語研究前史」で，それぞれ取り上げることとする。いずれも主として人物を中心に，その主張・概念などを簡潔に整理しながら見ていきたい。

1.1.1 古代・中世

　古代から中世においては,言語の意味そのものを直接に議論の対象にすることはあまりなかったものの,古代ギリシアは今日の言語学の様々な思潮のルーツを見出すことができるという意味で重要である。まずソクラテス以前の時代,ピュタゴラスは,事物の名前の本性説を唱えたが,それに対して,「人間は万物の尺度である」としたソフィスト(ソピステス)のプロタゴラスは,語と事物の間には必然性はなく,人為の慣習によって成り立っているとした。名前(及び言語)の本性を,〈自然〉(ピュシス φύσις; physis)によるものであると見るのか,〈慣習・法〉(ノモス νόμος; nomos)によるものと見るのかという対立[1]は,その後の言語研究においても形を変えて繰り返されることになる。

　プラトンの対話編『クラテュロス』(Κρατύλος; Cratylus)は,古代ギリシアにおける最もよく知られた言語論であり,その影響は今日にまで及んでいる。そこでは名前が,事物の〈本性〉を表しているのか(本性説［自然説］),それとも単なる〈規約〉であるのか(規約説［人為説］)に関して,議論が展開されている[2]。

　議論をごく簡潔にまとめると,対話編の前半では,まずヘルモゲネスが,命名の規約説とその根拠を提示する(383A-384E)[3](以下,「…」は,対話のうち省略した部分)。

　　ヘルモゲネス:…ぼくとしてはですね,おおソクラテス,…,取りきめ［約束］と同意以外に,何か名前の正しさ［基準］があるなどとは,どうしても納得できないのです。なぜなら,ぼくにはこう思えるのです。だれかが何かにどんな名前でもつけたならば,それがそのものの正しい名前であるのだ。そして,もしあとになってですね,その人がそのものに別の名前をつけ換えて先の名前ではもう呼ばなくなったら,今度はあとの名前が先のに劣らず正しい名前となったのであり,それはちょうどわ

1　もちろん,Robins (1967: 17) の指摘するように,この二分法的な見解の相違は,一方は一部の学者に,他方はまた別の学者に好まれるといった対立的な観点であって,厳密に色分けされた信奉者によって両派の間で継続的に論争がなされたわけではない。

2　『クラテュロス』で展開されている名前(言語記号)に関する議論の分析の詳細は,大月 (2007) の第3節「『クラテュロス』の解釈を巡って」をご覧いただきたい。

3　記号は,基本的に,ステファヌス版全集 (H. Stephanus, *Platonis opera quae extant omnia*, 1578) のページ数と段落付けと対応。訳文は,水地・田中 (1986) による。

れわれが召使い［奴隷］たちの名前をつけ換える場合と同様である。なぜならば，本来それぞれのものに本性的に定まっている名前なんて，全然ありはしないのだから。むしろ名前は，それを言い慣わし，呼んでいる人々のしきたりと慣わし［慣用］によってできあがるものであると，このようにぼくには思えるのです。　　　　　　　　　　　　　　　　(384D)

　ヘルモゲネスの根拠は主に2つあり，個人が勝手気ままに私製の名前をつけることが可能であるということと，同一事物に対して国家（言語・方言）により異なる名前がつけられているという事実である。しかし，ソクラテスは，ヘルモゲネスの挙げた根拠のそれぞれに対して反駁する(385A-390E)。例えば，以下のように述べている。

　　ソクラテス：ではどうだろう。ぼく個人が有るものを何であれ，例えば現在われわれが人間と呼んでいるものをだね，それをぼくが馬と呼称することにして，そして現在馬と呼ばれているものを人間と呼ぶことにするならばだ，同一のものに対して公共的には人間という名前があり，私的には馬という名前があることになるだろうね。また逆に，私的には人間と呼ばれるものが公共的には馬と呼ばれることになるだろう。
　　　　　　　　　　　　　　　　　　　　　　　　　　　　(385A)

　相手の主張する命題が真であると仮定すると矛盾または不都合な帰結が導かれるとしているところが興味深い。ソクラテスは，さらに，事物にはそれぞれ本性があり，その本性に従った命名を行うべきであると主張するのである。

　　ソクラテス：従って，名付ける場合も…われわれの欲するままに名付けるべきではなくて，事物を名付ける作用と事物が名付けられる作用の本性に合うしかたで，本性に合う道具を用いて，名付けるべきではないだろうか。そしてそのようにするならば，われわれはそのことに成功し，名付けたことになるであろうが，そうでないと反対の結果になるのではないだろうか。
　　　　　　　　　　　　　　　　　　　　　　　　　　　　(387D)

　一方，対話編の後半では，前半のソクラテスの考えを受け継いで自然説

（本性説）を唱えるクラテュロスに対して，今度はソクラテスが一転して自らのいわば「初期理論」に対する反例の存在を指摘し，論駁していく（427D-440E）。例えば，ソクラテスの当初の理論では，r［ギリシア語のρ（ロー）］は，「運動・硬さ・粗さ」を表し，l［ギリシア語のλ（ラブダ）］は，「つるつるしたもの・柔らかなもの」を表すとされた。ところが，sklērotēs（硬さ）［σκληρότης］という語においては，lは，〈硬さ〉とは反対のものを表しており，反例となる。

ソクラテスの議論では，「正しい名前」の存在が前提となっている[4]が，結局，名前自体によっては，どれが正しい名前であるかを決定できない。名前の真正さの根拠を名前自体に求める企ては，議論の前提となっている音象徴理論内での決定不能問題を生み出すのである[5]。そして，ソクラテスは次のように述べる。

> ソクラテス：…だが，この点が合意されただけでも，満足すべきことなのだ。すなわち，有るものを，名前に拠ってではなくて，むしろ名前に拠るよりもはるかに強く，それらをそれら自身に依って学ぶべきでもあり，探究すべきでもあるということがね。　　　　　　　　（439B）

この対話編自体の結論としては結局，事物の探究は，名前によるのではなく事物それ自身によるべきであるということで，名前（言語記号）そのものに関する議論は，ある意味で打ち切られているとも言える。またそうであるからこそ，ソクラテス自身が前半と後半において表明している見解の変更とも相俟って，従来，プラトンの真意に関して，はたして本性説なのか規約説なのかといった議論が交わされてきたのである（Apelt (1918), Robinson (1969) など，多くの学者は規約説をとっている）。

しかしながら，ヘルモゲネスの規約説とソクラテスの本性説は，一見，お互いに両立しない対立説を提示し二律背反（アンティノミー Antinomie）となっているようであるが，実は記号の性質と指示関係という違う側面に言及しているのである。ヘルモゲネスの規約説は，「所記（記号内容）」と「能記

---

[4] アリストテレスは『命題論』において名前の規約説を支持しているが，名前そのものに真偽の別のあることは否定している。これは，論理学的には当然のことで，名前が表すのは指示の差であって，命題によって表されるような真偽ではない。

[5] 最初の指摘は大月（1988）による。

（記号表現）」の連合関係を扱っており，ソクラテスの本性説は，事物の本性に合った命名を行うべきということで，「記号」とその「指示対象」との関係を問題としている。この点，『クラテュロス』の議論の参加者達も，また従来の解釈者達も混同しており，お互いにかみ合わない議論をしてきたと言えよう。

なお，『クラテュロス』の真意に関しては論争があるものの，プラトンが理性を基準に原型［イデア］を重視したという点からは本性説の方が親和性があるとは言えよう。一方，慣習を基準に実態を重視したアリストテレスは，規約説であった[6]。そして，アリストテレスの立てた「形相」と「質料」の区別は，のちにソシュールの「形式」（示差性）と「実質」（無定形な素材）や，音韻論と音声学の区別に採り入れられている。古代における言語に関する論争としては，その後，変化に関して規則説［整合説］（analogia）と変則説［不規則説］（anomalia）との論争が交わされた。類推を基盤とするアレクサンドリア学派は規則説であり，言語の実態を受け入れるストア学派は変則説をとったのである。

さて，語の意味に関して，より精密な区別が立てられるようになるのは，中世においてである。今日の意味研究（特に論理的なもの，また文学的なもの）でもよく使われる用語である「外延」と「内包」に相当する用語の区別は，Nöth (1990: 102) によると，中世のスコラ哲学で成されていたが，それは本来，具体と抽象に関連するものであった[7]。「オッカムの剃刀[8]」で知られる13-14世紀イギリスのフランシスコ会士，オッカム Ockham は，connotatio（動詞 connotare ＜共に示す＞に由来する名詞）を定義し，その第一義として〈語の表す対象〉，第二義として〈概念の指す質〉という区別を設けた。また，17世紀には，フランスの神学者・哲学者のアントワーヌ・アルノー Antoine Arnaud（「大アルノー」と呼ばれる）と神学者ピエール・ニコル Pierre Nicole の著した『論理学』*La logique, ou, l'art de penser* (1662)[9] では，概念の内包と外延を区別し，内包（compréhension）とは「概念に含まれる属性」であり，外延（extension）とは「この概念を含むもの（主辞）」で

---

6 名前（名詞）は，慣習によって意味を与えられた音声であるとしている。『命題論』(Περὶ Ἑρμηνείας, *De Interpretatione*: 16a)．
7 Molino (1971: 5-6).
8 「存在は必要以上に数を増やしてはならない」とする命題。
9 大修道院の名に因んで「ポール・ロワイヤル論理学（*Logique de Port-Royal*）」として知られている。Arnauld et Nicole (1662)

あるとした。例えば、〈人間〉という概念の中には、〈動物〉、〈二足歩行〉、〈理性的〉などの属性が含まれる。ここには、語の意味を特徴の束として捉える見方の萌芽が既に見られると言えよう。

1.1.2 近現代
1) ミル

上述のオッカムの区別は、より後の時代、その功利主義［公益主義］(utilitarianism)で知られる19世紀イギリスの哲学者ジョン・ステュワート・ミル John Stuart Mill (1843: 25)に引き継がれた。主語のみまたは属性のみを指す〈外延〉と、主語を表示し、かつ属性を含意する〈内包〉の区別を設けたのである。〈外延〉の意味での denotation を英語で最初に使用したのもミルである[10]。

ちなみに、今日、文学では、言葉の「外延」と「内包」は、それぞれ〈表示・語の明示的意味(denotation)〉と〈含蓄・言外の意味(connotation)〉として区別されている。また、哲学では、外延について述べる場合、「事物(things)」に関しては「指示(reference)」、「事態(state of affairs)」に関しては「記述(description)」と用語上区別する。

2) フレーゲ

記号論理学・分析哲学の創始者の一人である、ドイツのゴットロープ・フレーゲ Gottlob Frege は、記号［概念］とその（指示）対象を明確に区別し、さらに後者を Sinn (意義) と Bedeutung (意味；指示) に分けた。Frege (1892: 119) は、「明けの明星(Morgenstern)」と「宵の明星(Abendstern)」という2つの表現は、外延では同一の指示物である金星を指すが、その内包が異なっていることを指摘した。言語の意味が、外界の事物・事態という外延ではなく、外延に認められる性質・関係である内包にその本質があることを示唆したという意味で極めて重要である。

また、フレーゲに由来する、意味に関係するよく知られた原理として、「構成性(合成性)の原理 (Kompositionalitätsprinzip; principle of compositionality)」がある。統語的に複雑な全体の意味は、その部分の意味と、それらの部分の組み合わせの規則によって決まる［関数である］とするもので

---

10 飯田 (1987)

ある。「フレーゲの原理」とも呼ばれ，モンタギュー文法などに大きな影響を与えている。しかし，慣用句などに典型的に見られるように，言語表現の意味は，それを構成する部分の意味に動機づけはされるとしても，それに完全に還元されることはない[11]。言語表現の意味は，基本的にゲシュタルトであって，部分の単なる総和ではないのである。

3） パース，モリス

アメリカの産んだ最も偉大な哲学者と見なされている（ただ生前は評価されず不遇の晩年を送った）チャールズ・サンダース・パース Charles Sanders Peirce は，人間の認識と思考を基本的に「記号過程（semiosis）」と見なす認識論的立場に立ち[12]，言語の記号と機能に，それぞれ，記号に意味を込めることである「意味作用（signification）」と意図なしでも可能な「理解（comprehension）」を認めた[13]。伝達には「伝送」「意味作用」「理解」の3種があり，言語の場合は後二者に限られるとした。

パースは，記号を「表示項（representamen：記号として機能する知覚対象）」・「解釈項（interpretant：記号の意味）」・「対象項（object：記号の指示対象）」という三項関係で捉え，記号の類別を行った。特に，表示項と対象項との関係として，「類像［図像］（icon：自然な類似性）」「指標（index：必然的な近接性）」「象徴（symbol：恣意的な代理性）」という区別を立てた。この三区分は，言語的意味論研究においても実に有効な概念である（なお，パースについては，カテゴリー論のところで再度触れる）。

また，パースの影響を受けたチャールズ・ウィリアム・モリス Charles William Morris は，人間を理解するためには，体系的・包括的な記号の一般理論が必要であるとし，それを記号論（semiotics）[14]と呼んだ。そして，記号が関係をもつ相手として，対象・人・他の記号の3種を想定し，記号論の下位分野として，それぞれを扱う「意義論（semantics：記号と対象との関係［語の指示法］）」「語用論［実用論］（pragmatics：記号とその使用者と

11　Langacker (1987: Chap. 12)。言語表現の意味を何かに還元する試みは，過去において何度も出現したが，いずれも成功を収めていない。
12　米盛 (1981)
13　cf. ソシュールの〈社会的慣習〉と〈伝達〉
14　自律的分野なので -ics となっているが，哲学の下位分野ということで日本では「論」と訳している。cf. ソシュールの「記号学」（semiology 仏 sémiologie：言語学を含むが，言語学の研究で記号学の研究は代表されるとした）

の関係［語の使用法］）」「統語論［構文論］（syntactics：記号相互の関係［語による文の構成法］）」，を立てた[15]。この三区分は，のちの生成文法などにも影響を与えることになる。

4）ウィトゲンシュタイン

さて，哲学的意味論の中で認知言語学に最も関係が深いのは，オーストリア，ウィーン出身のユダヤ系哲学者，ルートヴィヒ・ウィトゲンシュタイン Ludwig Wittgenstein であろう。ウィトゲンシュタインは，その論理実証主義・日常言語派言語学の思想転回の過程で，意味はイメージ[16]ではないという洞察を得た。死後出版された『哲学探究』（1953）の中で，ウィトゲンシュタインは，思考がイメージを使って成されるとか，言語がイメージに意味的な基盤を置いている，あるいはコミュニケーションがイメージ的な思考過程を伝えるものであるといった，（デカルトからフッサール，ラッセルなどに至る）伝統的な見方を否定している[17]。

言語の意味がイメージであるとすれば，それは表現媒体が異なるだけの絵などに置き換えることができるであろうし，一様の解釈が可能であろう。しかし，そもそも絵に置き換えることのできない（あるいは困難な）意味は無数に存在し[18]，また，絵は常に多様な解釈を許すものでもある。ウィトゲンシュタインは，杖をつきながら急峻な坂を登っている老人の絵の例を挙げているが，逆に老人が坂を下っている場合でも同じような像で描かれる可能性もある。イメージは，一義的なものとはならないのである。

ウィトゲンシュタインによれば，言語表現の意味は，その置かれる様々な「用法」の中にあるとされる[19]。また，意味は，社会的な使用者があって発生

15　Morris (1938)
16　日本語の「イメージ」は，英語では mental image「心像」。
17　Frege (1884) は既に，公的で客観的な「意味」が，私的で主観的かつ個々に特異な「イメージ」に基盤を置くことはできないことを指摘してはいたが，ウィトゲンシュタインの議論の方が，言語哲学におけるイメージ説棄却に与えた影響としては，はるかに大きかったのである。
18　例えば，接続詞や否定辞の意味などが考えられよう。
19　これは，認知言語学諸理論とも親縁性のある考えであろう。例えば，言語表現の意味が，表現自体の中に含まれているのではなく，言語使用において認知レベルで構築されるとするフォコニエの「メンタル・スペース理論」や，言語を現実の使用から遊離した規則の体系と見るのではなく，具体的な発話の場における使用の中に見るラネカーの「（動的）用法基盤モデル」などである。Fauconnier (1994), Langacker (1988) などを参照。

するものであり，他の使用者がいないところで語が何かを意味するような「私的言語」は有り得ないとしたのである。

ウィトゲンシュタインの提案した重要な概念として，「家族的類似性 Familienähnlichkeit」（部分的に共通の要素はあるが，全体を通じて共通と言えるものはない場合）が挙げられる。ウィトゲンシュタイン（『哲学探究』§66）は，ドイツ語の Spiel[20] という語について，Brettspiele（盤ゲーム；盤を用いるチェス・将棋・碁など）・Kartenspiele（トランプゲーム；カード賭博）・Ballspiele（球技；ボール遊び）・Kampfspiele（（スポーツ）競技）等々に共通するものがあるか尋ねている。

ウィトゲンシュタインは，次のように述べている。

> "何か共通のものがある<u>に違いない</u>。そうでなければ Spiele とは呼ばれないだろうから"と言ってはいけない。そうではなく，本当に全てに共通のものがあるかどうか<u>よく見てみよ</u>。というのは，よく見れば<u>全て</u>に共通するものはなく，<u>類似性，類縁性</u>（があり），しかも全体として1つの系列を成していることが分かるであろうから。
>
> （Wittgenstein 1977: §66，著者訳）

娯楽の要素があるものもあれば，ないものもある。勝敗は多くに共通して見られるが，子供がボールを壁に投げて取るような遊びでは勝ち負けの特徴はない。ウィトゲンシュタインは，あたかも家族のそれぞれの顔が，AとBは鼻が似ているが，BとCは口が似ている，またAとCは鼻や口は似ていないが目が似ているといった状態にたとえて，これを「家族的類似性」と名付けたのである。

この「家族的類似性」は，認知言語学のカテゴリー観とも深く関わってくるもので，認知意味論において極めて重要な概念として受け継がれている。例えば，レイコフは，その「放射状カテゴリー」の定義に「家族的類似性」の概念を組み込んでいる。

　　ただ，ウィトゲンシュタインは，「私たちが「意味」という語を使う多くの場合—全ての場合ではないが—このように定義できる：ある語の意味とは，当該言語におけるその用法である」（『哲学探究』§43）と，保留付きで述べているように，すべてのケースについて意味を用法と同一視しているわけではないことは注意する必要があろう。

20　英語では通常 game と訳されるが，英語の game（または play）や日本語の「ゲーム」より意味範囲が広い。以下の Spiele は複数形。

最後に哲学的意味論に関して触れておかなければならないのは，語用論の基礎を築いた一群の哲学者達である。

5） オースティン

イギリスの言語哲学者ジョン L. オースティン John L. Austin は，その死後公刊された『言語と行為』(*How to Do Things With Words*, 1962) のなかで，発話行為理論 (speech act theory) を打ち立て，発話行為 (speech act) を 3 つに分けた。通常の発話の表現である「発語 [発言] 行為 (locutionary act)」，発話の意図 [要求，約束] などの発話の力 (illocutionary force) が関わる「発話内行為 (illocutionary act)[21]」，発話の効果たる「発話媒介行為 (perlocutionary act)」である。なお，オースティンは，当初，真偽値を有する「陳述文」と発話行為の「遂行文」を区別したが，後に陳述文が主張の発話行為の遂行文であるとしてその区別を廃している。

6） サール

オースティンの弟子であったアメリカのジョン・サール[22] John R. Searle (1969) は，発話表現で端的にその意味を示す「直接的発話行為 (direct speech act)」と，発話表現で必ずしも端的に意味を示さない「間接的発話行為 (indirect speech act)」を区別した。後者は，例えば，「君たち，うるさいよ」という発話表現で静かにすることを要請・命令したり，Can you pass me the salt? という，字義どおりには能力を尋ねる表現で，「塩を取ってもらえますか？」という丁寧な依頼を表すように，表面的な発話内行為とは異なる発話内行為が行われている。これは，行為の明示されていない文でも遂行文と同様に分析できるとする，生成意味論の「遂行分析 (performative analysis)」に影響を与えた (後に，語用論的余剰規則で処理可能とされた)。

ちなみに，サールは，デリダとの論争で，メタファー [隠喩] を，論理的にはカテゴリー錯誤 (category-mistake)[23] であるとして，哲学から排除しようとしたが，デリダは，メタファーは哲学体系には取り込めないものの，哲

---

21 発話内行為が成立する条件は，話者が誠実で嘘をつかないなどの「適切性の条件 (felicity condition)」である。
22 サールは，第 7 章 7.6 で取り上げる「中国語の部屋」の論法により，反人工知能論を展開した。
23 もともとイギリスの哲学者ライル Gilbert Ryle の導入した用語。

学的な概念の根底にあるとした。実際，基本的な哲学概念の多くには既にメタファー的な把握が内包されている。例えば，「理論 (theōría)」は，語源的に「見る」(theōréō：「私は見る」) に由来し，「概念 (conceptus)」は，「捕まえる」(concipiō：「私は捕まえる」) から来ていると言うように[24]。認知言語学は，メタファーが概念の根底にあるという点では，デリダと見解を共にするが，それを積極的に理論体系に組み込んでいる点は異なると言えよう。

7) グライス

　イギリスの哲学者ハーバート・ポール・グライス Herbert Paul Grice (1975) は，文字通りの意味とは別に，会話の状況の非言語的な特徴と，会話の一般的な原理から推論される言語外の意味のことを「会話の含意 (conversational implicature)」と呼び，間接的な発話行為による意味もその一種とした。そして，話者が会話の目的と方向付けに矛盾しないという趣旨の「協調の原理 (cooperative principle)」を立て，いかにして協調できるかを明示する4つの「会話の公準 (conversational maxim)」を設けた[25]。それらは，情報量，情報内容，関連性，情報提示に関するもので，概略以下のようにまとめられよう。

　　量の公準 (maxim of quantity)：要求以上でも以下でもなく，要求されているとおりの量の情報を与える。
　　質の公準 (maxim of quality)：真でないと知っていることや，真であるという証拠のないことを言わない。
　　関係の公準 (maxim of relation)：関連性のあることを言う (Be relevant)。
　　様態の公準 (maxim of manner)：簡潔・明瞭に順序立てて話をする。

　聞き手による発話の解釈を，発話と文脈情報の相互作用から推論しようとするものである。
　また，命題レベルの区別として，命題の一方が真であれば他方は偽となる「矛盾 (contradictory)」関係と，程度差があり中間的な場合もある「反対 (contrary)」関係との区別も重視された。

24　Derrida (1972)。しかも，上記の例からも明らかなように，「理論」も「概念」も，語源的には身体 (の運動) に基盤を置いている。
25　Grice (1975: 26–30)

8） スペルベルとウィルソン

　上記のグライスの説を受けて，フランスの哲学者・人類学者のスペルベルとイギリスの言語学者ウィルソン Sperber and Wilson (1986) は，グライスの4つの公準は単一の「関連性 (relevance)」の原理で置き換えることができるとして，新たな「関連性理論」を提唱した。「ある命題の関連性は，それが生み出すコンテクスト的含意 (contextual implications) の数とともに増大し，コンテクスト的含意を得るために必要な処理の量が増えるほど，減少する。」(1986: 381)（のちに「コンテクスト的含意」は，コンテクストで既に与えられているものに命題が新たに加える「コンテクスト的効果」に置き換えられる。）ただ，グライスの公準は，効率的な伝達を求めるものであるが，最大化は求めていないところは大きな違いである。関連性理論では，最小労力（聞き手の処理上の負担）・最大効果（文脈上の効果）といった単純な合理化が成されているのである。また，「コンテクスト」は，発話の解釈に当たり，発話の解読的意味とともに推論の前提として使われる想定 (assumptions) の集合と定義されるが，﨑田・岡本 (2010: 155) の指摘するように，「本質的にゲシュタルト的な性質をもつコンテクストを命題としての想定の集合として矮小化してしまったために，Chomsky 以来の命題操作的な計算論的認知主義に語用論を導くという弊害」が確かにあると言えよう。

　最後に，上記の流れとは独立にであるが，ジークムント・フロイト Sigmund Freud は，自らの打ち立てた精神分析において意識の根底に潜在意識を見出してその間に抑圧や精神病発症の力動的な関係を認めた（Freud 1900 など）。一言で「意味」と言っても，言語記号の意味の他に，社会的な発話行為の意味や心理的な意識の意味もあるのである。

1.2　言語的意味論

　言語学がそうであったように，経験科学としての意味論は，19世紀に始まったと言えよう。「意味論」という用語を導入したブレアルから現代に至るまで，それぞれの学者の提起した概念や方法などを簡潔ながら網羅的に挙げていく。ここでは，意味研究上，特に重要な人物に関しては，人物名により節を設けてその説の概観などを述べるが，特に節を設けない場合は，関連箇所で随時，言及することとする。

1.2.1 ブレアルから現代まで

1) ブレアル

ミシェル・ブレアル Michel Bréal は，南ドイツのランダウ出身で，ドイツとフランスの両方で教育を受け，主にフランスで活躍したユダヤ系の文献学者である。弟子にアントワーヌ・メイエや東洋学者のジャーム・ダルメステテール（次節で取り上げるアルセーヌ・ダルメステテールの弟）などがおり，ソシュールもその講義を聴いている。

ブレアルは，「意味論（sémantique）」という用語を（ギリシア語の σημαίνω「指し示す」から）造った学者として知られているが，歴史比較言語学の時代にあって，ブレアルもこの語を語彙の意味の歴史研究の意味で用いており，意味を史的変化とは独立にそれ自体として研究対象としたわけではない。ただ，注目すべきは，ブレアルが言語変化に影響を与える知的な原因を探ることにより意味の科学を打ち立てようとしたことであり，これは言葉の意味を言語主体の認知プロセスとの関連で規定する認知言語学の考え方にも通じるものであると言えよう[26]。

ブレアル Bréal (1897) は，意味変化の諸相を扱うなかで意味変化あるいは言語一般の「法則」を打ち立てようとした。それら「法則」には，「類推」のような一般的なメカニズムに加えて，大きく2つの類別がある。1つは，概念（意味）を固定して形式（語彙・名称）に着目する名義論（onomasiology）的な類と，もう1つは形式（語彙・語結合）を固定して意味の差異・変化を見る意義論（semasiology）的な類である。

前者には2つのタイプがあり，ある文法的概念に対してある特定の要素が卓越的な模範となる「特殊化」と，類義の2つの要素が分岐する「分化」である。後者のタイプとしては，「悪化」と「良化[向上]」，「制限」と「拡張」，「隠喩」と「換喩」などがある。これらは，もちろん本来の法則の名には値しないが，意味の史的変化の背後に働く心的な側面を考察したという意味で学説史上の意義が認められる。語の意味がそれ自体で勝手に変わるのではなく，人間の知性（認知）の働きによって変えられることを強調したのである。

---

[26] 深田・仲本 (2008: 1)

2） ダルメステテール

アルセーヌ・ダルメステテール Arsène Darmesteter（1886 英・87 仏）は，今日の言葉で言えば，語の意味拡張・意味変化による多義語化の型を2つ挙げている。1つは，「放射（rayonnement）」と名付けられたもので，(a) 中心になる1個の意味要素が他のすべての意味にも共有されている場合と，(b) 中心に幾つかの意味要素があって，それらのうちのいずれかが他の意味に分有されている場合がある。

ダルメステテールは，名称 N を中心として，上下と左右斜めの計6方向に線が伸びている図式を示している。N の意味が Aa（N $=Aa$）とすると，そのまわりに，a という共通の意味を含んだ Ba, Ca, Da, Ea, Fa, Ga という意味が配置されているのである。

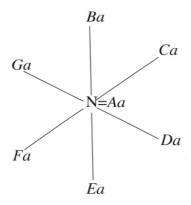

一方，「連鎖（enchaînement[27]）」と命名された型は，共通の属性によって展開していくが，最初の項と最後の項ではもはや関連性が切れてしまうようなケースである。これは，以下のように図式化されている。

$$N = Aa \mathbin{\text{---}} aBb \mathbin{\text{---}} bCc \mathbin{\text{---}} cDd \mathbin{\text{---}} dEe \mathbin{\text{---}} eF$$

例えば，フランス語の fermer「閉める」は，ラテン語の firmare に由来するが，firmare は firmus「しっかりした，固定した」と同根で，（戸などを）「しっかりと固定する」「強固にする」が原義であった。そこから「閉め

27　語源的には，鎖で繋ぐことを表す。

る」という意味が出てきたわけであるが，本来のfirmusの意味との共通性は失われている。

この「連鎖」は，まさに後にウィトゲンシュタインが「家族的類似性」と呼ぶ関係性（またレイコフの「放射状カテゴリー」）を彷彿とさせる。意味の通時的発達・変化とその結果としての多義性の研究の先駆けと言えよう。

3) ソシュール

現代言語学の父，フェルディナン・ド・ソシュール Ferdinand de Saussure は，言語記号を，概念と聴覚映像との恣意的な連合とした。「連合(association)」とは心的な関係付けであり，「恣意的(arbitraire)」[28]とは，必ずしも必然あるいは自然でないことである。ソシュールの「恣意性」には，2つの意味がある。「第一の恣意性」は，記号の「所記：記号内容(signifié：記号化されたもの・概念)」と「能記：記号表現(signifiant：記号化すること・聴覚映像)」の間には何ら自然的・論理的結びつきがないということである（例えば〈犬〉という概念を/inu/という聴覚映像で表現しなければならない必然的・自然的絆は存在しない）。また，「第二の恣意性」は，記号間の世界の「分節(仏articulation)」にあり，個々の記号の価値は，その言語体系内の他の記号との対立関係によってのみ決まるということである。個別言語(langue)は自立的体系であり，その中の要素の価値は言語外の世界の価値を反映するものではない[29]とするのである。前者は，1つの記号内の所記と能記の関係の恣意性であり，後者は，1つの言語内の記号が有する価値の恣意性である。

丸山(1981: 146)が強調しているように，第一の恣意性は，第二の恣意性の論理的帰結であり，記号分節が恣意的であるから所記・能記の連合も恣意的になるのである（記号化の過程における恣意性が，記号化の結果としての恣意性をもたらしているとも言えよう）。逆に，もし所記・能記の連合の恣意性が基本的であるとするならば，言語記号は単なる名称目録であることになってしまう。

---

28 語源的にarbitre（審判，調停者）と関連していることにも現われているように，その関係は社会的なものである。
29 ソシュールは，構造主義の開祖とされるが，構造主義は原子論を排した全体論的な見方であり，要素間の関係を重視する。なお，「体系(système; 英system)」には，(a)個々のものを一定の原理で系統的に統一した全体，(b)部分の総和が全体とはならない，(c)要素間に依存関係があるという，学問分野を超えた共通の意味合いがある。「構造(structure)」とは最上位の体系のことを言う。

概念が記号化される段階の世界の分節には，法則性がなく非自然的，つまり恣意的であるとされる。構造主義言語学の時代には，それを示す好例として色彩語の意味がよく取り上げられていた[30]。しかし，第2章の色彩カテゴリーの節で詳述するように，色彩スペクトルの分節がまったく恣意的であるとすると，Berlin and Kay (1969) によって提示されたような基本的色彩語の存在と発達に関する含意的法則性（または，少なくとも強力な傾向性）は説明できないことになる。ソシュールは，オノマトペや音象徴において相対的な有縁性を認めていた。今日，記号と対象との類似性である「類像性」（これも程度差を含む概念である）が，言語のあらゆるレベルにおいて観察されているのである。ソシュールの記号観は，認知言語学の記号的文法観と一見似ているようにも見えるが，前者が記号の恣意性を基礎にしているのに対して，後者は形式と意味の間の有縁性を基礎としているという点では異なるものと言えよう。

4）ビューラー

心理学者のカール・ビューラー Karl Bühler は，言語を間主観的な伝達を行うための形をもった道具と考え，言語研究の最も基本的な4つの原理とそこから導出される帰結を示した (Bühler 1934)。基本的な原理の1つが有名な「言語のオルガノン・モデル[31]」である。このモデルにおいて，記号をその使用の脈絡において把握し，記号が「象徴 (Symbol)」として恣意的に表す「事物及事態」，記号の送信者に必然的に依存する「兆候 (Anzeichen)」，受信者に自然に訴える「信号 (Signal)」を区別した。また，記号の関与項目（メッセージの焦点）とそれぞれの機能の対応関係に基づき，言語（活動）の3機能として，(i) 発信者：表現（表出）的機能，(ii) 受信者：喚起（信号）的機能，(iii) 指示物・事態：叙述的機能，という区分を提唱した。これは，ヤコブソンの言語の6機能の理論に直接の影響を与えることとなる。

ビューラーは，メタファーに関しても興味深い説を立てている。既にアリストテレスは，『詩学』において，メタファーは，モノに何か他のモノに属する名前を与えることと定義し (1457b7-9)，厳密な意味では類推のみがメタファーで，さらに類推には4つの項が関与していると指摘している

---

30 Bloomfield (1933: 139), Gleason (1955: 4), Ullmann (1962: 246) など。
31 オルガノン（機関論）というのは，アリストテレスによる営為の三区分（観想・実践・制作）と形式論理学を後世の学者が命名した用語である。

(1457b17-20) が，ビューラーは，そのような客観的な分析は，経験の側面から問題を解明する力を欠いているとしている。

ビューラーは，どんな複合表現も，ある程度はメタファーであるとした。例えば，der greise Wald（「老齢の森」）という表現には，「人間」と「樹木」という2つの領域の意味が重ね合わされ織り合わされており，そこには両者間の類似する性質が強調されている。ビューラーは，メタファーの創出と理解に，言語的知識と非言語的知識の2つの領域の融合，領域内の要素の選択，一方の領域から他方の領域への移行などを見ていた。ビューラーの説は，複数のメンタル・スペースからの要素を統合して融合スペースを構築する，フォコニエとターナー Fauconnier and Turner (2002) の「ブレンディング」の先駆けとも言えるものであろう。ビューラーは，日本の学者にも影響を与えており，佐久間鼎は，ビューラーの言語の3機能を踏まえて，「構文の機能による三種別」を立てている。ビューラーは，多くの点でまさに認知言語学の先駆者と見なすべき学者である。

ヤコブソン Jakobson (1960) も，Bühler (1933) のモデルを踏まえて，言語によるコミュニケーション（伝達・通信）の構成要因を6つ挙げ，さらにそれぞれに対応する機能として，よく知られた，以下の6項を提唱している。

(i) 　発信人（記号化者，話し手）：感情（表現）的機能
(ii) 　受信人（解読者，聞き手）：動能（総称）的機能
(iii) 　被指示文脈（指示対象）：指示・認知（観念形成）的機能
(iv) 　接触（話し手と聞き手の物理的経路・心的結合）：交感的機能
(v) 　コード（ラング）：メタ言語的機能
(vi) 　メッセージ（テクスト，パロール）：詩的（審美的）機能

この区分に関しては，第2章2.6の「命名・名前の機能」で，あらためて触れることになる。

5) オグデンとリチャーズ

イギリスの哲学者・言語学者であったチャールズ・オグデン Charles Kay Ogden と，イギリスの文芸批評家の I. A. リチャーズ Ivor Armstrong Richards は，その記念碑的共著 Ogden and Richards (1923) の中で，今日広く知られ

ている以下のような関係図を仮設した。

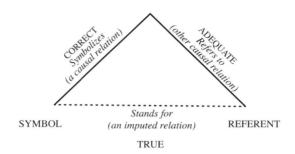

この三角形では，底辺の左右の点に象徴（SYMBOL）と指示物（REFERENT）を配し頂点に思想又は指示（THOUGHT OR REFERENCE）を置き，底辺は破線で斜辺は実線で示されている。底辺が破線となっているのは，象徴[記号]と指示物の間には直接的関係はなく，象徴によって象徴される「思想（thought）」または指示物を指し示す「指示（reference）」を介して間接的に関係付けられること（想定される[imputed]関係）を示すためである。

思想と指示の区別は，性質である「内包（intension）」と事物の範囲である「外延（extension）」の区別に対応するものであり，また，伝統的な意味の区別，すなわち喚情的（「感情的」ではない）な意味と指示的な意味との区別に基づいている[32]。

オグデンとリチャーズの提示した三角形は，ウルマンにより「基本的三角形（basic triangle）」と呼ばれた[33]。ただし，ウルマンは意味論を象徴と思想の関係のみに限定すべきだと論じている。

6） ステルン

スウェーデンの英語学者グスタヴ・ステルン Gustav Stern (1931) は，語義の史的変化について詳細に類別した。意味変化を，比較的多数の話し手の

---

32 このように記号を，その媒体（音声など），意味（概念），指示物（もの）の3項の組みとして捉えること自体は，古代から見られたことである（プラトン，アリストテレス，ストア学派など）。

33 基本的三角形のことを指して，正式名称ではないが「意味の三角形」と呼ぶこともある。

間にあって，伝統的な意味の範囲が習慣的に変容することと定義し，以下の7種に分類している．

(i) 置換 (substitution)
外部的な非言語的原因（技術や他の文化的要因）による意味変化．例えば，ship（船）は，古代から現代に至るまで，その外観や構造は変わっても，同じ語が用いられているが，その意味の変化は言語外の要因によるものである．

(ii) 類推 (analogy)
2つの指示物の間の関係が同一の場合．形容詞の fast には，〈しっかりした〉と〈速い〉という意味があるが，両者を結びつける中間的な意味はない．しかし，副詞の fast には〈しっかりと〉から〈速く〉まで，連続的な変化があった．形容詞の〈速い〉という意味は，類推によって副詞から借りたものである．

(iii) 短縮 (shortening)
2つの語が定型句として一緒に用いられていると，一方の語が全体の意味を有するようになることがあるが，これは名称の近接性と他方の省略によるものである．例えば，capital（頭の）で〈首都 (capital city)〉を表すような場合である．

(iv) 命名 (nomination)
名称が意図的に1つの指示物から他の指示物に移される転移の場合．例えば，lily（百合）で〈百合のように美しい人〉を指す場合．

(v) （正規の）転移 ((regular) transfer)
意図的な命名と異なり，非意図的な転移である．例えば，leaf（葉）で〈本の紙（の一枚）〉を表すケース（この場合，形の類似による）．

(vi) 交替 (permutation)
指示物に対する観点の変化に伴い起こる．例えば，hand（手）が〈職人〉を表す場合のように，換喩による変化である．

(vii) 適合 (adequation)
語がその本来指示していた物の現実の特徴に意味を適応させる．例えば，horn は，元来，動物の角を表していたが，合図や音楽に用いられる道具へと（材料から目的・用途へ）意味が移行し，それによって材料に関係なく笛や管楽器を指すようになった．この意味変

化においても，〈笛〉や〈管楽器〉の意味には，語源的な〈動物の角〉という意味は消えており，両者の間は間接的な関係となっている．

　以上，置換は外的であるのに対して，類推・短縮は言語的である．また，命名・転移は指示に関わり，交替・適合は，観点・主観に関わるものである．

7）ブルームフィールド，サピア，ファースなど：**意味の規定**
　さて，20世紀中葉，「意味」を定義しようとする試みが様々に成されてきたが，ここでは，その代表的なものを取り上げて見てみよう．意味の定義には，主として，物理的なもの，心理的なもの，言語的なものがある．

　物理的なものとしては，ブルームフィールド Bloomfield (1933) の「事物 (things：外界の指示物)」（例：salt の意味は〈NaCl〉）があるが，これは意味研究の困難さを論ずるために否定的に導入したことに注意すべきである．また，ブルームフィールドは当時盛んであったワトソン Watson の行動主義心理学に基づいて，意味を，語・表現を刺激 (stimulus) とする反応 (reaction) と見なした（例：How are you? に対する，Fine, thank you.）．しかし，行動主義心理学においても，言語は第2信号系（直接の刺激と反応の関係でない）と考えられている．ちなみに，このような定義は，意味そのものを本格的に研究するためではなく，音声や文法を研究するために意味を暫定的に定義したに過ぎないという保留も付けておく必要があろう．

　一方，心理的なものには，サピア Sapir の視覚的映像としての「イメージ (mental image)」（例：desk の意味は〈机のイメージ〉）やオグデンとリチャーズの「思想 (thought：語の含蓄)」（例：「薔薇」で〈愛〉を表現）もある．しかしながら，イメージは，ウィトゲンシュタインが指摘したように，一義的ではなく，また思想は文化的に付加的な意味であり意味自体ではない．これらは意味も心的実在であることを示しているが，意味そのものを定義したわけではない．

　また，言語的な定義としては，構造言語学のハリス Harris は，意味を語の生じる言語環境である「分布 (distribution)」（例：My neighbor is a ＿＿ に lawyer は生起できるが，stone はできない）と定義したが，語彙の多義性や構造的曖昧性が存在し，これで意味を決定することはできない．また，イギリスのファース Firth は他の語との結合可能性である「連語可能性 (collocation)」

(例：ass：silly, stupid) と見なしたが，日常言語で限定句として定義する形の連語の生起は期待できず，これは実際的な定義ではない[34]。

このように，より具体的な「形式」の背後に想定可能な「内容」としての「意味」をいかに定義するかに関しては，従来，様々な試みが成されてきたが[35]，いずれも十全に規定しているとは言いがたい。

この時代，アメリカでは，ジョーズ Joos やナイダ Nida によって，語彙の内部から語彙を構成する「成分分析 (componential analysis)」の記述的研究が行われた。一方，ヨーロッパでは，語彙の外から語彙を配置する「意味の場 (semantic field)」[36] という，やはり記述的研究が行われた。意味の場は，ドイツのイプセン Ipsen やトリーア Trier (1931) などによって研究された[37]。

なお，アメリカ構造主義の時代には，「音素」や「形態素」の概念との類推から，表現面の語彙素に対する内容面の単位体である「意義素 (sememe)」を求めようとした。さらに，生成文法の下でも，ヤコブソンによる十二組の普遍的音声特徴に似せて，普遍的な意味原素 (semantic primitive) を求めようとした。これらの試みは，ちょうど分子が有限個の元素の組合せに還元されるように，意味の究極の単位を追究したものであるが，構造主義・生成文法の下では，様々な意味を少数の原始的要素に還元することには成功しなかった（現代の認知意味論では，ヴィエジュビツカ Wierzbicka などが，構造主義の時代と意味合いは異なるが，意味の普遍的な単位を追究する試みを企てている）。

8） ウルマン

ハンガリー出身のイギリスで活躍した意味論学者，スティーヴン・ウルマン Stephen Ullmann[38] (1951, 1962) は，それまでの先行研究を統合大成し，意味論を自立的な学問として打ち立てようとした。意味を名前と意義の相互

---

34 Firth は，全般的には，意味を非常に広い意味で使っており，特定の文脈中の項目の機能や効果を指して，「音韻的意味」「文法的意味」という言い方をしている。
35 「意味」の定義の様々な試みに関しては，池上 (1975: 第 2 章) に詳細な解説がある。
36 この用語はドイツ語意味論の訳語で，フランス語意味論では「意味の分野」と言う。
37 Trier (1931) は，意味内容を共有する語が語場を形成する「語場の理論」を立てた。
38 ハンガリー名はウルマン・イシュトヴァン Ullmann István。ハンガリー語では，姓が先に来る。

関係と規定[39]したウルマンの論考は，豊かな文学資料に裏打ちされ包括的であり，理論的研究と実証的研究，共時的研究と通時的研究などのバランスの取れた，穏当で常識的な見解を展開した。その具体的事例などの詳細は，現代における批判的評価も含めて，本書の第4章で扱うこととする。

意味変化に関しては，意義と意義の類似（隠喩），意義と意義の近接（換喩），名前と名前の類似（民間語源），名前と名前の近接（省略）という4種類と，それらの複合変化に分けた。また，意味変化の諸原因を分類している（言語的・歴史的・社会的・心理的・外国語の影響・新名称の必要性）。

ウルマンの意味論は，西洋文学からの豊かな資料の中に見出される言語の意味の内部から総合的な意味論を構築しようとしたものであり，意味研究と称しながら言語の丁寧な観察に基づいていないその他多くの研究とは区別されるべきである。後者の研究としては，他の学問分野から言語学にその成果をもたらした意味研究（例えば文化人類学の親族用語の成分分析）や，言語学の他の領域（音韻論や文法論）の枠組み・方法論を適用した意味研究（構造主義言語学における構造的意味論，生成文法における解釈的意味論）などを挙げることができる。これら外在的な意味論は言ってみれば「借り物の意味論」である。言語の意味の実態に立脚したウルマンの意味論は，構造主義・生成文法の時代には顧みられることは少なかったが，認知言語学では特に意味変化研究との関連で再評価されている。詳細は，本書の第4章「意味変化の種類と動機づけ」をご覧いただきたい。

9) リーチ

それまでの諸説をふまえてリーチ Leech (1974) は，意味を次のような7つのタイプに分類した。

(1) 概念的意味 (conceptual meaning)
論理的，知的，明示的，外延的 (denotative) な内容で，コミュニケーションの中心的な機能を果たすもの。例えば，woman の概念的意味は，〈＋人間〉，〈−男性〉，〈＋成人〉といった，（主として二値的な）対比的特徴によって分析できる。これは，〈＋人間〉，〈＋男性〉，〈−成人〉と分析される boy とは区別される。

---

39 オグデンとリチャーズの「象徴」と「思想」の関係のみに限定し，「指示物」は，非言語的として，定義から除外している。

(2) 内包的意味 (connotative meaning)
純粋に概念的な内容を超えて，表現が何を指し示すかによって有するコミュニケーション的な価値。例えば，woman の意味を〈＋人間〉，〈−男性〉，〈＋成人〉と定義した場合，これら3つの性質はwoman という語を正しく使うための判定基準を提供するものであるが，それに対して内包的意味は，woman が有すると想定される付加的な属性で，woman であるかどうかの基準とは必ずしもならない。リーチの挙げている例を使えば，〈言語能力に長けている〉，〈料理に熟練している〉，〈スカートやドレスを身につける〉，あるいは（かつて男性の側から負わせられていた）〈弱い〉，〈感情的〉，〈臆病〉などの属性である。内包的意味は，概念的意味に比べて周辺的で，相対的に不安定であり，時代や社会によって変わることがしばしばである。

(3) 社会的意味 (social meaning)
発話の社会的な状況について伝えるもの。例えば，社会的・文体的な変異の次元として，方言（地域の方言，社会階層の方言），時代（18世紀の言葉など），分野（科学，法律，広告など），言語的立ち位置（status：丁寧語，会話体，俗語など），様式（modality：覚え書き，講義，ジョークなど），特異性（ディケンズ，ヘミングウェイの文体）などがある[40]。

(4) 情緒的意味 (affective meaning)
話し手が，聞き手に対して，あるいは話の内容について抱いている個人的な感情を反映するもの。直接的に表現することもできれば間接的に伝えることもできる。また，同じ文であってもイントネーションや声の調子で痛烈な皮肉になったり冗談になったりするのである。

(5) 反映的意味 (reflected meaning)
ある語の1つの意味が，他の意味に対する反応の一部を成す場合の意味。例えば教会の説教で，同じく〈聖霊〉を指す表現でも，The Comforter（慰める者）が使われれば日常語の comfort（「慰める」）の影響で何か温かくて励みになる感じを受けるが，The Holy

---

40 話し言葉と書き言葉といった言語使用域 (register) もここに含まれている。

Ghost（聖なる霊）は ghost（「幽霊，亡霊」）を含んでいるので恐ろしいような感じがする。

(6) 連語的意味（collocative meaning）
ある語がそれと一緒によく使われる語の意味によって獲得する連想。Pretty と handsome は，〈美貌の〉という意味では共通しているが，共起する名詞の範囲が異なっている。例えば，pretty は girl, boy, woman, flower, garden, colour, village などと連語を成すが，handsome は boy, man, car, vessel, overcoat, airliner などと連語を形成する。もちろん両者の範囲には重なる部分もある。Handsome woman と pretty woman はどちらも言えるが，それぞれの形容詞の連語的な連想が違うため，異なった種類の魅力を示唆するのである。

(7) 主題的意味（thematic meaning）
語順，焦点，強調などによって伝達されるもので，主に統語構造に関係するもの。例えば，能動文とそれに対応する受動文は，知的内容は同じであっても，示唆するコミュニケーション的価値が異なっている。

7つのうち，(2)-(6)の5つの意味をまとめて「連想的意味（associative meaning）」と称する。連想的意味は，離散的な，二者択一的な仕方では分析できない。はっきりと決まった境界・限界がなく，尺度や範囲による分析に適している[41]。

1.2.2 チョムスキーと生成文法

ノーム・チョムスキー Noam Chomsky (1957) は，師のゼーリグ・ハリス Zellig Harris の論理的で方法論的な変形分析を数学的に理論的に転換し変形文法（「変換文法」[42]）を導入した。句構造文法だけでは能動態と受動態などの文の間の分布関係を記述できないとして，変形を導入したのである。しか

---

[41] Osgood, Suci and Tannenbaum (1957) の提唱した，7段階の尺度で記録した話者の判断をデータとして連想的意味を多次元の意味空間上に記す SD 法（Semantic Differential）などは，その典型的な手法と言えよう。概念的意味が言語共同体で共有されるのに対して，連想的意味は安定性が低く，個人の経験などによって変わる側面がある。

[42] この場合，transformation の訳語としては，論理的な「変形」（命題に関する規則）よりも，数学的な「変換」（同一集合間の写像）の方が本来は適切である。

し，導入の当初より変形規則は，文法的文のみでなく非文も派生してしまい，その記述力に関して強力過ぎたのであった。

生成文法の下で，文法構造の差異である「曖昧性 (ambiguity)」と「指示の漠然性 (referential vagueness)」が区別された。前者の例は，*They are flying planes*「彼らは飛行機を飛ばしている」/「それらは飛んでいる飛行機である」で，このような文法的表層構造上の曖昧性は深層構造の違いで非曖昧化されるとした。また，後者の例は，*white* paper/*white* wine（白色/黄色・黄緑・琥珀色，等）で，実際にどのような色を指すかという指示の漠然性は外延上で区別されるとされたのである。

Katz and Postal (1964) は，意味解釈は変形規則が適用される前の深層構造ですべきことと，変形規則は意味を変えないことを主張した（これをチョムスキーが採用した理論が変形生成文法の標準理論である）。*John* is eager to *please* と *John* is easy to *please* とでは，文法的主語の John はそれぞれ please の論理的主語と論理的目的語であり，それらは表層構造では区別できないので，深層構造が必要であるとされた[43]（後に，このような文法関係の情報はその痕跡を残した表層構造で意味解釈できるように理論改訂されることになる）。

1.2.3　生成意味論

文法変形と意味の関係について，生成文法では「変形は意味を変えない」(Katz and Postal 1964) とする立場をとったが，変形規則が意味を変えないのであれば，変形規則は同義性を関連付けることができるという解釈も可能である。それが生成意味論の発想であり，文の基底構造に意味表示（意味部門）を置いた (Ross 1972, 1973; Lakoff 1972)。しかし，このように変形された，つまり形の異なる表現の意味は同義でなく異なることが Bolinger (1977) によって示され，チョムスキーもそれを認めて，その後は変形規則を制限する道を選んだのである。

生成意味論では，Gruber (1965) が導入した，語彙項目（語彙素）を意味素性によって分解する「語彙分解 (lexical decomposition)」（例えば bachelor：[HUMAN], [MALE], [UNMARRIED]）や，Carnap (1952) 以来の語彙項目の意味を含意関係で取り出す手法である「意味の公準 (meaning postulate)」

---

[43] Chomsky (1964) では，John is easy to please は，*tough*-movement（目的語繰り上げ変形）によって，It is easy to please John から派生されると見なされた。

（例えばred：[COLORED]）などが試みられた。しかし，意味の場合は，プラスとマイナスの係数（±）でまとめられる素性ではなく個別の意味標識で表記されるべき点や，客観的に厳密な定義項がなかなか見出しにくいといった点から，明示的な意味研究が進展しにくいという問題，また変形規則による過剰生成の問題などもあった。

　生成文法の内部から生まれた生成意味論は，しかしながら，決して生成文法の単なる一分派では終わらなかった。生成文法の前提とするものとはまったく異なるパラダイムを内蔵していたからである。山梨（2016a: 4）で指摘されていることを言い換えると，まず言語能力・知識などに関しては，生成文法が言語能力／言語運用，言語的知識／言語外的知識，辞書的知識／百科事典的知識をいずれも区別するのに対して，生成意味論は，そのような区別は認められないとする。文法カテゴリーに関しては，生成文法が離散的・非連続的と見なすのに対して，生成意味論では，ファジーで連続的階層体を成し，絶対的な境界に基づく規定を否定する。また，生成文法では，文法を意味的・語用論的な要因から独立したモジュールと捉えるのに対して，生成意味論では独立したものとは考えない。

　そして，ここが特に両パラダイムを決定的に分かつところであるが，生成文法では，統語部門が意味部門によって解釈的に規定されるのに対して，生成意味論では統語部門が意味部門によって生成的に規定される。また，前者では，統語部門・意味部門・語用論部門は相互に自律的であるとされるが，後者では，統語部門は意味部門・語用論部門によって動機付けられているとするのである。

　このように，生成意味論は，そもそもの観点がまったく異なるチョムスキーの生成文法の枠組みの下には収まりきらなかったと言えよう。なお，生成意味論の詳細に関しては，特に山梨（1977），安井・中右・西山・中村・山梨（1983）などをご覧いただきたい。

1.2.4　生成意味論から認知意味論へ

　生成意味論の時代には，言語と意味に関する豊かな知見が得られその蓄積が見られ，その数多くの知見は，認知言語学の中心的な観点・概念として継承された。特に以下の知見は，山梨（2013: 3, 2016: 10）により「生成意味論のレガシー／遺産」として認定・命名されている。

A. 言語のゲシュタルト性

ゲシュタルト性（全体性）とは，基本的に「全体（の性質・価値）は部分（の性質・価値）の総和ではない」ということである[44]。Lakoff (1977: 246-247) は，「ゲシュタルトは，認知処理に使われる構造である」「ゲシュタルトは，その構成部分が，全体の中にあることにより付加的な意義を獲得する全体である」「ゲシュタルトは，部分相互の間に内的な関係があり，またこれらの諸部分はタイプが異なる場合がある」，等々，ゲシュタルトの諸特性を挙げている。

B. （カテゴリー・）スクィッシュ

Ross (1972) は，伝統的に離散的と見なされてきた動詞・形容詞・名詞の区別は，安定した明確なものではなく，文法カテゴリーの間に様々な中間的なカテゴリーを含む連続的階層体（スクィッシュ）を成しており，その区別は程度差であるとした。

C. ファジーロジック

標準的な（二値的）集合論では，ある対象は集合に属するか属さないかのいずれかであるが，ザデー Zadeh (1965) は，段階付けのあるカテゴリーを扱う集合論を立て，曖昧さを含んだかたちで集合を扱えるようにした。通常の集合論では，集合に属する要素（元）に1を，属さない要素に0を対応させる関数（定義関数）で表すが，ファジー集合では，0から1までの実数値をとる関数（帰属度関数）を考え，1の値をとる要素は完全にその集合に属するが，そうでない場合，1に近い値をとる要素ほど，その集合に属す可能性が高いとした。あわせて，変数が0から1の範囲で真理値を取るファジー論理学も提唱した。

認知言語学の重要概念であるプロトタイプ（当該カテゴリーの最もよい成員）も，そのカテゴリーの他の要素と比べて，そのカテゴリーを代表する度合いが高い（1に近い値をとる）要素であり，周辺的な要素は，低い値をとる要素と見なすことができる。

また，日常言語では，「いちおう」「まあ」「ちょっと」や sort of, kind of といった，真偽を断定するのではなく制限する（1か0かではなく直接性を

---

[44] これは，全体の意味が，それを構成する部分の意味と規則によって決まるとする「合成性の原理」に対するものである。本章1.1.2節のフレーゲ Frege の項を参照。

回避する）ファジー（曖昧）な「ヘッジ（垣根，hedge）」表現が，よく使われている。Lakoff (1972) は，ヘッジ表現の分析を通して，文の意味の真偽が主体の知識や捉え方に依存することを示した。例えば，"A(n) X is sort of a bird." の文の真偽は，X に何を入れるかにより異なる。事例として，ⓐ robin, ⓑ chicken, ⓒ penguin, ⓓ bat, ⓔ cow を入れた場合，ⓐはⓔとともに偽であり，ⓒはⓑより真の度合いが下がり（これは「鳥らしさ」の違いを反映している），ⓓは非常に偽に近い。特にⓐ robin は，最も典型的な「鳥」であるがゆえに，ヘッジによって偽となる。このように，文の真偽は，真理条件的に決まるのではなく，言語主体が，対象を X というカテゴリーの中のどの辺り（中心・周辺など）に位置づけているかによって変わってくるのである。先の「スクィッシュ」も，二値論理ではなくファジーロジックと関連するものである。

D. 文法の相対性

Lakoff (1972) の主張を文法的判断の相対性として継承した。文法性の判断は，絶対的なものではなく，文が使用される発話の文脈における話者の前提知識との関係において，相対的に決まるということである。

E. フレーム概念（知識フレーム）

フィルモア Fillmore (1968) は，その格文法理論において深層レベルにおける格枠 (case frame) を，動詞と共起し得る名詞類の意味役割を規定するものとして提唱したが，のちに Minsky (1974) の人工知能の概念などを念頭に置きつつ，Fillmore (1975) において，「シーンとフレームのパラダイム (scenes-and-frames paradigm)」を提案している。フィルモアの「フレーム」の規定には，時代により変容が認められ，この時点ではより言語的な規定になっているが，「シーン」（文化・制度・身体像等により規定される標準的なシナリオ，一貫性のある信念・行動・経験・想像などを含む）と密接な結びつきのあるものとして捉えられ，言語の発話や理解のみならず，話者・聴者間のやり取りの背後にある知識・予想などを組み込んでいく姿勢が既に現れている。

Fillmore (1975) は，言語形式の意味を，それが適切に使用されるために満たすべき条件のチェックリストとして表示する意味論を，「チェックリスト意味論」として批判している。そのような意味論においては，境界領域に

関わる深刻な問題が生ずる。例えば，bachelor（独身男性）に関して，「未婚の男性は，何歳になったら bachelor と呼べるのか？」「職業柄，独身を貫いている人を bachelor と呼ぶことは適切か？」「「教皇ヨハネ 23 世は bachelor として亡くなった」と言うことは適切か？」…，といった問いは，チェックリスト意味論の下ではもっともなものである。こういった概念は，男性が一定の年齢で結婚し，結婚は一度で，配偶者が死ぬまで婚姻状態にあるといった単純な世界の文脈の中で規定されているもので，結婚しようと思えばできる時期に結婚していない男性が bachelor と呼ばれるのである。上記のような問いかけは，問題となっている語を含むフレームを典型的なシーンの射程に入らない状況にまで拡張するか，あるいは新たな状況を含むように新しいフレームを作るか，を問うことになる。

　このような知見は，言語表現がフレームを喚起し，言語表現の意味はフレームと照らし合わせて初めて理解されるとする，フレーム意味論（frame semantics）へとさらに発展する（Fillmore 1977, 1982, 1985）。言語表現の意味を文脈から独立して，要素に分解して絶対的に規定するのではなく，その表現が用いられる文脈・状況に対して相対的に規定するものである。また，当該言語共同体民の知識・信念といった言語外の情報を組み込んでおり，百科事典的意味論の立場に立っている（Fillmore 1982: 134）。

　上記の諸知見は，認知言語学の研究プログラムへと展開していく。すなわち，言語のゲシュタルト性はゲシュタルト的文法観へ，スクィッシュとファジーロジックは，カテゴリーのグレイディエンス（勾配・段階性：1か0ではなく程度問題）へ，フレーム概念はフレーム意味論へ，文法の相対性は文法的判断の相対性へというようにである。

　認知言語学の中心的なテーマとして継承された生成意味論の知見の多くが，広い意味でのカテゴリーに関するものであることは，興味深いことである。言語の根幹に関わるカテゴリー観の違いは，同じ理論の中での展開や微調整ではとうてい対応できるものではなく，新しい理論を必要としたとも言えよう。

　また，後の認知語用論などに継承された研究テーマとしては，以下のものを特に挙げることができる。遂行分析（Ross 1970; Sadock 1974），会話の含意・語用論的推論（Gordon and Lakoff 1975），自然論理（Horn 1989; G. Lakoff 1971a, 1972a; McCawley 1972, 1981），言語の社会性・ポライトネス（R. Lakoff 1972, 1973）など多岐に亘っている。

1.2.5 認知言語学・認知意味論の思想と基本概念

さて，ここでは，認知言語学・認知意味論の思想と基本概念につき，その核心部分に焦点を当てて，簡潔に見ておきたい。従来の言語学，特に生成文法との対比で見ることで，その特徴を浮き彫りにすることができる。認知言語学・認知意味論といっても，1つの確立した理論や学説があるわけではない。しかし，多くの認知言語学者がほぼ共有する基本的考え方があることも事実である。

まず，認知言語学では，言語の基本的機能をカテゴリー化 (categorization) であると見なす。Lakoff (1987: 5) は，「我々の思考・知覚・行動・言語にとってカテゴリー化ほど基本的なものはない」と述べている。認知言語学の言語観・意味観も，言語の基本的機能がカテゴリー化であるとする，この根本命題からのいわば帰結として導くことができる[45]。

言語が世界をカテゴリー化する体系であるとすれば，何よりも意味論を言語学の中心に据えるのは当然のことである[46]。これは，統語論を中心に据えて，意味論には解釈的な地位しか与えてこなかった生成文法とは対照的である。

言語が世界をカテゴリー化するものであるので，言語形式以外のものを世界についての知識と関連づけられるものとして想定する必要はない。辞書的知識と百科事典的知識 (encyclopedic knowledge) を峻別する必要もないのである。これも，自律的な言語知識を想定する生成文法とは異なっている。

また，言語の基本的機能が世界をカテゴリー化するものであるということは，言語が世界に対して構造やまとまりを与えるものであって，その逆ではないということである。言語は，世界を客観的に写すものでは決してない。そうではなく，言語記号の意味は人間の経験に基づくものであり，この経験には，特にヒトという種がもっている身体性 (embodiment) に基づく経験が重要である[47]。体の作り・仕組み・働き方，それらを踏まえた外界や他者との接し方は，ヒトの精神を形成するうえで大きな役割を果たしており，世界を理解・認識するうえでの基盤となっている。認知言語学は，従来の言語学が往々にして陥ってきた客観主義ではなく，経験基盤主義 (experientialism)（記号の意味を生命体の性質・経験に基礎づける考え方）を採るものである。

---

[45] 以下，Geeraerts and Cuyckens (2007) による指摘を踏まえている。
[46] Langacker (1987: 55) は，意味を（最広義での）概念化と同一視している。
[47] メルロ・ポンティ Merleau-Ponty (1945)

言語の基本的機能であるカテゴリー化は，身体感覚に基礎づけられた対象把握であり，言語記号の意味も当然そのような身体的な経験を基盤とした認識を反映するものである[48]。これは，文法を言語の実際の使用例に基づいてボトムアップ的に構築されたネットワークで表現する用法基盤モデル (usage-based model) と通ずる捉え方である[49]。

人間の認知能力には，知覚・記憶・思考・比喩・連想・類推・カテゴリー化など様々なものがあるが，認知言語学では，言語能力を一般的な認知能力を相互に動機づけるものとして捉えている。これも言語能力の自律性を想定する生成文法などとは異なっている。また，人間の認知能力は，対応する動物の認知能力の延長上に位置し，それらを大きく進化させた形である（その進化自体にも，まさに言語が深く関わっていると考えられる）。

言語に密接な関係をもつ心理作用・認知能力は，いくつかのタイプに類別することができる。以下，代表的なものを関連する学者名とともに挙げておく。

A. カテゴリー形成の前段階

(i) 注意 (attention)
1つまたは少数の対象を焦点化し，そこに意識を集中させること，またその能力（関係する能力として「参照点能力」などがある）。Langacker (1993: 5)

(ii) 図地分化 (figure-ground distinction)
知覚情報を背景（地）と前景（図）に分ける能力 (cf. 図地反転：役割の反転)。Hopper (1979); Wallace (1982)

B. カテゴリー形成自体に直接関わるもの

これは，一般化 (generalization)・抽象化 (abstraction) の能力が関与する。特に以下の3つが重要である。

---

[48] 人間の身体の構造・機能等と，それを踏まえた外界・他者との相互作用は，世界のカテゴリー化や，概略的把握の型であるスキーマ (schema) の抽出・形成に関わっていると考えられる。

[49] Langacker (1990: 262) は，生成文法の特徴である極小主義・還元主義・トップダウンに対して，自らの認知文法を極大主義・非還元主義・ボトムアップであるとしている。

(i) カテゴリー化 (categorization)
事物や事態を共通性や関係性でまとめあげること，またその能力。典型的なカテゴリーにおいては，中心的成員（プロトタイプ）の周りに周辺的成員が帰属性に勾配を有しつつ配置され，カテゴリーの境界はファジーである。成員の間には必ずしも相互に共通性がなく家族的類似性で連なっている。カテゴリー化は，意味・音韻・統語などあらゆる言語カテゴリーに関わっている[50]。 Lakoff (1987); 辻 (1991)

(ii) 連合 (association)
形式（音声）と意味を結びつける能力。記号化能力と言ってもよい。カテゴリー化は，動物にも一般的に見られるが，連合（及び記号の組合せ）は，特に人間によって訓練を受けた高等哺乳類・鳥類に顕著に見られる。 Herman and Richards (1984); Savage-Rumbaugh et al. (1993); Pepperberg et al. (1997)

(iii) イメージ・スキーマ (image schema)
身体経験の中で繰り返し生起する有意義な構造・パターン・規則性，またそれらを抽出する能力。〈起点・経路・着点〉〈リンク・ノンリンク〉〈中心・周辺〉〈前・後〉〈遠・近〉〈容器〉〈部分・全体〉〈統一体・離散〉など。これらの認識には，視点の移動・転換，走査（スキャニング）能力も関与する。Johnson (1987) など

以上の (i) 〜 (iii) は，いずれも命名と密接に関わることでもある。

C. カテゴリーの拡張に関わるもの

(i) 参照点 (reference point) 能力
参照点を同定する能力。ある対象を直接指す代わりに，より際立ちの大きい別のもの（参照点）を手掛かりとして，対象にアクセスする能力[51]。Langacker (1993)

---

[50] 身体をベースに行為の可能性を見る「アフォーダンス (affordance)」も，カテゴリー化と関わるものである（空間認知・運動感覚と関連）。特に人工物（椅子，ベッドなど）において顕著に現われる。Gibson (1979), 本多 (2005) を参照のこと。

[51] 外国語の聴解においてもこの能力は重要である。犬塚 (2005) などを参照。

(ii) 比較・対照 (comparison & contrast)
複数の事例の間に類似性・相違性を見出す能力[52]。

(iii) 比喩 (figuration; metaphor)
修辞表現としてではなく，認知のメカニズムとして，見立てること，またその能力。比喩的拡張は，カテゴリー拡張の典型として極めて重要である。Lakoff and Johnson (1980)
例えば，人間の五感で把握できない〈時間〉を捉えるのに，〈空間〉や〈身体〉などを使って理解・表現することは一般的に見られる[53]。
Heine, Claudi and Hünnemeyer (1991)；篠原・片岡 (2008)

(iv) 合成 (composition)
単純な構造を組み合せて複雑な構造を作る能力。異なる概念の合成である「(概念) 融合」もこの一種 (メンタル・スペース理論の発展形のブレンディング理論では，2つの入力スペースからの要素の投射による構造の合成)。特にイメージのブレンディングはカテゴリー拡張に活躍し，命名においても重要な役割を果たす (第2章「カテゴリー論と命名」を参照)。Fauconnier and Turner (2002)

(v) 力動性 (force dynamics)
事象を力学現象として認知する心理作用。Talmy (1988)

(vi) 定着 (entrenchment)
頻度の高い知識・パターンを繰り返しによって習慣化する過程，及びその能力。複雑な内部構造をもつものも，繰り返し経験することで単一的なものとして操作できるようになる。Langacker (2000) は，特に「比較」「抽象化」「定着」「合成」「連合」の5つの能力を重視しているが，その1つである。

以上，カテゴリーの形成・拡張との関連で分類したが，これらの能力は相互に密接に関連している。また幾つかの能力は，他に比べてより基本的であ

---

[52] 学問研究のような高度な知的活動においても，この能力は特に重要である。従来別物として扱われてきた異分野間に共通性を見出し統一するのは前者であり，逆に同一視されていたものの中に差異を見出し区別するのは後者である。

[53] 特に空間領域から時間領域への比喩的拡張に関しては，従来様々な研究が成されてきたが，身体領域から時間領域への比喩的拡張に関して Negi (2016) は，英語・日本語・スペイン語の3言語の事例を包括的に取り扱い，どのような特徴をもった身体部位に拡張が生じやすいのかを吟味している。

ると考えられる。その規定は，まさにカテゴリーとの関連で成されるべきであろう。

第2章
カテゴリー論と命名

2.0 はじめに

　Labov (1973: 342) の指摘するように，言語学は何よりもカテゴリーの学であると言えよう．また，Lakoff (1987: 5) の指摘するとおり，人間の思考・知覚・行動・言語にとってカテゴリー化ほど基本的なものはない．
　認知言語学と従来の言語学との際立った差異は，なによりもカテゴリーの捉え方にあるが，その意義は，特に西洋におけるカテゴリー把握の歴史を踏まえてはじめてよく見えてくる．そこで，本章では，まず伝統的なカテゴリー観を概観したうえで，認知言語学のカテゴリー観について提示するとともに，命名や色彩語などの実際の言語事例に即してカテゴリーの問題を検討したい．
　西洋の伝統的な言語観は，例えば旧約聖書「創世記」における，以下のような記述に典型的に見出すことができる．

> 主なる神は，野のあらゆる獣，空のあらゆる鳥を土で形づくり，人のところへ持って来て，人がそれをどう呼ぶか見ておられた．人が呼ぶと，それはすべて生き物の名となった．人はあらゆる家畜，空の鳥，野のあらゆる獣に名を付けた…
> 　　　　　　　　　　　　　　　（2章19-20節：新共同訳）

　ここでは，あらかじめ世界の中に人間とは独立に事物などが存在していて，それらに対して人間が名前を与えているわけで，これは，「言語＝名称目録 (nomenclature)」，あるいは「言語命名論」と呼ばれる見方である．言語による違いは，ただ割り振る名前が，例えば同じ動物に対して「馬」，horse, cheval, Pferd のように異なるだけということになる．
　ソシュールは，このような，まず事物があってそれから記号が産まれると

いう考え方を，否定した（言語内の価値は，記号の相互依存関係によって決定されるとしたのである）。「肩凝り」という表現が生まれる以前は，日本人は肩が凝らなかったわけでは決してない。日本語を学ぶ外国人同様，この言葉ができてから（あるいはそれを知ってから），ある状態を肩凝りと捉えるようになったのである。

「カテゴリー」とは，大雑把にいえば，何らかの関係性でまとめあげられたモノの集まりのことであるが，この「関係性」をどう捉えるか（例えば，厳密な共通性で見るのか，ゆるやかな類似性で見るのかなど）によって，また究極の少数の上位概念にまとめあげるのか，下位の類別やレベルの区別などを主として見るのか，といった違いが見られる。

本章では，その概観を示すとともに，カテゴリーに関わる諸問題を取り上げ，最近の研究についても概観するとともにそれぞれの問題について論じていく。まずは，西洋における代表的なカテゴリー論をいくつか取り上げて概観し，その後に認知言語学・認知意味論のカテゴリー観を提示し，対照的に位置づけてみたい。

2.1 カテゴリー［範疇］論
2.1.1 哲学におけるカテゴリー論

カテゴリー［範疇］には，存在・認識・文法という3つの側面があるが，哲学史全体を俯瞰すると，古代（アリストテレス）やこれを引き継いだ中世（トマス・アクィナス）の場合，実在論的な存在のカテゴリーであり，近世（カント）では，知・理解の形式としての認識のカテゴリーであり，現代のいわゆる言語論的転回（linguistic turn）以降は文法的カテゴリーという大きな流れが見られる[1]。上記3つの側面が，この順序で展開してきたのである。ここでは，後世への影響と言語学的な重要性という観点から，いくつかの代表的なカテゴリー論に限って取り上げることとする。

1）アリストテレス，スコラ哲学

まずは，レイコフなどから「アリストテレス的」と評されている古典的カテゴリー観を見てみよう。アリストテレス自身はカテゴリーをどのように捉えていたのであろうか？

---

1 廣松，他（編）（1998）

アリストテレスの存在論は，存在者としての存在者を問う実体論[2]と，実体としての述語付けに関わるカテゴリー論［範疇論］から成る。

範疇（カテーゴリア κατηγορία: katēgoría）というのは，原義は「告発」「非難」であるが，元来〈ある人をある罪で告発（非難）する〉という意味の法律用語であった「カテーゴレイン（κατηγορεῖν: katēgorein）」という動詞を〈ある物についてある性質を語る〉という形でアリストテレスが，その意味をより一般化して転用したものである[3]。アリストテレスのカテゴリー論は，哲学史的には，先行するピュタゴラス学派の対概念（有限／無限，一／多，右／左，男／女，動／静，善／悪，…）やプラトンの最高概念（有，同，異，変化，持続，…）などを踏まえて展開したものである[4]。

『カテゴリー論』の中で，アリストテレスは，それ以上分類できない述語の最高類として，有名な以下の 10 のカテゴリーを挙げている[5]。

①まさにそれであるもの（本質存在）　②どれだけか（量）
③どのようか（性質的なもの）　④何に対する（関係的なもの）
⑤どこか（所）　⑥いつか（時）　⑦置かれている（態勢）
⑧持っている（所持）　⑨作用する（能動）　⑩作用を受ける（受動）

この 10 個のカテゴリーは，量／性質，場所／時間，能動／受動，本質存在／関係，態勢／所持というように，5 組の概念を形成している。これらは存在論的な範疇であり，実在の形式を示すものとされた。

このこととの関連でひと言，付言しておきたい。レイコフは，例えば Lakoff (1987: 180) において，「古典的カテゴリー論は，アリストテレスの時代よりあり…」と述べている。また同じ本の別の箇所（同: 185）では，「本質的必要十分条件により定義される…（中略）…古典的カテゴリー」という言い方をしている。しかし，アリストテレスが常にカテゴリーを離散的で明確に分けられるものとしていたわけでは決してない。

2　実体とは，文の主語となるが述語とはならないものである。（『形而上学』）
3　永井, 他 (2002)。日本語の「範疇」は，西周 (1829-1897) による造語で，『書経』の「洪範九疇」に由来する。
4　Benveniste (1966) は，アリストテレスのカテゴリーの選定が，ギリシア語文法的な考え方から来ていると述べている。カテゴリーの問題は，当初から言語の問題を内部に含んでいたのである。
5　以下のカテゴリー名の訳語は，内山, 他（編）(2013) による。

アリストテレスが「古典的」ではないカテゴリーの捉え方をしている典型的な例を挙げてみよう。アリストテレスの自然観では，自然は無生物から動物に至るまで，少しずつ移りゆく。アリストテレスは，植物を栄養摂取・生殖，動物を感覚という基準によって分類しているのであるが，動物と植物の両方にまたがる生物があり，それらは動物と比べると植物に似ており，植物に比べると動物に似ているとしている（『動物発生論』Γ 11.761a15）。

　しかも，これら「両方にまたがるもの」と呼ばれた生物は，決して共通の特徴を示しているわけではないのである。中村（2005）が分析しているように，『部分論』で挙げられている3種の両方にまたがるもの（カイメン，ホヤ，イソギンチャク）のうち，まずカイメンとホヤでは，ホヤのほうがより動物的であるとされる。カイメンは，植物のように固着するだけで遊離しては生きられず，また，触覚をわずかにしか見せない。一方，ホヤは，肉質の部分をもっているという点で感覚を有していると考えられ，また心臓に対応するものをもち，明らかに触覚を示していると言える。しかし，ホヤも，はっきりした排泄物がないという点では植物的でもある。一方，イソギンチャクは，遊離し餌へと向かって行ったり向かってくるものを感じて身を保全することにおいてより動物的であるとされる。…ウィトゲンシュタインの「家族的類似性」を思わせるような記述である。

　以上のようなケースでは，アリストテレスは，決して必要十分条件で捉えようとしておらず，むしろ段階的な差異，勾配を認めているのである。しかしながら（少なくとも「アリストテレス以来」というような言い方は保留付きとするとしても），その後の西洋の学問の中でカテゴリーが往々にして必要十分条件を満たすものとして捉えられてきたことは否めないので，「古典的」という形容をそのような見方一般を指すものとして使用すること自体は，あながち不適切とも言えないであろう[6]。いずれにせよ，アリストテレスが対象を観念的に捉えるのではなく経験的に事実を直視して立論する姿勢を一貫して採っていたことは重要である。

　このこととの関連で，野村（2008）は，アリストテレスと認知文法の親和性を指摘している。すなわち，プラトンの先験的なイデア論の否定（感覚・知覚から自立した思惟の否定），「把握」に通じる考え方，原理から出発するのではなく可知的な事柄から出発すべきとする「ボトム・アップ」的な志向

---

[6] レイコフの指摘・批判は，むしろ後に見るように，間接的には後世の諸理論，直接的にはチョムスキーの生成文法に向けられたものとも言えよう。

性，全体としての存在を研究対象とする「ゲシュタルト性」，機能主義的な見方，等々である。(「デカルト派言語学」に加えて)「プラトン派言語学」と呼ぶべき性質をもつ生成文法に対して，認知文法は「アリストテレス派言語学」とも呼ぶべき志向性を備えているとする氏の指摘は興味深い。そして，そのことは，カテゴリーの扱いにおいても同様であったと見なす方が思想として一貫性があると言えるであろう。

　古代におけるカテゴリー論としては，アリストテレスのものが最もよく知られており，また後世への影響も大きかったわけであるが，ストア学派では，実在の形式として，実体・性質（本質的）・状態（偶然的）・関係の4つを挙げていた。また，中世のスコラ哲学では，アリストテレスのカテゴリー論の大きな影響の下，存在・質・量・運動・関係・持前（習性）という6つのカテゴリーを考えていたのである。

2) カント，ヘーゲル

　カント Kant (1781) は，よく知られたカテゴリーの一覧表を掲げている。この4項目12個のカテゴリーは，一切の経験を可能にするア・プリオリな条件である純粋悟性の根本概念として提示されたものである。カントは，アリストテレスのカテゴリーは経験的な寄せ集めで不完全であるとした。また，カントの少し前にヒュームが，「類似・同一性・時間と空間の関係・量すなわち数の関係・質すなわち程度の関係・反対の関係・因果の関係」という7つのカテゴリーを挙げていたが，すべて二項間の関係性という共通性はあるものの，特段の根拠なく列挙していた。一方，カントは，それまでの諸論理学の知識を踏まえて判断表を作りあげ，さらにその判断表を基にカテゴリー表を作り上げた[7]。

　まず，「判断」の形式的区別を挙げる。

「量」（全称，特称，単称）
「質」（肯定，否定，無限）

---

[7] 粟田・古在 (1979), 飯田 (1987), 廣松，他（編）(1998)。カントの判断表は，山下 (1983) によると，ポール・ロワイアル論理学（判断に全称・特称・単称という量があり，肯定・否定という質があるとしていた）や，ラムス Petrus Ramus (16世紀フランスの論理学者ド・ラ・ラメ Pierre de La Ramée のラテン名) の拠点 (argumentum) 表などを組込んだものである。

「関係」(定言,仮言,選言)
「様相」(蓋然,実然,必然)

次に,これらに対応する「純粋悟性概念」(カテゴリー)を挙げると以下のとおりである。

「量」(総体性,数多性,単一性)
「質」(制限性,否定性,実在性)
「関係」(実体性,因果性,相互性)
「様相」(可能性,現実性,必然性)

カントによると,認識は,感性の形式(時間・空間)を通して質料(対象)が与えられて,それらをカテゴリーによって秩序づけ構成することによって成立するとされる。カントのカテゴリーは,論理的にもよく練られており,それぞれの組が3個から成る(「三重性」)という整然とした体系を形作っている(カントの三分法はヘーゲルに継承される)。ただ,相互の関係性は必ずしも明示されていないという問題は残る[8]。

なお,ヘーゲルの絶対的観念論では,カテゴリーは,「自我と存在の同一性」と見なされる[9]。ヘーゲルは,カテゴリー間の必然的な移行・連関を絶対理念の発展段階として捉えた。カテゴリーは,アリストテレスにあっては,客観的な実在の形式,カントにあっては主観の形式であったが,ヘーゲルにおいては,思考の形式であるとともに存在の形式でもあるのである[10]。

3) パース

19世紀末以降の分析哲学においては,多くの場合,言語論的なカテゴリーが,存在論的・認識論的なカテゴリーに先行するものと見なされてい

---

[8] フィヒテは,カテゴリー間の関係付けを要請した。ただ,少なくとも一部のカテゴリー間には,例えば「様相」に関して言えば,〈可能かつ必然〉であれば〈現実〉となる(実現する)という関係性が認められ,これらは言語の意味を記述する際にも極めて有用な概念の組み合せでもある。カントのカテゴリーは,意味研究の実践にもしばしば効力を発揮する。

[9] Hegel (1807: 3. 260)

[10] 加藤,他(編)(1992)

る[11]。第1章1.1「哲学的意味論」でも触れたが，現代において最も重要な人物は，記号論の創設者チャールズ・サンダース・パース Charles Sanders Peirce である。パースは，記号を表示項 (representamen：記号として機能する知覚対象)・解釈項 (interpretant：記号の意味)・対象項 (object：記号の指示対象) という三項関係で捉え，記号の類別を行った。特に，表示項と対象項との関係として，「類像［図像］(icon：自然な類似性)」「指標 (index：必然的な近接性)」「象徴 (symbol：恣意的な代理性)」という区別を立てた。認知言語学でも，「類像性 (iconicity：類像的な性質を有すること)」は特に重要な概念である[12]。パースの諸概念は，言語的意味に関わる分析のみならず文字の研究においても有効に使用することができる。

　パースは，普遍的なカテゴリーとして，「一次性 (firstness)」「二次性 (secondness)」「三次性 (thirdness)」という3種を立てた。有馬 (2014) の指摘するように，二元論的で静的な「コードとメッセージ」のソシュールの記号論に対して，パースの場合は動的な「記号過程」の記号論である。パースは三分法的カテゴリー原理を駆使しているが，これは，米盛 (1981) によると，ヘーゲルの弁証法の影響である。

　このような三分法の起源はともあれ，3という数は，言語・記号にとっても意義深いものである[13]。古代ギリシア以来，記号は，その媒体(音声など)，意味(内容，概念)，指示物(もの) というように，一般に3項の組みとして捉えられてきたのである。

　現代の哲学的カテゴリー論としては，この他，ホワイトヘッド Whitehead (1929) は，47のカテゴリーを使った宇宙論を構築しているが，言語に直接関わるものではない。フッサール Husserl (1900, 1913) の「カテゴリー的直観」などの概念も，それを直接に言語の分析に使うことは困難であろう。現代の哲学において，言語論的転回以降，言語の分析を通してこそカテゴリー論を進展させることができるという認識は重要であるが，その「カテゴリー論」によって追究しようとしているものは哲学的な諸問題であり，言語学的なカテゴリー論とは，そもそも目指すところが異なっているのである。

11　廣松，他 (編) (1998)
12　この類像性には程度差が認められ，ヘイマン Haiman (1980) は，記号と対象の間に何らかの類似性のある「有縁性 (motivation)」と，同じ形式が同じ意味を有する「同型性 (isomorphism)」とに下位区分している。
13　その背景としては，3が身体部位としては「喉」に関わることも関連するであろう (Vries 1974)。

2.1.2　認知言語学のカテゴリー観と諸概念

　認知言語学では，西欧の伝統的な捉え方とはまったく異なるかたちで「カテゴリー」を捉えている。まず，古典的カテゴリー観は，客観主義のカテゴリー観であり，そこではカテゴリーを二値論的に規定する（つまり，あるカテゴリーに属するか否かのいずれかであって，中間や曖昧なメンバーはない）。それに対して，経験基盤主義の認知言語学では，典型性と連続性の観点から規定しており，その境界 (boundaries) に移行域を認めている。

　また，それ以上，上の類に属するところのない，存在の最上位を指す哲学と違って，認知言語学では，カテゴリーを目指してはいるが，世界を少数のカテゴリーに分けてはいない。あくまでもカテゴリーの下位の類別であって，最上位であるカテゴリーは想定していないとも言えよう。また，一般に哲学のカテゴリーが，まとめあげられた結果を示し，静的であるのに対して，認知言語学のカテゴリーには類化の過程としてのダイナミズムが見られるのである。

　ここで，認知言語学・認知心理学のカテゴリー論に関連する，いくつかの概念や主張をまとめて見ておこう。

　バーリンとケイ Berlin and Kay (1969) の「焦点色 (focal colors)」（知覚されやすい焦点［赤らしい赤，など］）の概念は，同一カテゴリーに属する要素間の質的差異を認めたという意味で重要である。この焦点色は，ハイダー Heider (1972)，ロッシュ Rosch (1973, 1978) らによって，カテゴリーの代表例として「プロトタイプ (prototype)」と呼ばれるようになる[14]。関連する用語として，メンバー間でカテゴリーの所属に勾配の差が生じる「プロトタイプ効果 (prototype effect)」や，最も基本となるレベルのカテゴリーである「基本レベルカテゴリー (basic-level category)」などがある。後者の特徴として，心理的には反応時間の短さや想起の容易性，言語的には高頻度，形式的短さ，早期の習得などがある。また，アームストロングら Armstrong et al. (1983) は，必要十分条件で規定される数学概念（例えば奇数）においてさえ，そこに典型性の差の出ることを明らかにした。人は，例えば 503 や 81 などよりも 7 のほうを，より奇数らしいと捉えているのである。

14　これに関連して，籾山 (2016) は，ある語が表すカテゴリーの下位カテゴリーとして，ステレオタイプ，典型例，理想例，顕著例を区別している。これらは，その意味の性質は互いに異なっているものの，一般性の程度が完全でない意味を有するという共通性がある。

ネルソン Nelson (1973) は，カテゴリーが活動状況と結びついているとした。例えば，ボールというカテゴリーは，ボール遊びという活動・機能と切り離して，それだけを独立の対象として考えてもあまり意味がない。バーサロー Barsalou (1983) は，人間の活動の目標とカテゴリーとの間の関係に着目した。例えば，「武器」や「デザート」となり得るものには，かならずしも共通の特徴は見出しにくく，活動の目標との関係で考えなければならない。活動のほうがカテゴリーに先行しているのである。自宅が火事になったときに持って逃げる物のような共通性のないカテゴリーを「アド・ホック・カテゴリー (ad hoc category)」と呼ぶ。そこには客観的な共通性ではなく，認知主体の価値観が全体を束ねていると言えよう。マーフィーとメディン Murphy and Medin (1985) は，全体をひとまとめにする緊密な関係性をカテゴリーの「凝集性 (cohesiveness)」として捉えた。

ギブソン Gibson (1979) のアフォーダンス (affordance) は，有機体（知覚者）が環境と相互作用することによって価値づけられた情報のことである。例えば，木のほらは，そこに住む生物にとっては住まいであるが，その生物を天敵とする別の生物にとっては危険の兆候であり，何かを隠す場所を探している者にとっては隠し場所と見える。我々の知覚世界は，外界の世界の物理的な刺激を受容し処理することで生ずるのではなく，我々の行為の可能性との関係で意味を知覚し構築しているのである。

特に言語的意味分析に有用な概念としては，レイコフ Lakoff (1987) の提唱した「放射状カテゴリー (radial category)」がある。これは，中心的メンバー（プロトタイプ）から動機づけによって周辺的メンバーが，言わば同心円的に配置され，それらのメンバー間には家族的類似性 (family resemblance) の関係が成立するカテゴリーである。すべてのメンバーに共通する特徴はなく，隣接しているメンバー同士の間には共通性があるが，離れるにつれ共通性も減じる。

同様にレイコフの提唱している集合体モデル (cluster model) も重要である。例えば，mother と呼ばれる全範囲の事例に対して適用できるような必要十分条件はなく，いくつかの認知モデルが結合して集合体を形成していると見なすのが妥当である。この語の場合は，出産モデル（出産する人）・遺伝モデル（遺伝物質を寄与）・養育モデル（子供を育てる女性）・結婚モデル（父親の妻）・家系モデル（最も近い女性の先祖）である。

2.2 自然言語とカテゴリー

　認知言語学のカテゴリー観は，従来のものと大きく異なる特徴をもっている。実際，認知言語学は，カテゴリーの学と言ってもよく，カテゴリーを通してヒトの心・精神を探ろうとしていると言えよう[15]。本章では，実際に自然言語で観察されるカテゴリーに関して，経験的な事実を十分に踏まえつつ見ていきたい。

　ここでは特に自然言語に観察される諸カテゴリーの典型例として，「命名」と「色彩語」という2つの領野に現れるカテゴリー（化）を取り上げて検討する。この2つを取り上げる理由は，まず命名（つまり名前を付けること）は，まさに最も典型的なカテゴリー化ともいうべき行為であり，しかも本質的に認知に深く関わる言語行為であって，認知言語学の格好の対象であるということである。同様に，色彩語は，Taylor (1989) の指摘するように，言語学におけるパラダイム転換とも関わり，ある意味で理論の試金石となってきたと言っても過言でない重要なテーマであり，しかもそれがカテゴリーの問題と深く関わるものであるからである。また，どのような理論的立場を採ろうとも，命名と色彩語は避けて通ることのできない問題であると言えよう。それぞれのテーマとしての重要性と，関連する事象が多岐にわたることに鑑みて，本章ではまず命名の問題を取り上げ，色彩語の問題は次章で扱うこととする。

2.3 命名の問題
2.3.1 はじめに

　言語学は，何よりもカテゴリーの学であるが，中でも命名論は，カテゴリー論の中核を成す領野である。命名は，本質的にカテゴリー化と連動し，名前は，命名の結果としてのカテゴリーを表すからである。しかし，従来，言語学では，命名はどちらかと言えば周辺的な問題として扱われてきた。

　「命名 (naming)」は，本質的に認知に深く関わる言語行為で，対象をどう捉えるかを反映している（これに対して，「名前 (name)」は，命名の結果である）。その意味では認知言語学に最適の研究対象であり，積極的に取り上げて理論の中核に組み込まれてしかるべきテーマであるが，従来必ずしもそのことが充分に認識されてきたとは言いがたい。

---

[15] 記念碑的大著 Lakoff (1987) の副題が，*What Categories Reveal About the Mind*（カテゴリーが精神［心］について明らかにすること）となっているのも象徴的である。

大月 (2008) は，命名論を言語学の中に適正に位置付けるべく，命名論の理論的基礎付けを行った論考である．多岐にわたる問題を取り上げて論じたが，ここでは，そのうちの特に重要な問題につき簡潔に触れつつ，その後の研究についても紹介し，今後の研究の発展可能性を示唆し，更なる展望を拓きたい．

2.3.2 先行研究の概観

従来，命名・名前の問題は，主に哲学・論理学において名前の本性論（名前の本性は自然性なのか恣意性なのか）や，固有名や指示の問題（特に20世紀哲学におけるフレーゲ Frege, ラッセル Russell, ウィトゲンシュタイン Wittgenstein, ストローソン Strawson, クリプキ Kripke など）との関連で論じられてきた．それらの議論のなかで，例えば，対象と概念の区別，指示と記述の区別，固有名の確定記述への還元，固有名・指示表現の（対象を名指す）言語行為の中への位置づけ等々，新たな区別や観点・方法が導入されるとともに諸問題も明らかとなってきた．そういう意味では確かにいくつかの有意義な知見が蓄積されてきたと言えるが，これらの研究は，ごく限られた問題に焦点を当てたもので，命名・名前の全体像を捉えているとは到底言えないばかりでなく，本章で指摘するような言語学的に重要な問題の多くに関しては，まったく念頭に置いていないのである．そもそもの関心が異なるので無理からぬこととも言えようが，言語としての命名・名前の本性が明らかにされていないことは否めないのである．

一方，文化人類学においては，世界の諸民族・諸言語の命名の実態に関しての実証的な研究の蓄積がある．Frazer (1890) は，世界各地のいわゆる「未開民族」から豊富な事例を引きつつ，その神話的思考を明らかにしている．例えば，名前とその指示物との一体化や，通常使用する名前以外に秘密の神聖な名（厳粛な機会以外では口にしてはならないタブーの名前）の存在などである．1950年代に起こった認識人類学においては，個別の民族における意味づけを反映すると考えられる親族名称や動植物の分類体系，色彩語，身体部位詞などに関して，（成分分析などの）言語学的手法を使って研究が行われた．その成果の一部は言語学者にとっても馴染のあるものとなっている[16]．命名に関しては，例えば Goodenough (1965) は，固有名のもつ個

---

[16] 特に色彩語に関して有意義な研究が多く成されており，その代表的なものに関しては，第3章 3.1.2 節の「色彩語の先行研究」をご覧いただきたい．

体識別性と集団所属性の二側面の指摘を行っているが，これは命名に関わる基本的区別の1つと言えよう。

　さて，言語学においては，従来，語の意味との関連などで触れられることもあった[17]が，命名の問題はどちらかといえば周辺的な扱いを受けてきた。これは，命名及び名前に関して真に言語学的に有意義な，固有の問題群が見出されてこなかったこととも関連すると言えよう。しかし以下に示すように，そこには言語の本質に関わる従来認識されてこなかった諸特性，また理論的に興味深い問題が多く内包されており，研究対象として取り上げる十分な意義と必要性があるのである[18]。

　認知言語学においては，カテゴリー化や広義のメタファー，ニックネームなどとの関連で命名が取り上げられている。命名の適切性の問題について論じた Lehrer (1992)，それを踏まえて理論的な考察・仮説を提示するとともに，被験者を対象にした調査結果に基づき考察した吉村 (1995)，人名の縮小形等の語用論的意味を扱った Wierzbicka (1992)，あだ名の命名におけるメタファー・メトニミーの関与を示した Kawakami (1996)，等々の興味深い研究がある。大月 (2008) は，従来の研究を踏まえつつ，特に以下でも取り上げる「本質存在と事実存在の二重性」「命名の機能」「命名の文法」などにつき提言している。さらに，比較的最近の研究として，香水のネーミングに関する認知活動とマーケティングに関して英語雑誌広告事例の分析を行った有光 (2012) や，米の品種名を題材にしつつ，従来錯綜していた「表示性」と「表現性」という概念を整理した森 (2015) などを挙げることができよう。

　名前は，言語の（そして存在認識の）まさに根幹に関わる問題である。ヘレン・ケラー Helen Keller は，サリバン先生が手押ポンプから水を手の平に流しながら繰り返し記した w-a-t-e-r という文字との連合によって，事物には名前があるのだという認識へと至ったが，あの劇的な体験に見られるように，名前は明晰判明な認識の端緒であり，Langacker (1987) 流の言い方をす

---

[17] Mathesius (1975) は，「命名の単位」として，(1) 意味的な核（語の基本的な意味），(2) 語と結びついた連想，(3) 情動的色彩を挙げているが，そこでの「命名の単位」とは，いわゆる語 (word) のことである。英語とチェコ語の類似する概念・観念を表す語の意味合いの相互の違いについて対照言語学的に述べているが，対象にいかに名前を付与するかという意味での「命名」を扱っているわけではない。

[18] 命名論に関わる認知言語学以前の日本における研究としては，命名に関わる多くのトピックについて様々な領域の具体例を挙げて扱った森岡・山口 (1985)，再命名の分類を行った鈴木 (1976) などを挙げることができる。

れば，名前はネットワークへのアクセス・ポイントと言ってもいいであろう。命名は，いまだ名前のないものに名前を与えること（あるいは，新たな名前を与えること）であり，記号でないものを記号に変えることである。

　名を表す品詞である名詞は，ほぼ普遍的に見出される文法範疇である[19]。あらゆる命題は，「何かについて，どうであるか」を示すものであり，その「何か」の部分は，通常名前もしくはその代替表現で表され，それがなくては命題（そして判断）自体が始まらない。これらは，言語及び言語を使った思考において，命名・名前の果たす決定的な役割を示す典型例として挙げることができよう。

2.3.3　命名の適切性（ふさわしさ）

　本居宣長は，『玉勝間』（玉賀都萬）の「今の世人の名の事」で，「近きころの名には，ことにあやしき字，あやしき訓有りて，いかにともよみがたきぞ多く見ゆる」[20] と嘆いている。珍名・奇名と呼ばれる命名は，今に始まったことではないのである。

　名前には，「名は体を表す」ということわざに典型的に現れているように，そのものがそう呼ばれるだけの「ふさわしさ」があると一般に見なされていると言えよう。この「命名の適切性」に関しては，様々な文学作品においても取り上げられてきた。例えば，ハーマン・メルヴィル Herman Melville の『白鯨（*Moby-Dick or the Whale*）』には，「白鯨」という名前の適切性についての言及があり，対象に相応しい名前か否かについて述べられている（第41章）。また，マルセル・プルースト Marcel Proust[21] の『失われた時を求めて（*À la recherche du temps perdu*）』にも，イタリアの諸都市（フィレンツェ Firenze, ヴェネツィア Venezia）あるいはノルマンディー地方（バユー Bayeux, クタンス Coutances）やブルターニュ半島にある町（ブノデ Benodet, ランバル Lamballe, ラニョン Lannion, ポンタヴァン Pont-Aven, カンペルレ

19　フランス語の nom のように，「名前」と「名詞」を同じ語で表す言語もある。
20　本居（1793-1801 [1926: 413-414]）「玉かつま 十四」
21　Marcel Proust の名に因んだ女性名の例として，作家のもつ属性の１つ（誕生日）との近接性に基づいたマルスリーヌ Marcelline がある（この名前の女性がすべてプルーストに因んでいるわけではもちろんない）。一般に，著名人の名前にちなんで命名するとき，そこに何らかの近接性・類似性を読み込んでいる場合が多いが，そのような接点がなくとも，思想や希望，親近感などの理由で命名することも少なくない。皇室や大統領の家族などにあやかった名前が一時的に流行ることもよくある（例：クリントン Clinton 大統領の娘チェルシー Chelsea のケース）。

Quimperlé, ヴィトレ Vitré) の名の響きと, それぞれの喚起する固有のイメージについての興味深い叙述がある (「スワン家の方へ」DU CÔTÉ DE CHEZ SWANN 第三部)。

さて, 認知言語学においては, Lehrer (1992) は, 英語の固有名を対象に, 名前の「ふさわしさ (appropriateness)」の判断について考察し, ふさわしさの判定が従来の「意味領域 (semantic fields)」の観点からでは捉えきれず, 文化的な背景知識を組み込んだ, より一般的な「意味フレーム (semantic frames)」の観点からのアプローチが必要であるとした。そして, 話者が名前のふさわしさに関して強力な直観を有しているという仮説を検証するためにアンケート調査を実施している。1つのグループの学生には, 一群の名前 (Butch, R.S.V.P., Mouse, Chez Pierre, Promise, 1500, Happy Pacer, Aristotle, Over the Edge, Someone is Listening, 等々) がどのような対象 [カテゴリー] (イヌ・ネコ, 競走馬, 女子, ロック・バンド, 美容室, 洋服店, 車種, 通り, 祭り) にふさわしいか選ばせ, 逆にもう1つのグループには, それぞれのカテゴリーに対してどの名前がふさわしいか選ばせた。その結果, 名前とカテゴリーの間に相関があり, 被験者が様々なものに対して名前のふさわしさの直観を有していることが明らかになった。同じ意味領域に属するものがすべて名前としてふさわしいわけではなく, それを超えた背景知識や語用論的な情報も利用しているのである。

吉村 (1995) は, Lehrer (1992) を踏まえつつ, 名実の一致が何に由来するものであるのか, 名前の「ふさわしさ」とは一体何なのか, を明らかにしようとした研究である。「意味フレーム」の観点からのアプローチをとり, 理論的な考察, 「命名モデル」の提示, 仮説とともに, 経験的な調査結果を踏まえての論考である。

この「命名モデル」は, Lehrer の考察をさらに進めて, 命名対象とドメイン (開かれた知識領域) を媒介するフレーム知識を組み込んだものである。命名に働くフレーム知識というのは, 「対象のもつ属性とドメイン内のリスト間に認められる共有属性との照合を可能にするような知識」である。例えば, 命名対象が車であって, 車のもつ属性の1つである〈スピード〉に着目した場合, 同じく〈スピード〉という観点から, 動物というドメインを見ると, 「インパラ」(あるいは, 「ジャガー」「ファルコン」など) が「ふさわしい」名前として挙がってくる。もちろん, 車には, 〈パワー〉〈高級感〉〈ロマン〉など, 他にも期待される様々な属性があり, 〈ロマン〉と天体ドメイン

の属性，〈高級感〉と地名ドメインの属性などの照合は比較的顕著であり，こうした属性のおのおのが一定のドメインリストの共有属性（観点化属性）と照合されやすい傾向にある。

吉村は，Lehrerと同様の調査を，日本人被験者を対象に行っている。比較対照のため，Lehrerと同じカテゴリーを利用しているが，いくつかの違いがある。項目の「的中率」によって「ふさわしさ」の傾度を判定しようとしていること，名前のリストに実在するものも意図的に入れて，それも含めて総合的に「ふさわしさ」を見ようとしていること，また，各カテゴリー項目（例：(a) ロック・バンド，(b) 競走馬）とそれとの関連が予想されるドメインないしは属性（例：(a') スピード，パワー，逸脱，(b') 動物，牡・牝，スピード，パワー）との相関をあらかじめ立てていること，被験者が既に知っているか聞いたことのある名前を「既知名」としてチェックさせたこと，などが挙げられる。

そこで実施された調査は，(a) 実在する名前をもとに命名の「ふさわしさ」を問うものと，(b) 新名の創造現象において「ふさわしさ」の創出を問うもの，の2種の設問から成っている。具体的には，(a) 与えられた名前に関して，それが何の名前としてふさわしいか選ばせる，(b) 与えられた社会現象や流行の行動に対して，ふさわしい名前を新たに作らせる，というものである。この2種の設問は，それぞれ(a)「表現性（expressiveness）」（対象独自の個別的な属性を明示しようとする意識）と，(b)「表示性（representativeness）」（その所属先カテゴリーを明示しようとする意識）に対応している。固有名の「ふさわしさ」とは，この2つの意識の競合から生まれる人間の直感の1つであるとしている[22]。

調査結果の詳細な分析では，日米の違いなども示されており，興味深い。例えば，Aristotleは，アメリカではペット名と答えた被験者が69.5%いたが，日本で「アリストテレス」をペット名としたのはわずか8.7%であった。これは，偉人名をペット名に使用するのはアメリカでは普通だが，日本ではあまり一般的ではないという言語文化的な差異と関連する可能性が指摘されている（日本でも「ノブナガ（信長）」などの実例はあるが，一般的な命名法とは言えないであろう）。ペットに限らず，そもそも欧米では，偉人名の適用範囲は極めて広い（町，通り，建物，駅，公園，学校，橋，飛行場，空

22　これは，集合とその元（要素）という観点から見れば，前者は個体識別性（$x \neq y \mid x, y \in M$）に関わり，後者は集合所属性（$x \in M \lor x \notin M$）に関わると言える。

母，等々）。「名を残す」のが書物の中だけでなく，日常的な様々な場にあることは，彼我の大きな違いである。

　最後に，吉村が指摘しているとおり，「新名の創造はものの区切り（カテゴリー）を増やしたり，仕切り（カテゴリー境界）を移動させることでもある。これは知識の量を増やし，知識の質を組み替えることであり，そうした知識の増加や，知識の質の転換は，われわれ人間に対して世界理解の多様化を促すことになる。多様化された世界観は，新しい現実をわれわれに見せてくれるだけではなく，新たなカテゴリーを生み，新たな名付けを創造する潜在的な母体となっている」のである。

　さて，森（2015）は，米の品種名を題材にしつつ，従来錯綜していた「表示性」と「表現性」という概念を整理した論考である。吉村（1995）の規定を踏まえつつ（その対象が属するカテゴリーを示すことについては「表示性」，その対象そのものの独自性を表示することについては「表現性」という用語を採用），それぞれの概念の諸側面を捉えてさらに以下のように下位区分をほどこしている。

表示性①：カテゴリー自体の名称を示すこと；名の一部分としてカテゴリーそのものの名称が用いられる（例：「みずほ銀行」「三菱東京UFJ銀行」）
表示性②：カテゴリーの特徴を示すケース（例：洗剤の商品名「ホワイト」，ペットの名称は短く呼びやすいものが好まれることから「ミケ」「シロ」）
表示性③：カテゴリーが本来もつ特徴であるかないかに関わらず，それがそのカテゴリーに属する名称であることを想起しやすい要素がある。このような要素が存在し，そのカテゴリーに属すること（例：乗用車の名前と音楽用語は無縁だが，本田技研が「バラード」「コンチェルト」「プレリュード」，…と多くの乗用車の名前に音楽用語を採用したため，そのつながりが意識されやすくなっているようなケース）

表現性①：対象の特徴をそのまま名付けに使用する場合（例：黒い犬を「クロ」，白い犬を「シロ」と呼ぶ場合）
表現性②：区別する機能に関するもので，特徴によって区別する場合も，そ

うでない場合も存在する。特徴によって区別する場合は，そのものの特徴を名づけに利用しているので必然的に表現性①にも該当する。そうでない場合というのは，数字やアルファベットによるものなど（例：学級名の1組，2組，3組…，A組，B組，C組など）

表現性③：その名称がそのカテゴリーの名称のなかでの異質性を示す場合（例：犬に「アリストテレス」「ドラゴン」「スター」などという名前をつければ，犬らしくない名前として印象づけられる）

森（2015）は，米の品種名についてそれぞれの事例を挙げて考察している。

表示性①：うるち米は「うるち」を表示していたものは1例もなかったが，もち米は69例中61例において「もち」「モチ」「糯」という表示が見られ，もち米というカテゴリーを明示する意識が強い。これはもち米の希少価値から，有標の関係にあることの反映と見られる。

表示性②：米粒が輝くさま（コシヒカリ）や白い色（なごりゆき），秋の収穫とその実りの様子（あきさかり）といった米というカテゴリーの特色が現れた要素が表示されているものが多い。

表示性③：「夢」と「女性」が使われることが多い（ゆめさやか，あきたこまち）。

表現性①：収穫の時期を示すもの（なつしずか，越路早生）や，米の色を表示するもの（赤むすび，黒むすび，紫の君）などがある。

表現性②：表現性①のケースは，すべて含まれる（機能としては表現性①と表現性②は別のことを指しているが，事例としては表現性①は表現性②の部分集合を成している）。表現性①に当てはまらず，表現性②に該当するものには，登録番号をそのまま用いているものがある（農林1号，農林48号）。

表現性③：米の品種名としては独創的な表現（おまちかね，森のくまさん）。

実際のネーミングでは，表示性③を高くする要素と表現性③を高くする要素を組み合わせることが多い（「夢ぴりか」：表示性③の高い要素である「夢」と米の品種名ではあまり類例のないアイヌ語「ぴりか」（良い・美しい

の意）の組み合わせで，表示性③と表現性③のバランスをとっている，としている）。

命名の創造性という観点からは，特に表示性③のケースが興味深い。「夢」や「女性」は，米というドメインの本来有している側面を焦点化しているとは言いがたいが，そのような見立てで多くのネーミングが成される中で，米らしい名前としての地位を獲得していっており，森の指摘しているように，「これは動的なプロセスであり，今後も変容しうる」ものである。命名の動的な変容は，発展性のあるテーマであると考えられる。

2.4 命名のダイナミズム
2.4.1 命名の側面性

命名は，本質的に認知と深く関わる言語行為であり，対象をどのように認知するか，対象のどの側面に着目するかで変わってくる。例えば，日本語の「超関数」に相当する英語の用語は，hyperfunction（あるいは generalized function）や distribution などがあるが，hyperfunction は従来の関数との関係から，distribution は機能の面から命名されたものである。正則関数の理想的境界値と捉える佐藤幹夫の「超関数（hyperfunction）」は前者であり[23]，関数を積分値によって捉えるシュワルツの「超関数（distribution）」は後者である。関係と機能の両面を統一した名前があれば理想的なのかもしれないが，そのような諸側面を統合した命名というのは，実際には造語が難しく，またかえって複雑な名称になり，結局それぞれの着目する側面で命名している。一般に命名には，側面性があり，そこに命名者の視点が反映される。「代数幾何学」も，名称としては「代数学」と「幾何学」を合わせた形にはなっているが，幾何の問題を代数的手法を用いて研究するもので，両者を統合したものではない。

そもそも名前で対象の特性すべてを表しきるのは一般に無理である。そこで，際立った特徴（より厳密には，命名者が際立った特徴と見なすもの）によって命名するのである。ある目的に沿ってその特徴を見るので，それにつれて対象の側面が変わることもある。同じ金星という天体をさす場合でも，フレーゲ Frege の挙げた「明けの明星」・「宵の明星」という典型例におけるように，それぞれの名前によって対象の異なった側面を捉えているのであ

---

[23] 定義は，青木，他（編）（2005）による。

る。つまり認知的な視点が名前を規定するといえよう。

逆に，どういった名前をつけるか（また既にある名前のうちのどれを使うか）で視点が拘束される。同じ対象を「エベレスト」と呼ぶか「チョモランマ」と呼ぶかで，そこに話者の観点が反映される。このように，一般に命名はある側面に着目して行われる。この〈側面性〉は，命名の重要な特質である。

2.4.2 本質存在と事実存在

ここでは，命名・名前の特質を見るうえで，普遍的で可能的な存在である「本質存在（esse essentiae）」と，事実として限定された存在者である「事実存在（esse existentiae）」の概念的区分[24]を援用しながら検討してみたい。人間は，理想的には本質存在を志向するものである。つまり，名前は本性を表すと信じたいのである。幼児の名付けなどにおいて典型的に現れているように，命名者の願望・希望も本質存在を志向している[25]。しかし，実態としてはどうであるかというと，名前は単に事実存在を表しているに過ぎない。ただし，この場合の事実存在とは，かならずしも現実世界の物理的な存在ではなく，「不死鳥（phoenix）」「人魚（mermaid）」「一角獣（unicorn）」「妖精（fairy）」「狼男（werewolf）」「吸血鬼（vampire）」や「河童」「天狗」「ろくろ首」「鳳凰」「麒麟」などに見られるように，仮想的な場合も含めて（実在するか否かを問わず），言語世界において存在すると見なされるものである。言語の意味を外延と混同する誤謬は，かつての言語学ではよく見られた。上記の架空生物も，現実世界の存在とはいえなくとも，少なくとも言語世界における存在であることを否定することはできない。

命名の時点では，本質存在だと捉えて名前をつけても，時間の経過とともに実態とのズレが生じたり，新たな事実の発見により名前が対象にそぐわなくなることもよくある。そのような場合，新たに名前をつけなおすこともあるが，むしろ旧称をそのまま使い続けるのが一般的である。「西インド諸島」の地名は，コロンブスがインド周辺の島に到着したと誤認したことに由来するが，今日でもこの地域の呼称として使われており，先住民の総称である「インディオ」・「インディアン」（つまり「インド人」ということ）という名前も，適切でないという議論もある一方で，例えば「アメリカ・インディア

---

24 中世存在論におけるトマス・アクィナス Thomas Aquinas の擁護者達による規定。
25 名前と実態がかけ離れていると「名前負け」していると見なされる。

ン」の呼称は，当の先住民によっても依然として使われるケースがある[26]。

人工物の名前の場合は，本質存在を表していると見なされることが多い。確かに，当の命名者は本質存在のつもりで命名しているといえるであろう。例えば，「電算機（computer[27]）」は，名前のとおり，当初，算術的な計算をその中心的な機能として考案された。しかし，それはもはやこの道具の中心的な機能としては一般に認識されていない。「人工知能（Artificial Intelligence, AI）」なども，人間の意図・願望などの意識が人工物を本質存在として作り上げているが，事実存在であるということは確かに言えても，本質存在であるとまでは言い切れないのである。およそ人間の営みは，事実存在から本質存在へと向かう志向性があり，逆ではない。物理学の「統一場理論」も，事実存在としては今だに存在していないが，本質存在として実現を目指している。しかし，将来そのような理論が実現したときには，それはもはや本質存在ではなく事実存在として確立するという，命名における運動形態があると言えよう。

名前は，対象の本質を表しているのではなく，命名者が本質と見なしているものを表しているに過ぎず，事実の一側面を表現するものである。「惑星」や「遊星」は，天球上の一点に留まらず位置を変える様が，迷っているように，あるいは遊んでいるように見えることからの命名である[28]が，このような「みかけ」も事実の一部である。ある性質を対象の本質と見なして対象を命名しても，本質を志向しただけであって，本質存在に至るわけではなく，また同時にそれは完全な事実存在にもなっていない。名前は，絶対的な本質存在でもなければ絶対的な事実存在でもないのである。そもそも言語は否定的に規定されるが，名前もそのような絶対的な存在に対して否定的に規定される。これは，ちょうど量子論において，光が絶対的な粒子でも絶対的な波動でもないという状況によく似ている。名前も，そのような二重性をもつがゆえに，その本性の把握を困難としてきたのであるが，むしろ，物理学におけるように，その二重性を積極的に認めることで，命名論探究の新たな段階に入ることができるのではなかろうか。それぞれが相互に矛盾するものではなく，相補的な性質と捉えることで名前を総体として捉えることが可能にな

---

26 これは，それぞれの部族を指す名前はあっても，先住民全体を指す総称がなかったことも，その背景としてあるであろう。
27 原義の〈計算者〉は今でも廃用とはなっていない。
28 英語の planet も語源的には〈さすらうモノ〉ということである。

るのである。

2.4.3 名前の創造：既存の記号との関係による分類

命名を既存の語（名前）との関係で捉えると、論理的には、(a) 何らかの形で既存の語を利用する場合と、(b) まったく新しい語を創出する場合、の2種に大別することができる[29]。前者（既存の語の利用）はさらに3種に分けることができるため、基本的には4つの類に下位区分される。すなわち、1) 既存の語の適用（意味の拡大・縮小などを伴う）、2) 既存の語の援用（音の部分的変化を伴う）、3) 既存の語の組合せ（表現上の追加・減少）、そして4) まったく新しい造語である。以下、それぞれのタイプに関して、典型例を挙げつつ解説したい。

2.4.3.1 既存の語の（そのままの）適用

これは、既存の名前を、そのまま（何も足したり引いたりしないで）適用する場合である。従来意味の変化や拡張のケースとしてしばしば取り上げられてきた。例えば、英語の horn は、〈動物の角〉から〈角笛〉、そして〈笛、ホーン、ホルン〉のように意味拡張してきたことは、よく知られたケースである[30]。具体的な指示対象は、新たな発明品・技術などの登場に伴い、時代により変遷することがしばしばである。日本語の「くるま」も、〈車輪〉から、より一般的な〈車（車輪で動く、人や物を載せて移動する道具）〉へと拡張してきたが、その指示する「くるま」は、平安時代の〈牛車〉から、明治時代の〈人力車〉、そして昭和の〈自動車〉というように変遷してきている[31]。

既存の名前をそのまま適用する場合、新たな対象との間に何らかの共通性（類似性）や近接性などを認めているわけで、抽象化による対象の包含が見られる。地形がエジプトのカイロに似ていることから命名された、米国イリノイ州ケアロ Cairo は、類似性に基づくものであるが、新たな地名に関して

---

29 Stern (1931) は、命名を2種に大別して、まったく新たな表現を創出する場合と、既存の語が指示対象を変える場合に分け、後者をさらに、意図的転移と比喩に分けている。そして、まったく新たな表現を創出するケースを見つけるのが難しいことを指摘している。

30 Stern (1931)

31 それぞれの文献初出は、『日本国語大辞典 第二版』によると、〈牛車〉（『源氏物語』1001–1014 年頃）、〈人力車〉（『東京日日新聞』1872 年）、〈自動車〉（『故旧忘れ得べき』1933–1936 年）である。

は，現地語を採用しない場合は，むしろ近接性に基づくものが多い。アメリカ大陸には入植者の出身地に因む世界各地の地名が観察される（割譲によってニューアムステルダム New Amsterdam がニューヨーク New York と改称されたようなケースもある[32]）。北海道の地名にも，アイヌ語起源のものとは別に，岩手・福島・長野・石川・岐阜・広島・熊本といった，開拓移住者の出身地に因む名前が多い[33]。なお，市町村合併などの場合は，合併する元の地域の名前のうちの1つ（多くの場合，中心的な役割を果たしてきた地域），またはそれを包含する大きな地域名を，新地名としても使用する場合が少なくない[34]。

2.4.3.2 既存の語の援用：音の部分的変化

既存の語の音を一部変えることによる命名は，固有名（社名，商品名）の創出に多用されている。「パイプ」を変形させた「（禁煙）パイポ」や，擬音語「ガチャッ」を元にした文具名の「ガチャック」[35]，10^{100} を表す googol[36] という語に由来する「Google（グーグル）」，「観音」に由来する「Canon（キヤノン）」や「折る刃」から作られた「OLFA（オルファ）」などである。後二者の例は，いずれも外国語的響きがあり，少なくとも擬似的な外国語化が観察される。

2.4.3.3 既存の語の組み合わせ：表現上の増加・減少

これには，「表現上の増加」と「表現上の減少」の両方向がある。

---

[32] 実際は，オランダによる一時的奪回でニューオラニエ New Orange と改称された時期もある。このように政治的に何度も名前を変えた（正確には，変えられた）地名は少なくない。2.9節「命名論の諸問題・トピック」中の 2.9.2「命名の政治性」をご覧いただきたい。

[33] 「北広島市」のように，市制施行の際，混同を避けるため改称したケースもある。

[34] 新潟県高田市，直江津市などが合併して作られた「上越市」の範囲は，（「上越」・「中越」・「下越」という区分の）上越地方に由来するので，地方としての範囲よりは狭くなっている。

[35] OHTO NEWS 2月号（2007年）
http://www.ohto.co.jp/html/ohto_news/200702/200702_P5.pdf（2015年1月13日アクセス）

[36] この語自体は，米・数学者 Edward Kasner の甥 Milton Sirotta の発した言葉に由来する音声象徴からきている。Kasner and Newman (1940) 参照。

A．表現上の増加

　表現上の増加は，さらに2つのタイプに下位区分され，1つは，(i) 基準となる名前に番号を附す場合で，被命名者の所属性と順序性を示すものである。これは，時間的前後関係や順序性に基づき配当される名前で，「一郎／太郎」「二郎／次郎」「三郎」や「グスタフ一世 (Gustav I)」「エリザベス二世 (Elizabeth II)」といった人名は，それぞれ兄弟姉妹間の出生順序や，同一王朝における同名の君主間の王位継承の順序（後者の場合，もちろん同じ名前が連続して登場するわけではない）を示している。王族などの場合に典型的に見られるように，被命名者の所属性を示すものである。

　日本での台風の命名（「台風1号」「台風2号」）もこの様式に従っている。ただ，甚大な被害をもたらした大型台風に関しては，「昭和34年台風第15号」の「伊勢湾台風」というように固有名が付けられることにより，他の台風と区別して歴史の記憶に留められている。交響曲の場合も，作曲者自身または出版社や研究者によって，作曲順に「1番」「2番」と番号を附して呼ばれるが，モーツァルトの交響曲第41番の「ジュピター」や，ベートーヴェンの交響曲第5番の「運命」のような愛称・俗称（あるいは作曲家自身による副題）によって，単なる制作順序ではない，固有名を獲得した交響曲もある。

　もう1つのタイプは，(ii) 2つ以上の語を合成する場合（「メガネザル（眼鏡猿）」「抹茶トリュフ」）であり，そこには概念結合の原理としての類似性と隣接性が関与している。類似性の事例としては，「ウミネコ」は，〈海の近くにいる〉・〈猫のような（鳴声を発する）〉生き物ということであり，「キクラゲ」は，〈木に生える〉・〈クラゲのような（感触をした）〉ものということで命名されている（漢語では「木耳」，つまり，木に生える耳のようなものとして捉えている）。隣接性の例としては，ヴァイキングの時代に丸太 (stock) を島 (holm) の周りに縦に並べて敵船の侵入を防いだことに由来する Stockholm（ストックホルム）が挙げられる。

B．表現上の減少

　これは，名前の一部を縮約して新しい名前を作るケースである。ニックネームの1つの型がこのタイプである（ニックネームの場合は，減少のみならず，一部の音の変形も伴うことが多い）。

Elisabeth ＞ Lisa, Beth, 等；Alexander ＞ Alex, Sandy 等
めぐみ（恵）＞メグ；たけふみ（武文）＞タケ

二語以上の表現を縮約するケースも多い。

　some more に由来するデザート名 S'more（スモア），「ガラケイ」（＜ガラパゴス＋携帯電話）と「スマホ」（スマートフォン smartphone ＜ smart + telephone）を組み合わせた「ガラホ」（＜ガラケイ＋スマホ）や，「ラジオ」＋「カセット」で「ラジカセ」，また「ラジオ」＋「テレビ」＋「カセット」で「ラテカセ[37]」という家電製品もかつてはあった。

　「国立」市は，「国分寺駅」と「立川駅」の中間に位置するということで命名された駅名に由来するが，この場合，それぞれの最初の文字を組み合わせている。また，米国アーカンソー州のテキサカーナ（Texarkana）市は，隣接するテキサス州テキサカーナと双子都市であり，その名は，境を接する3つの州名（テキサス Texas，アーカンソー Arkansas，ルイジアナ Louisiana）を組み合わせた地名である[38]。また，実在の（そこに人が住んで生活している）市町村ではないが，ウルトラマンの生みの親である円谷（つぶらや）英二監督の出身地，福島県須賀川市と，ウルトラマンの故郷である「M78星雲 光の国」が，2013年に姉妹都市の提携をして誕生したという仮想の町「すかがわ市 M78光の町」[39] の名前もこれに準ずる。

　以上の命名法は，いずれも極めて生産的なものであるが，いずれの場合においても，命名は，対象をどのように認知するか，対象のどの側面に着目するかで変わってくる。そもそも名前で対象のすべての特性を表しきることは一般的に不可能であるので，際立った特徴（厳密には，際立った特徴と見なすところのもの）によって命名するのである。ある目的に沿ってその特徴を見るので，それにつれて対象の側面が変わることもあるのである。

　さて，私たちが今日何げなく使っている名前（名詞）も，元をたどれば別の語から派生したものが少なくない。「ことば（言葉）」が「コト（言）のハ（葉）」[40] に由来していることは，よく知られている。一方，「ふで（筆）」が「文＋手」，「みや（宮）」が「御＋屋」から来ているということは，普段意識に上

37　松下電器（現 Panasonic）製オーディオ機器の商標
38　井上・藤井（編）(2001)
39　町の公式サイト http://m78-sukagawa.jp/（2016年5月22日アクセス）による。
40　本来，ハだけで「単語」，「言語」の意味があった（大野 2011: 504）。

ることがないか，そもそもそのように認識していないことが多いであろう。

同様の例として，大野 (2011) によると，「もり（森，杜）」は，「モル（盛る，高く積み上げる意）」や「ミモロ（御諸）」のモロと同根で，元来はこんもりと高くなっている所を指した。一方，「はやし（林）」は，「ハヤシ」（生やし，ハヤスの連用形名詞）で，多くの樹木を生やした場所の意であるという。また，「ネコ（猫）」は，鳴き声を表す擬音語「ネ」に，小さい意，親愛の気持ちを表す接尾辞「コ」を添えた語であるとの説を紹介している。

この他にも，一部仮説的なものも含めて様々な事例を見出すことができるが，現代語ではそれ以上小さく分解できない語も，その多くがもともと別の語を組み合わせたり，そこから派生[41]させた形であったとすると，日本語のより古い段階に遡っていくと，相当に語彙が限られていたと考えられる[42]。

既存の語（またはその一部）を2つ以上組み合わせる方法は，命名において最もよく活用されるものである。固有名詞の場合は，関連性のある元の固有名を，多くの場合そのまま組み合わせて作られるのが一般的である。発明品や組織名では命名対象の創出に関わった個人や法人などの名前を，地名では地理的に関連する地名を組み合わせることが典型的である。ロールス (Charles S. Rolls) とロイス (Henry Royce) という二人の自動車製造業者の名前を組み合わせたロールスロイス (Rolls-Royce) や，フランスのクレールモンとフェランの合併でできたクレールモン・フェラン (Clermont-Ferrand) など，無数に例を挙げることができる。人名においても，両親の名前から漢字を一字ずつ当てたり（「佳知(よしとも)」と「亮子(りょうこ)」で「佳亮(けいすけ)」），あるいは両親の出身地名から一字ずつ使う（「東北」と「九州」から「東九男(とくお)」）など，何らかの関連性・縁(えにし)を読み込もうとしている[43]。このように，固有名詞の場合は，（どちらが前に来るかという違いはあるものの）基本的には等位の並列となっている。

一方，普通名詞においては，「抹茶トリュフ」「電気自動車」「竹コプター」のように，しばしばいわゆる「分析的定義」，あるいは「実質的［実在的］定

---

41 「派生」には，「モル＞モリ」のような通時的なものと，ソクラテスの〈愛知（哲学）〉(philos+sophia) のように共時的な場合がある。
42 言語の発生した原初の段階においては，すべてが新規の語であったであろうが，まもなく複合によりさらなる語彙が次々に作られていった可能性がある。
43 一方，丹羽長秀と柴田勝家にあやかったとされる羽柴秀吉の場合は，幸運の一部を共有しようとする気持ち，あるいはむしろ両者に対する配慮やその後の出世に繋がる計算も垣間見られる。

義」⁴⁴ の形をとっており⁴⁵，日本語や英語では，基本的に前の要素が後の要素を限定している⁴⁶。特に人間の環境中の事物や発明品に名前をつけたりするとき，このタイプの命名が典型的に使われるが，そこには人間の視点・認知がよく反映されている。

2.4.3.4　まったく新しい名前を創造する場合：音声象徴・外来語

　一般に，新語を造る際は，既存の語の一部を省略したり，派生・屈折を利用して変形させる，または2つ以上の語を結合する，などの方法が使われている。いずれも既に存在する語を利用しており，そこには何らかの動機付けが存在する。

　完全に新しい造語（既存の語を利用することなく，まったく新規に名前を作るケース）は，論理的には動機付けのある場合とない場合とが考えられる。しかし，実際には動機付けのない，純粋に恣意的な（つまり，自然性も必然性もない）命名は，見当たらない。大月（2015a）の指摘にあるように，その言語の既存の語彙と何の関係もなく，まったく新規に名前を創造するケースは，実は2種類しかない。音象徴と外来語である。

A．音象徴

　まったく新規に名前を造ったケースとして，記憶に残りやすい印象的な命名で成功した「コダック（Kodak）」⁴⁷ がよく知られている。この社名は，「力強い響きをもつKで始まる名前で，何ら特定の意味を表さないもの」という創業者の強い希望のもとで可能性を探って考案されたもので擬態語的であり⁴⁸，そこには音象徴（音声象徴，sound symbolism）が働いている。音象徴

44　つまり，アリストテレスが導入した，〈最近類（直接上位にある類概念）＋種差（同位概念を区別する特有の属性）〉という形式の定義である。例えば，「電気（で動く）」（種差）・「自動車」（最近類）。このように，命名は内部に命題を組み込んでいると見なすことができる。

45　この形式の名前が必ず普通名詞というわけではない（「北米」「南米」）。また，「人間椅子」は，江戸川乱歩の小説に出てくる椅子を特定的に指すとしたら固有名であろうが，それが一般化したケースを想定すれば普通名となる。

46　例えば，「レモンソルト（lemon salt）」と「ソルトレモン（salt lemon）」は，一見，要素（素材）の名前を単純に連ねたようにも見えるが，前者は塩をベースにした調味料の一種であり，後者はレモンの塩漬けである。どちらが前に来るかで主従の関係が変わる。

47　正式名は，創業者の名前と組みになった Eastman Kodak Company。

48　Kiplinger Washington Editors, Inc (April 1962), p. 40.

は，感覚的であり（例えば，音を模した擬音語「ブーブー」や，状態などを音で感覚的に表した擬態語「ピカリ[49]」），したがって自然性がある。

上の 2.4.3.2 節で見た「キヤノン」の社名などのように，第三者にとっては音と意味の恣意的な組み合わせにしか見えないこともあるが，そのような一次的な（他の語の組合せや援用でない）命名の場合においてさえも，純粋に恣意的な名前ではないのである。

B. 外来語

外来語は，原語の音を採用して導入するもので，そこには必然性がある[50]。日本語の「ジビエ」は，フランス語の gibier を直接輸入したものであり，「コンピュータ」は，英語の computer から，「スキー」は，同じく英語の ski から借用したものである（英語の方はさらにノルウェー語の ski から借用している）。外来語の場合は，借用する言語の側で音韻的な微調整がなされる。

一方，上で述べたように動機付けのない場合，つまり自然性も必然性もない純粋に恣意的な命名は，現代においては観察されない[51]。また，試みに，まったく恣意的な新たな名前を作ろうとしても，極めて困難であるという事実がある。例えば，何か未知の物体を与えられて，それにまったく恣意的な名前をつけるように言われても，人はたいてい困惑してしまう。でたらめな名前（例えば，"サンキブ"，"パジュルキ"，等々）を考えたとしても，それがふさわしい名前であるとは言えず，かえって違和感を覚えるのである[52]。

---

[49] もちろん「光」（上代日本語では pikari）との関連性がある。

[50] 意味を翻訳して採り入れる場合にも，意味的な必然性があると言える。例えば，「焦点」は，オランダ語の brandpunt（「火」・「点」）の意味をとって訳したものである。2.9.3「翻訳と命名」も参照のこと。

[51] 既存の語の動機付けは，現代では起源が不明になっているものが少なくない。また，『日本国語大辞典 第二版』には，イヌ（犬）の語源に関して諸説載っているが，その多くは思弁的であるとの感をぬぐえない。そもそも日本語の語源を日本語の範囲内だけで考察することにも当然のことながら限界がある。

[52] 人はなぜ恣意的な命名に違和感を感じるのか？これは，既に述べたように，そもそも命名は，言わば〈本質存在〉を志向するものであり，事実として限定された〈事実存在〉を表すのではないからである。命名においては，対象自体の特質やそれに関連するものを名前に反映させたいという人間の要求があり，基本的に対象の特徴や発見者の名前を利用しているのである。以上は意味的な側面に関することであるが，音声的な側面に関しては，篠原・宇野 (2013)，川原 (2015, 2017) の指摘にもあるように，音象徴

言語の原初の段階における命名も，原理的に現在と同じであったとするならば，最初期の命名も，音象徴と外来語だけであったと考えられる（原初の命名だけ特別で，恣意的な命名が可能であったとは考えにくく，またそのように考えるべき独立の根拠はない）。このことに関しては，次の節でより詳しく取り上げたい。

　以上は，既存の語彙と何の関係もなく，まったく新たに名前を創造する場合であるが，一旦言語が成立したあとは，外国語をそのまま借用する場合など以外は，まれであると考えられる。ほとんどの場合は，外来語も含めて少なくとも既存の語の一部を組み込んで命名しているのである。

2.5　命名と言語進化
2.5.1　恣意性

　前節では，まったく新規に名前を創造するケースは，音象徴と外来語の2種類しかないことを見た。音象徴は「自然性」（音の模倣，あるいは，共感覚を含む感覚的類似性）に，また，外来語は「必然性」に関わるものである。ということは，定義上，新規の命名に「恣意性」はないことになる。まったく新規の造語ではなく，既存の語を利用する命名においても，命名される対象との類似性・隣接性に基づいて造語がなされており，そこには自然性がある。結局，恣意的な造語は存在しないことになる[53]。

　さて，いま，現代の諸言語において働いているのと同じ原理が，言語の起源たる原初の段階においても働いていたと仮定してみると（また，そうでないと仮定する独立の根拠はない[54]），最初の命名においても，音象徴または外来語であったということになる。このことは理論的にどう考えるべきであろうか。もし言語記号に恣意性がまったくないと仮定すると，すなわち自然性・必然性のみであるとすると，言語による差異，歴史的変化，方言的分布[55]が説明できない。言語の総体として考えれば，言語記号には広く恣意性が認められる。そして，少なくとも相対的な体系性・構造性がある。しかし，名前は語であって文ではないので，そのような特性はない。言語進化研

　　も大きく関係している。
53　ある共同体・集団の外部の者にとってはまったく恣意的に見える名前であっても，内部の者にとっては，しばしば動機付け・意味付けが存在している。
54　特段の否定的根拠がない限り，言語においても自然の斉一性（uniformity of nature）に対応するものを仮定する（assume）ことは，妥当なことであると考えられる。
55　言語と方言などの言語変種との関係性に関しては，大月（2013）を参照。

2.5 命名と言語進化

究ではよく知られているベルベット・モンキー (vervet monkey)（またはサバンナ・モンキー）の発する天敵を区別する鳴き声は，ヒョウ・ヘビ・ワシという対象によって明確に区別されており，名前の一種と見なすことも可能であるが，そこには必然性があり恣意性はない。鳴き声が遺伝によるものであり，先天的であるためである（その点，後天的に学習される鳥の鳴き声・歌とは異なる）。彼らの鳴き声は，他の動物のコミュニケーション体系同様，言語では決してない[56]。名前だけでは言語にはならず，名前だけの集合には，逆に（つまり，体系性・構造性の対立概念としての）総和性・原子性が認められると言えよう[57]。

　名前は観念的には実在と対応するものであろうが，それを超えたところに言語はある。しかし，そのような名前だけでは（文法範疇としては名詞だけなので）言語の前段階であって，それが質的に転換したものが言語であると考えられる。自然性・必然性の名前は，言語の前段階の状態，または言語の核心部ではなく周辺部に，位置するものと見なすことができるのではなかろうか。また，そうであるからこそ，幼児は，喃語・カテゴリー化という前言語的な獲得を経て，言語習得においてまず名前から入っていくと考えられる[58]。特に名前を尋ね，多くの名詞を獲得する「語彙爆発」の段階は注目される。少なくともその限りにおいては個体発生が系統発生を繰り返していることになる。Heine and Kuteva (2007) も文法進化の第1層に名詞（つまり名前）を設定している。

　このことに関して，本多啓氏（私信）より以下のような論評を頂いている。「系統発生レベルで言語進化を考えると，現在の諸言語では恣意的なものとして存在する語彙も，言語の歴史を（数万年の単位で論理的に）遡れば，いずれの語彙項目もどこかの時点で新規の命名として生まれたものと考えるべきと思われます。ただ，人間の認知能力の特性として「動機付けがあればそれに越したことはないが，その動機付けに全面的に制約されるわけではな

56　ただ，ベルベット・モンキーの鳴き声にも，指示と三者関係・共同注意 (joint attention) が認められるという点では，ヒトの言語の特性の一部を共有していることは興味深い。

57　ここで述べている「体系性」，「構造性」，「恣意性」は，いずれも段階付けを含む相対的なものである。一次的な名前の合成により二次的な名前が作られる過程で，一部の語群の間では限定的な体系性は出現してくる。また，言語が成立する過程で体系性・構造性が増大すれば，それに比例して恣意性も増すのである。

58　Bates et al. (1994) によると，論文の中で定義された「普通名詞」（固有名や一部の名詞類を除く）の割合は，習得して産出可能な語彙の総数（50～600）により変動はあるものの，一貫して他の種の語彙よりも高いという結果が得られている。

い」という柔軟性があるため，音韻変化等でシニフィアンとシニフィエの繋がりの動機付けが弱くなっていって，現在の言語に広範に見られる恣意性が成立した，と考えることができると思います。そのように見ますと，認知言語学会のシンポジウム[59]で今井むつみ先生が紹介していらした「現代語の語彙も大規模に見れば音象徴的な側面が偶然とは言えない程度に見られる」という研究結果とも合致するように思われます。」

特に音象徴に関しては，例えば英語の hound は，ドイツ語の Hund, ラテン語の canis，ギリシア語の κύων などと同様，もともと鳴き声に由来する語であるが，歴史的な音韻変化などにより，その起源が擬声語であったことは，すぐには想像しにくくなっており，歴史的に恣意性が増していると言えよう。また，現代語の語彙研究が傍証となる可能性が大いに期待される。

そもそも最初の命名も，決して無限の可能性からではなく，有限の可能性から選んでいると考えられる。また，言語の歴史を見ても同様であるように，文字の発明以前にも，既存の名前（語）がある程度揃ったあと，その組合せで二次的な名前が作られていったと考えられるが，その二次的命名においても，恣意的にではなく着眼・視点があって記号が選ばれているのである。

さて，名前をパース Peirce (1932) の記号の3区分で捉えると，普通名詞（象徴 symbol）／固有名詞（指標 index）／音声象徴（図像 icon）となるが，幼児による言語習得では，まず（ブーブー，ワンワンといった自然性のある）図像から始まって，後に指標・象徴へと分化する。この順序は，文字進化における順序と並行性が観られる。つまり，文字の場合も，（文字の前段階としての絵文字を経て）象形文字から表意・表音文字へと進化しており，そこには「図像＞指標・象徴」という共通の方向性が認められるのである[60]。

命名は，現代語にあっても，語が誕生する，言語が生きて躍動している場である。新規の命名の特質を探究することにより，文法進化のまさに最初の段階，及びそれ以降の段階への移行に関して理論的・概念的な究明が可能となることが期待される。

---

[59] シンポジウム「感性の認知科学と言語研究」(2015年9月13日) 於同志社大学。講師：篠原和子（司会），渡邊淳司，細馬宏通，コメンテーター：今井むつみ。
[60] 文字論に関しては，二ノ宮 (2012) などの論考がある。

2.5.2 超越性

　言語記号は，その究極においては，かならずしも自然・必然でないという意味において恣意的であるわけだが，この「恣意性」は，絶対的なものではなく相対的であり，個人的ではなく社会的なものである。そして，恣意性の意味する〈かならずしも自然性・必然性がない〉ということを論理的に言い換えると，〈必ずしも自然性がない，または，必ずしも必然性がない〉となる。つまり，論理語のうち，否定（NOT）と選言（OR）を使用している。言語記号の恣意性は，（動物のコミュニケーションに見られるような）自然性・必然性を超越しているが，そこに肯定や連言（AND）ではなく，否定と選言が関わっている。

　このことと関連して，オズグッド Osgood (1980) は，心理学的実験や先行研究も踏まえながら，以下の「言語運用原理・相互作用」を統計的傾向として提案している。

(i) 　選択・組合せの規則
　　　すべての単位レベルにおいて，対立形式の選択・組合せの規則は，絶対的ではなく統計的な普遍性であること。例えば，音韻レベルでは，有声・無声の対立のほうが平唇・円唇の対立よりも統計的蓋然性が高く，統語レベルの「書き換え規則」としては，NP ↔ N+A のほうが NP ↔ A+N よりも 2 倍の頻度である。

(ii) 　漸進的区別の原理
　　　「IF P THEN Q」の形式の含意的法則（厳密には，統計的傾向）のこと。例えば，グリーンバーグ Greenberg の普遍性の諸規則や，バーリンとケイ Berlin and Kay の基本的色彩語彙に関する順序性。

(iii) 　最少努力の原理
　　　ジップ Zipf の法則のことで，使用頻度の高いものほど，形態の長さは短く数は少なく，使用される形態の異なる意味は多くなるということ。

(iv) 　情動的極性
　　　否定は有標で，肯定が無標の基本を成しているということ。例えば，肯定文は無標で否定文が有標。また，有生は無標で，無生が有標。

(v) 　ポリアンナ効果
　　　情動的に肯定的な意味をもつ形態のほうが多様で高頻度であり，認

知的処理も容易であること[61]。例えば，否定文や否定的語彙 (short, ugly, weak) を含む文のほうが，肯定文や肯定的語彙を含む文よりも理解により多くの時間がかかるという実験結果がある。

　以上は，オズグッドが述べているようにいずれも統計的なものではあるが，それぞれを個々の内容ではなく論理形式に着目して分析すると，ある共通性が見えてくる。つまり，(i) の「選択・組合せの規則」は，選択・組合せであるので AND・OR・NOT で規定することができる。(ii) の「漸進的区別の原理」は，「IF P THEN Q」という形式を取るものであるから，これを論理的に等値な「NOT P OR Q」と言い換えることができるので，NOT・OR を含んでいると見なすことができる。

　(iii) の「最少努力の原理」は，「最少」であるので，「他と比べて多くはない」，つまり NOT (MANY) と分析することが可能であろう[62]。(iv) の「情動的極性」は，肯定を NOT * NOT で表すとすると，NOT と NOT * NOT の対立である。ただ，肯定文が〈無標〉となるので，NOT * NOT 自体は表現としては現れない。(v) の「ポリアンナ効果」も，NOT * NOT と NOT の対立において，NOT * NOT が優位であるということである。

　このように，5つの「言語運用原理・相互作用」は，いずれも論理語 NOT を含むものとして分析可能である。また，(i) と (ii) はともに NOT と OR を含んでおり，(iv) と (v) はともに NOT * NOT を含んでいるという共通性があるが，(iii) は NOT の作用域内に MANY という量的な要素を含むという点で特異であると言える。だが，いずれにせよ，すべて論理語 NOT を含んでいるものとして分析できる。言語の普遍性に関する統計的原理がいずれ

---

61 「ポリアンナ効果」は，エレノア・ポーター Eleanor H. Porter の小説『ポリアンナ』 Pollyanna に登場する陽気で底抜けに楽天的な少女の名前にちなんだ命名である。

62 自然言語・思考を扱うために必要な量化詞としては，この MANY (M) だけでなく ONE (1) を導入することで2組の関係性 (M, ∃), (1, ∀) を得ることができる。形式論理学では，MANY も ONE も ∃ に含まれてしまうが，自然言語は基本的に両者を区別している。そして，NOT MANY が SOME，NOT ONE が ALL NOT という対応性がある。カントは，判断として全称・特称・単称の3区分を設け，それらに対応する純粋悟性概念として総体性・数多性・単一性を立てた（第2章「カテゴリー論の命名」の 2.1.1「哲学におけるカテゴリー論」，カントの節を参照）が，ONE の導入は単称・単一性に相当するものを設けるものであり，MANY の導入は特称・数多性を二分することになる。以上は，「自然論理」（自然言語に基づく日常の思考活動の基底にある論理：山梨 (2016b: 1)）を解明するうえでも，関連してくることと考えられる。

も NOT を含むという事実は，言語の否定性という本質的特質と関わっている可能性があると考えられる[63]。否定は，言語の意味を考えるうえで核となる問題であり，詳細は，第7章をご覧いただきたい。

なお，上記は，言語記号，特にその意味に関連することであるが，では音声の場合はどうであろうか。Sapir (1921) の指摘していることと関連するが，言語は呼吸・飲食器官を使用しながらも，その本来の用途を超えており，音声器官は呼吸・飲食器官を超越している。言語は，飲食の機能は使わず呼吸の機能を使用するが，その中でも特に，呼気を使用する。つまり，機能の一部（部分）だけを使用している。また，声道の狭窄の度合いにより（発音の）選択肢があるという点は，普遍的なものである。一部・普遍ということは，量化詞（∃・∀）を使用している。以上から，超越には，否定・選言と存在・普遍といった，2通りがあると言えよう。

言語の起源・進化を直接的に示す資料はないと言ってよいであろうが，間接的な資料による実証的研究を踏まえて，言語が動物の伝達体系に観察されるような自然性・必然性をいかに超越しているかということを概念的に探究することにより，理論的な躍進が期待される。

2.5.3 二次的な名前（合成名）
2.5.3.1 認知と命名の対応性

「アメンボ」という虫がいる。つまむと水飴のような匂いがするところからアメンボと名付けられたとも言われている[64]。イイダコという小さなタコは，春，卵を持ったメスを煮ると，腹の中に飯粒が詰まっているように見えることで「飯蛸」と呼ばれている[65]。また，「ウミネコ（海猫）」というカモメの一種は，沿岸海域を主たる生息地とし，猫のような鳴き声を発する。このような名前では，「ウミ」とか「ネコ」という名前がまずあって，それらを内に組み込んでそれぞれの生き物を命名しているわけである。

今，2つの名前があって，一方が他方を内部に含んでいる場合，他方を包含する側の名前（ウミネコ）を「二次的名前」，包含される側の名前（ウミ，

---

[63] Hofmann (1989) は，肯定を基本にした現行の論理学に対して，否定をベースに論理学を構築したほうが，より単純な体系を得ることができるという，たいへん興味深い提言をしている。また，英語の肯定と否定で対になる表現のうち，否定的な意味をもつ語のほうが多くの場合，歴史的に先に出現しているという。

[64] 平凡社 (1988)

[65] 平凡社 (1988)

ネコ)を「一次的名前」と呼ぶことにする[66]。実際，既存の言語体系の中での名前の相当数は二次的名前である。

　一次的な名前と二次的な名前の命名上の順序関係は，語構成自体により明示されており，この関係性を利用して〈命名の階層性〉を設定することができる[67]。ここでは典型例として，人間の活動する環境中に見出される生物(動植物)の名前を扱うこととする[68]。

2.5.3.2　命名に観察される階層性

　日本語には，陸の生物との類似性に基づいた海洋・海辺生物の名前が多数存在するが，逆のケースは一件もない。例えば，ウミウシ，ウミウマ(タツノオトシゴの別称)，ウミヘビ，ウミユリ，等々。英語も同様で，例えば，sea cow (海牛，ジュゴン；セイウチ；カバ)，sea dog (ゴマフアザラシ；アシカ)，sea grape (ホンダワラ)，sea horse (タツノオトシゴ；セイウチ)，sea lemon (ウミウシ)，sea monkey (シーモンキー)，sea orange (ジイガセキンコ：オレンジ色のナマコ)，sea pig (イルカ；ジュゴン)，sea potato (オカメブンブク)，sea snake (ウミヘビ)，等々[69]。

　ここから次の順序性が得られる。

　　　陸 (平地) ＞ 海…①

　また，里の生物との類似性に基づいた山林生物の名前も無数にあるが，その逆の事例は見つかっていない。ヤマイヌ(ニホンオオカミの異名)，ヤマイモ，ヤマザクラ，ヤマネコ，ヤマユリ，等々。英語でも，mountain cat (ヤマネコ：ピューマ；クーガー；ボブキャットなど)，mountain cock (キバシオオライチョウ)，mountain laurel (アメリカシャクナゲ)，mountain sheep (オオツノヒツジ)，mountain tobacco (アルニカ) 等々がある。

　以上から，次の順序性が得られる。

---

[66] いわゆる「基本レベルカテゴリー」は，通常，一次的名前で表される。
[67] 大月 (2005a) は，一般に，認知的階層上，上位に立つ要素が，下位に立つ要素よりも先に命名されるとする「認知と命名の対応性仮説」を提案している。
[68] 日英語の事例の詳細は，大月 (2007) を参照いただきたい。
[69] 同じ発想による名称が同じ生物を指すとは限らない。英語の sea snake は，まさにウミヘビであるが，sea grape は「海ぶどう」(クビレヅタ) ではなく，「ホンダワラ」や「ハマブドウ(の実)」などを指す。

2.5 命名と言語進化　69

　　陸（平地）＞山（森林）…②

　特に，ヒトデ（人・手），ハマグリ（蛤／浜・栗[70]），フジツボ（富士・壺）のように，遠洋・深海の生物ではなく，浜辺や浅瀬で比較的容易に見出されるもの（つまり，独自の二次的でない名前があってもよさそうなもの）でさえも，陸上生物あるいは陸上の事物との類比で命名されていることは注目に値する事実である。磯に生息する巾着に似た形の生物ということで名付けられた「イソギンチャク」（磯・巾着）もそうである。
　さらに，比較的少数ではあるが，日英ともに海洋・海辺生物との類似性に基づいた山林・陸上生物の名称が観察される。キクラゲ，イカタケ（スッポンタケ科アカイカタケ属のキノコ）[71], land crab（オオガニ：繁殖の時期だけ海水に入る），等がある。よって，次の順序性が得られる。

　　海　＞　山（森林）…③

推移律（つまり，A＞BかつB＞CならばA＞C）の成立を仮定すると，①～③より，次の階層性が得られる。

　　陸（平地）＞　海　＞　山（森林）

すべて（もしくは，ほとんどすべて）の命名が一定の方向性を示しているならば，それは命名者である人間の視点・認知を反映していると考えられる。上記は，人間活動の基準領域及びその後拡大した活動領域を反映していると見なすことができよう。特に，「陸＞海」，「平地＞山（地）」という強い単方向性が認められるのである。
　なお，これらの生物名の多くは，正式な名称というより比喩的な俗称であるため，指示対象は生物学的には多様な目（order）や科（family）にまたがる場合がある。例えば，同じく sea cow と呼ばれる生物であっても，ジュ

---

[70] この場合のクリは，栗または石。
[71] 逆さに立ったイカに似た形から。「海＞山」の事例が，平地の生活の中では相対的に発見されにくい種類のキノコであり，身近な海洋生物よりもあとから認知された可能性のある生物であることは興味深い（「スッポンタケ」の名詞自体の命名は，「平地（とそれに含まれる領域）＞山」と思われる）。

ゴンはジュゴン目ジュゴン科，セイウチは食肉目鰭脚亜目セイウチ科，カバはウシ目カバ科に属する哺乳類である。また sea horse も，セイウチ（哺乳類食肉目鰭脚亜目セイウチ科）とタツノオトシゴ（魚類ヨウジウオ目ヨウジウオ科）では，生物学的にはお互いに遠く離れている。「ウニ，フグ，ハリセンボン」を指す sea hedgehog も同様である。

　また，その命名の根拠は基本的に類似性である。形態（ウミユリ）・色（sea orange）・食感（キクラゲ）・味（sea chicken）・鳴声（ウミネコ）などにおける類似性が一般的である。生物学的分類とは独立のものであり，人間の優れて主体的な認知の反映と言える。例えば，ウミネコは，カモメの一種であって，猫の一種ではない。Sea mouse（ウミネズミ）は，名前から想像されるようなネズミの一種ではなく，遊在類の環形動物である。また，sea oak（ヒバマタ）は，樫の一種ではなく海藻であり，mountain laurel（アメリカシャクナゲ）も，月桂樹ではなくヒースの仲間である。人間が対象をどのように認識しているかを示すという点では，漢字の「偏」なども同様である。例えば，「鯨(クジラ)」や「鯆(イルカ)」は哺乳類だが，水生生物ということから魚偏が使われている。英語の fish も日本語の「さかな」よりは多様な水生生物（starfish, jellyfish, 等々）に対して使われている。

　ところで，山梨（1988）は，言語理解の背景となる文脈として，「言語的文脈」「状況・場面的文脈」「社会的文脈」「心理的文脈」の４つを挙げているが，上記生物の命名の場合は，広い意味での「状況・場面的文脈」で，「環境的文脈」とでも呼ぶべき，命名の前提となる発話の参与者に共通の環境的な要因である。つまり，命名は，いきなり無から有を生じるものではなく，何らかの場面，広義の文脈を踏まえて成されるものである。

　また，「ヤマネコ」「ウミヘビ」は，それぞれ「山の猫」「海の蛇」として，聞き手にもその生物の種類などに関しておおよその想像と理解が可能であるのに対して，「ウミネコ」「キクラゲ」は，「海の猫」「木のクラゲ」として解釈しようとすると，その生物の外観をはじめ諸特性に関して誤解する可能性がある。ただ，ウミネコを海の猫と捉えても実際にそれによって不利な状況に置かれることは想像しがたい。また，キクラゲも，食用となるため，生物の正確な分類が目的でなければ，「木のクラゲ」と解しても実用上は特に問題はないであろう。

　一方，ある種の情報伝達の意図の感じられる生物名もある。サトイモ科テンナンショウ属の多年草であるマムシグサ（蝮草）は，マムシの潜んでいそ

うな場所に生えていて，マムシの胴体のような模様の茎（偽茎）を伸ばして，その上にマムシが鎌首をもたげたような形の花をつける[72]。このような生息域や形・模様の類似に加えて，マムシグサは葉や球根に毒があるため，その名前は実に適切であると感じられる。もしこれを，例えば，属は異なるが葉の形や茎の模様のよく似ているコンニャクに因んで命名したとすると，食用になると誤解する恐れもあるであろう。

食用に適さない植物には，イヌビワ，カラスウリ，ヘビイチゴ，ヘビゼンマイのように，動物名を冠するものが少なくない。生物名の一部には，このように対象に関する，ある種の情報を伝えるものもある。ただそれは多くの場合俗信であり正確な知識ではないが，少なくとも〈食用に適さない〉（不味い・有毒など）ということを，印象的に伝えているとも言えよう。また，その事実を植物名に動物名を冠するという，2つの異なる（対立する）領域の交差によって示しているという点は，イメージのブレンディング[73]とも関わり，認知的にたいへん興味深いところである。

二次的な名前の生物名は，命名者による優れた発見的認識の表現であるが，その正確な理解は，名前が共同体に受け入れられて初めて可能になると言えよう。また，他からつけられたあだ名を主体的に引き受けて自らの名とすることをあわせて考慮に入れると，命名には能動性・主観性（一側面）があるのに対して，名前は，受動性・主体性（引受け）があると言えよう。

2.5.3.3 二次的な名前間の関係

前節では，一次的名前と二次的名前の関係を見たが，一方，二次的な名前どうしの間の関係は，語構成の形式上は必ずしも明らかではない。一方がA・X，他方がB・Xという形式を取るからである。そして，階層性・体系性が形式上明示されている場合と，形式上明白ではないが経験的にそれの認められる場合の，大きく2種に下位区分される。

階層性・体系性が形式上明示されている場合は，基本的に名前自体においてその関係が示されているもので，ある種の人名・地名に典型的に観察される。例えば，ルイ14世（Louis XIV）や「一郎（太郎）」「二郎（次郎）」といった人名は，それぞれ，同一王朝における同名君主間の王位継承の順序性

---

72 牧野 (1982)
73 イメージのブレンディングに関しては，山梨 (2012) を参照されたい。

や，兄弟間の出生順序を示している[74]。ある種の人名・地名に典型的に観察されるこのような名称においては，名称自体が順序を明示しているが，集合の外延は最初から定まってはいない。実際の王位継承者や兄弟の出生は予め確定していないからである。

　一方，最初から集合の外延が確定している名前がある。「越前」「越中」「越後」は，天武天皇の時，越(こし)の国が三分されてでき，「備前」「備中」「備後」は，天武・持統両天皇の頃，吉備の国から三分されてできたものである。これらの名前は同時期に出現しているわけであるが，二次的名前は，都との位置関係(すなわち，明示はされていない基準点である都への相対的距離の近いほうから「前＞中＞後」の順序)を示している。「近東(Near East)」「中東(Middle East)」「極東(Far East)」といった呼称も，欧州を基準とした視点による命名である。

　一般に，認知的階層上，上位に立つ(つまり，認知的により基本的な)要素は，下位に立つ要素よりも先に命名されると考えられる。このことは，スペースの都合で割愛するが，階層性・体系性が，形式上明白ではないケースにおいても，経験的に(歴史的出現順序や習得の順序等において)認めることができる。例えば，日本語と英語の基本的色彩語を内に含む名前の出現順序の規則性がその好例である(詳細は，大月(2005b: 36-40)を参照されたい)。いずれにおいても，生理・文化・社会・信念体系等における，より基本的な単位や次元に関わりを有する要素が，そうでない要素よりも先に命名されているのである。

2.6　命名・名前の機能

　前章1.2「言語的意味論」のところで見たように，ヤコブソン Jakobson (1960) は，ビューラー Bühler (1933) のモデルを踏まえて，言語によるコミュニケーション(伝達・通信)の構成要因を6つ挙げ，さらにそれぞれに対応する以下のような6項の機能を提唱している。

(i)　　発信人(記号化者，話し手)：感情(表現)的機能
(ii)　　受信人(解読者，聞き手)：動能(総称)的機能
(iii)　　被指示文脈(指示対象)：指示・認知(観念形成)的機能

---

[74] アメリカの富裕層などでは，王朝になぞらえて Richard II のように子供に「2世」号をつけることがある。

(iv)　接触（話し手と聞き手の物理的経路・心的結合）：交感的機能
(v)　コード（ラング）：メタ言語的機能
(vi)　メッセージ（テクスト，パロール）：詩的（審美的）機能

　ある名前や命名行為が単一の機能のみを果たすことはむしろ稀であり，大抵の場合，複数の機能を果たしているという意味では多機能的である。Jakobson (1960: 353) が述べているように，1つのメッセージの言語機能は，主に支配的機能によって決まる。例えば，スポーツの試合におけるサポーターの声援は「交感的機能」を果たすとともに，発信人の感情などを表現する「感情（表現）的機能」（と場合によっては受信人の注意を喚起する「動能的機能」）も共に担っているのである。
　上記の Jakobson の枠組み中の6つの機能のうち，（もちろん相対的な比重の差はあるが典型的には）命名に関わるのが認知的機能と詩的機能，名前自体に関わるのはメタ言語的機能であり，呼びかけに関わるのが感情的機能・動能的機能・交感的機能である。
　ところで，上記の6分類では捉えきれない名前の機能としては，「実体化機能」「社会的機能」「注意惹起的機能」がある。「実体化機能」は，名前とその指示物との一体化に関わるものである。Frazer (1890) が「未開民族」の言語から多くの事例を報告しているが，現代の文明国にあっても日常的に観察されることである[75]。「社会的機能」は，名前を開示するにせよ秘匿するにせよ，名前はまさに社会との接点であり，人は名前を通して社会と関わる[76]ものであるということであり，「注意惹起的機能」は，（喫茶店など）場・空間を共有する談話の非当事者が特定の名前に反応するという，関与者（第三者）に関わる機能である[77]。詳細は，大月 (2007) をご覧いただきたい。

---

[75]　2007～2008年，米国・民主党の大統領選指名候補バラック・フセイン・オバマ2世 Barack Hussein Obama II 上院議員が，当初，サダム・フセイン Saddam Hussein を想起させるミドルネームとオサマ・ビン・ラディン Osama bin Laden を連想させる姓から，一部に敬遠する向きのあったことや，のちに同氏と日本語としては「同じ」響きをもつ名の福井県小浜(おばま)市で応援する動きが出たのも，いずれもまさに名前が唯一の動機付けとなっている。2014年冬季オリンピックの開催地ソチと「同じ」名前の新潟県柏崎市曽地(そら)町における応援活動も同様である。

[76]　正規の契約・訴訟など法的手続きは実名で行わなければならず，逆に，正体が知れては困る行為を行う場合は，偽名での犯罪行為，匿名の電話（脅迫や内部告発），変名での宿泊など，人は名前を秘匿する。

[77]　従来のコミュニケーション論は基本的に話者・聴者（あるいは発信者・受信者）間のや

以上見てきたように、命名及び名前は、実に多様な言語機能を担っていると言うことができる。そして、全体を通して、命名は、「最初に名付けること」であり、能動的行為であるのに対して、名前は、命名の結果として（受動的に）「名付けられたもの」であって、話す主体は前面に出ないで背後に隠れているのである。

2.7 命名の文法

命名は、すぐれた言語行為であるが、それを構成する項とその関係を文法的に把握することが、その本質をさらに究明するうえで有効である。前節で挙げた例で見ると、スポーツの試合でのサポーターの声援は、「選手に対して、その名前（個人名・チーム名・国名など）を、サポーターが呼ぶことで、その選手の注意を引き選手を奮い立たせ、同時に敵に対して威圧している」。

このように、名前を呼ぶという行為は、「何か（対象）を何か（名前）と誰か（主体）が呼んで誰か（関与者）の注意を引く」という構造（すなわち、要素とその関係）を有している。そこには、「対象, 名称, 主体, 関与者」という4つの項目を見出すことが可能であり、それぞれが英語における「直接目的語, 補語, 主語, 間接目的語」におおむね対応している（ただし、ここでの文法用語は、概念間の関係性を示すもので、個別言語において特定の文法範疇で実現されるということではない）。

4項をこの順序で順次組み込むと、以下の4つの組み合わせが見出される。

(i)　　「（対象）がある」

　　　　対象は存在しているが、認識されていない場合は、名前そのものが存在しない。意識化されておらずカテゴリー化・記号化以前の状態である。他の言語を通して母語と異なる区別に遭遇し、それまで意識していなかった区別を初めて認識するようになることは、よく経

りとりに狭く限定されてきた（その典型が、Shannon and Weaver (1949) であり、またヤコブソンなどのモデルもコミュニケーションの参与者としては基本的に二者関係を念頭に置いている）が、このようなモデルでは、コミュニケーションにおける話者・聴者の第三者との役割交代などは原理的に説明不可能である。第三者を組み込むことでコミュニケーションの実態を反映することができるばかりでなく、その動態的な様相を捉えることが可能になるのである（第三者がいない場合も、これを特殊ケースとして含めることが可能である）。Ohtsuki (2009) は、従来の二者間のコミュニケーション・モデルに対して、話者・聴者・傍聴者の三者を組み込んだ動態的コミュニケーション・モデルを提案している。なお、早瀬（編）(2018) を参照。

(ii) 「(対象)を(名前)と呼ぶ」
対象が認識されて命名された後は、名前(記号)と対象の間には、前者が後者を指示するという関係が成り立つ。ここで主として関係するのは、指示・認知(観念形成)的機能であり、世界の分節に関わる言語的相対性の顕著に現れる領域でもある。

(iii) 「(対象)を(名前)と(主体)が呼ぶ」
主体は、対象と名前を対応付ける行為、及び、その名前を社会的に使用していくという慣習に与る。主体は、命名者として両者に関わるのである。ここでは、命名の主体(命名者)が明示されている。

多くの神話におけるのと同様、聖書には、神や人が様々な対象を命名する行為と、その命名の自然性(あるいは必然性)に関する話が随所に登場する。例えば、「主なる神は、土(アダマ)の塵で人(アダム)を形づくり、」(創世記2章7節)、「これをこそ女(イシャー)と呼ぼう まさに男(イシュ)から取られたものだから」(創世記2章23節)、「アダムは女をエバ(命)と名付けた。彼女がすべて命あるものの母となったからである」(創世記3章20節)[78] などにおいては、対象間の有契性が名前の類似性で示されている。また、創造行為と命名が密接に関係しており、それによって世界の明確な分節化が成されているという意味でも興味深いものである[79]。本章 2.0「はじめに」で触れた「言語 = 名称目録」の見方と親和性がある。

無数の事例を挙げることができるが、その大半は、少なくとも命名者にとっては有契性のある最適な名前なのである。また主体は、あるものが自らによって(あるいは誰か他の人によって)命名された後は、名称使用者としても両者に関わる。あだ名の使用などは、それが対象の特質をうまく表現したものであるほど、共同体内で受け入れられて定着し、継続して使用されるようになる。

(iv) 「(対象)を(名前)と(主体)が呼んで(関与者)の注意を引く」
名前の社会との関わりについて考察する場合、この関与者が特に重要な役割を果たす。(対象)と(関与者)は、同一の場合もあるが、

---

78 訳文は「新共同訳」による(漢字のルビは省略)。
79 『古事記』にも地名起源譚が豊富にある。

異なる場合が基本である。

　例えば，異性などを特定の名前（あだ名や，日本語の場合，特に下の名前）で呼ぶことで周囲の人間の注意を引くというケースである。これは偶然そのような結果を招く場合もあれば，ある効果を狙って意図的に行う場合もある。
　一方，〈対象〉と〈関与者〉が同一の場合，対象に対する親疎・尊卑の感情が喚起される。主体が対象と一体感をもつときは，名前は往々にして連呼されるのに対して，尊卑の感情の著しい場合は，名を直接に呼ぶことは，「恐れ多い」または逆に「汚らわしい」などとされ，名前を呼ぶこと自体がタブーとなる（かつては，犯罪者などに汚名をつけて放逐するということも行われた）。これには，実体の喚起，及びそれによる喚情が特に関わっている。名前がタブーとなった場合，そのままでは不便なため，しばしば他の名前による言い換えがなされる。この場合，タブーとなった本来の名前と，タブーを回避するために造られた名前（もしくは定表現）は，両者は指示的には同一人物を指していても，喚情的に異なるので，等価な名前とは言えない。芸人の本名と芸名同様，一般に名前が異なれば価値も異なる。
　以上のように命名に関わる言語行為を文法的な項目の組み合わせと配列で表現することで，（i）記号化以前＞（ii）記号化＞（iii）主体性の関与＞（iv）第三者の関与のそれぞれの特性と相互の関係性を明示的に示すことが可能になり，またそこから理論的にさらに帰結を追究する道も拓けるのである。

2.8　命名と指示・記述・表現

　本節では，命名をより一般的な言語学の観点から捉え直し，全体の中で位置づけてみたい。そうすることにより，従来個別に論じられたり，かならずしも対立または対応するものとして扱われてこなかった諸概念の間の相互の連関性も明らかになるであろう。
　一般に，記号とその対象との関係を考察する際，これを記号の側から見るのか，対象の側から見るのかによって異なる相貌が得られる。まず，記号の側から見てみると，記号（とその組合せ）の機能としては，（a）事物（thing）を指し示す，あるいは（b）事象（event）について記述する（〈何がどうする〉）ということを挙げることができる。事物を（広義では事実も）指すのが「指示（reference）」であり，事象を描き出すのが「記述（description）」である。哲学上は，それに対する記号がどんな記号であれ，1つの事物・事象

を指す．記号が指し示している事物が存在するか否か，事象が命題として真か偽かということが問題となり，事物・事象といった外延 (denotation：語の明示的な意味) を直接取り扱うのである．

《 記号 》
〈指示〉 ⇒ 事物
〈記述〉 ⇒ 事象

一方，対象の側から見ると，事物の側面 (属性・偶有性を含む) に対して名称・名前が与えられるのが「命名」であり，事象の側面が (名称など複数の記号により) 表されるのが「表現」である (個々の具体的な「表現形」とは区別される)．そして命名の場合は，話者 (命名者) の願望などの意図が込められ，表現の場合は，聴者・読者に対する作者の効果の計算が仕組まれている (小説・詩歌・演劇などの文芸は典型的なケースである)．いずれも内包 (connotation：語の暗示的な意味) と密接に関わる．

《 対象 》
事物の側面 ⇐ 〈命名〉
事象の側面 ⇐ 〈表現〉

かたや記号の側の指示・記述，かたや対象の側の命名・表現があり，指示は命名と，記述は表現とそれぞれ対立する．従来の言語学・哲学は，指示・記述側に偏ってきたが，日常言語や文芸作品において見られるように，言語的創造性は命名及び表現においてこそ遺憾なく発揮され豊饒なる言語的世界の構築・拡充に貢献してきたのであり，いかなる言語理論も名称・表現形の活発に沸き出づるこれらの領野を扱わずして言語の実態を踏まえた妥当性を有する理論とは呼べないであろう．

以下，指示と命名，記述と表現などを，相互に対比させつつ，それぞれの本質を浮き彫りにしてみよう．

2.8.1 指示と命名

まず，指示と命名について見てみよう．指示が，事実として限定された存在者としての「事実存在」[esse existentiae] (Δ ガアル) に関わるのに対し

て，命名は，普遍的で可能的な存在としての「本質存在」[esse essentiae]（Δデアル）に関わる。ただし，名前は本質を事実として示しているわけではなく，本質を志向しているだけである。子供の命名に典型的に見られるように，そこには親や名付ける側の願望・希望（や時に思想）が込められている。例えば，「健」という字を使用する場合は，健康な子になって欲しい，健やかに育って欲しいという願いが，「明」という字を使用する場合は，明るい人間（あるいは周りを明るくするような人間）になって欲しい，または頭脳明晰な子に育って欲しいといった，その漢字から連想される意味合いなどが込められている[80]。

また，判断としての質的差異としては，指示が事実判断（「ΔトハΔデアル」）であるのに対して，命名は，当為（Δスベキ）という価値判断（「ΔニヨッテΔトナル」）である。ただ，命名における価値は，双方向であって，プラスとマイナスの価値がある。例えば，「大和撫子」や「中華」などの美称は前者のケースであり，称徳天皇により和気清麻呂（わけのきよまろ）から強制改名された「別部穢麻呂（わけべのきたなまろ）」は，後者のケースである。

さらに，同じ名前が一方から他方へと値が変わることも少なくない。特に西洋において，もともと蔑称として使われた名前を後に被命名者自身が自称として採用したものが少なくない。例えば，トーリー（Tory）党という名称は，17世紀英国の王位継承問題で，ヨーク公ジェームズの即位を認める者に対する蔑称（「ならず者」）に由来している。ある人物が普段着用していた礼式でない履物にちなむ「青鞜派（The Blue Stockings Society）」[81]，モネの描いた「印象・日の出（*Impression, soleil levant*）」という絵の題名にちなんだ「印象派（impressionistes）」，若手の研究者に対する呼称であった「少

---

80 「時に思想」と書いたが，「固定観念にとらわれないように」という希望を込めて，夏生まれた子供に「冬彦」と名付けた実例がある。その場合，漢字の本来の意味とは一致しないものの，まさに命名者の願望・希望がそこに込められているのである。
81 日本では平塚らいてう等の「青踏社」（1911）という表現に組み込まれ有名になったbluestockingという表現も，*OED*第二版によれば，元来，そのような会合にいつも（「正装」の黒のシルクではなく）greyもしくは 'blue' のウステッドの長靴下を履いて出ていたBenjamin Stilingfleetなる人物に因んで付けられたもので，〈知的な関心のある（またはあるふりをしている）女性〉の意味で使われた。1750年代から19世紀初頭にかけてBlue Stocking Society, Blue Stockingers, Blue Stocking Ladies, Blue Stockings（のちの俗語ではBluesも）といった一連の表現が造られた。今日では，歴史的な文脈以外ではあまり使われることはない。

壮［青年］文法学派（Junggrammatiker）」など，いずれも自らに向けられた蔑称やあだ名を引き受けて自称としたものであるが，マイナスの価値のあだ名を，被命名者が主体的に引き受けた場合，それがプラスの価値を有するものへと転ずるのである[82]。

一方，本来プラスの価値の名前がマイナスの価値になる場合というのは，基本的に悪事やスキャンダル（流言飛語も含めて）・裏切りなどの事実によるもので，そこには事実存在としての名前の本質が現れているが，新たな偶有性により価値の転換が起きていると言えよう（新たなあだ名が付与されることもしばしばである）。なお，いわゆる「意味の下落」（例えば，英語のmistress「情婦」は，かつて貴婦人に対する敬称として用いられていた）や「敬意逓減の法則」（例えば，日本語の「貴様」は，最初敬意を込めた呼称であったが，後に蔑称的に使用されるようになった）は，指示自体が変わっているので，これには該当しない。

指示が単一の事物・事態を結果として指すのに対して，命名は，対象の複数の側面を捉えるが，そこには意図が絡んでくる。よく知られたケースとして，『徒然草』第四十五段に登場する良覚僧正は，「榎木の僧正」というあだ名が気に食わず当の木を切ったが，残った切り株にちなんで「きりくひの僧正」と呼ばれ，つぎに切り株を掘り捨てれば，今度はあとにできた堀にちなんで「堀池の僧正」と呼ばれてしまう。新たに発生する近接性により次々とあだ名が付けられる様が描かれているが，当人を揶揄して楽しむ意図が人々にある限り，何をしても無駄である。いや，命名を止めさせようとして何かをすればするほど，かえって命名の新たな動機付けを提供することになり逆効果であろう。

このように，名前は，基本的に「名付けられる」ものであって受動性があり，当人がいくらあらがっても命名行為を中止させることはできない。その意味で命名には，出口（1995）が指摘するように，暴力性があるということができよう。

2.8.2 記述と表現

記述に対するものは表現である。記述には，いつでもどこでも妥当するという普遍妥当性がある（ただし，記述法は唯一とは限らない）のに対し，表

---

[82] このような，あだ名の主体的引受けは，特に西洋において顕著に見られる。

現は，時と場合で変わり，特殊多様性がある。例えば，「米国第 35 代大統領」は，指示的には固有名「ジョン F. ケネディ John F. Kennedy」に対応する（確定）記述であるが，ジョン F. ケネディを表す表現の例としては，「リンカーンの再来」「世界を核戦争の危機から救った男」「白人社会への裏切り者」「マリリン・モンロー Marilyn Monroe[83] と関係のあった大統領」，等々がある（現実世界にせよ可能世界にせよ，その前提や含意も含めての「真偽」はまた別の問題である）。

記述が，判断として認識・定義（「ΔトハΔデアル」）に関わるのに対して，表現は想像・喚情（「ΔニヨッテΔトナル」）に関わり，双方向あるいは多方向の価値が加わる。つまり，それによって喜怒哀楽などの情感を喚起したり醸し出したりするのである。

2.8.3 記号と名称

ソシュールが看破したごとく，記号は任意であり，選択の余地，恣意性がある。一方，名称は定・不定であって，定は種，不定は類を表している。記号は指示であって透過性があるのに対して，名称は思想があって反射性がある。また，それぞれ外延（denotation）・内包（connotation）という区別に関わるものである。

ここで，対象との関係を考えると，対象の部分を言わばマイナスしたのが名称であり，対象との関係で（家族的）類似性（Spiel など）や（放射）近接性が出てくる。そして，指示・命名は，対象に対して話者という発生基盤との関係が加わり，記述・表現は対象に対して聴者という目標との関係が加わってくる。同じく内包に深く関わる命名と表現であるが，命名が命名者の意図を反映するものであるのに対して，表現は聴者（・読者）に対する効果を考慮・計算するものであるという根本的な違いがある。

2.8.4 対応関係：「多対一」と「多対多」

2つの集合の間の対応関係という観点で捉えると，指示の場合も記述の場

---

83 Marilyn Monroe（MM）のように姓・名が頭韻を踏む芸名は，よく見られる。モンローの場合は，作家アーサー・ミラー Arthur Miller と結婚した後，その姓を加えて Marilyn Monroe Miller（MMM）となった。Block (2015) は，モンローと交友のあったマーロン・ブランド Marlon Brando や，芸名の由来となったマリリン・ミラー Marilyn Miller の名前に関して固有名詞論の観点から考察している。

合も，記号（とその組合せ）と事物・事象とは「多対一」の関係になっている。例えば，「イヌ」，dog, chien, Hund, perro のように言語により異なる記号が，同じ⟨犬⟩という対象（類）を指示する。また，同じ⟨アリストテレス⟩という個人を表すのに，「プラトンの弟子でアレクサンドロス大王の王子時代の家庭教師」「論理学の創始者」「リュケイオンに学園を開いた万学の祖」…といった複数の記述が可能である[84]。

一方，命名ということで考えると，ある1つの事物・事象を指す場合でも，それぞれの名称は対象の違う側面に着目している。フレーゲ Frege (1892) の挙げた有名な例に見られるように，同じ金星という天体を指す場合でも，「明けの明星」と「宵の明星」では，それぞれの名前によってお互いに異なった時間と方角において対象を捉えているのである。

ところで，1つの名称で多くの事物を指し示すことが可能である。例えば，「犬」で動物の一種を表すこともできれば，「回し者・スパイ」を指すこともできる。これは，⟨嗅ぎまわる⟩というこの動物の性質から，また⟨忠実⟩という性格を媒介として，比喩的に後者を指し示すことができるのである。「くるま」と言っても，自動車や手押し車，あるいはまた牛車・馬車のように，文脈や時代によって指すものは異なり得る。

このように，一見「一対多」のように見えるが，その「一」の名称は実は多義であるので，これも「多対多」となる。多くの名称や表現が多くの事物・事象の異なる側面を指し示しており，また逆に，多くの事物・事象が多義の名称によって表されているという関係にある。

結局，名前と事物・事象の対応関係は「多対多」であり，したがって関数ではないのだが，対応は無限にあるわけではない。そこで，側面間の関係，あるいは意義の間の関係が重要になる。ある名称（あるいは，より一般的に，ある語）の様々な意味は，基本的には類似性・近接性で相互につながるネットワークを形成している。または，いわゆる「家族的類似性」の観察されるような間接的な関係となる。

雪の上を板を履いて滑る運動を「スキー」というが，これも借用により「一対一」に見える。しかし，「雪すべり」という言い方もあるように，少な

---

[84] 確定記述 (definite description) と固有名の関係も「多対一」であり，後者は前者に還元できない。固有名を確定記述に置き換えると常に剰余が出る。例えば，「ジョンF. ケネディ」は，「米国第35代大統領」に還元できない。むしろ，固有名は，当該人物に関わるすべてが圧縮されたデータのファイル名のようなものである。

くとも可能性としては「多対一」である。実態としての名称は必然性ではないので，可能性として複数の名称が常にあり得るのである。

　また，特に擬声語などの音象徴は，実際の音との類似性に基づいているわけであるが，同じ動物の鳴き声について，多くの擬声語が可能である。例えば，犬の鳴き声を表すものとしては，言語によって「ワンワン」（日本語），「バウワウ（bowwow）」（英語），「ワ-ワ（ouah ouah）」（フランス語），「ガフ-ガフ（гав-гав）」（ロシア語），「ヴゥヴゥ（vovvov）」（スウェーデン語）など，多数ある。これらの擬声語は，確かにお互いに異なってはいるが，しかしその違いは主として音韻体系と，犬の発するどのような鳴き声を言語化するかによるものである。言語による多様性は，（動物の鳴き声の）聴覚印象，個別言語の音韻体系（と社会的慣習化）によって，その範囲が自ずと限定されたものとなる。

2.8.5　指示・記述と命名・表現：還元不可能性

　指示・記述がどういうモノを指すかを問題とするのに対して，命名・表現は，どういう言い方をするかが問題となる。指示の面にのみ目を向ければ，ジョン・スチュアート・ミルが主張したように，固有名には内容（意味）がないということになってしまうだろう。しかし，固有名（及び名前一般）の機能が指示だけだとしたら，人物の改名（かつての元服名など）や，別称の存在（例えば，「日本海」という呼称に対する「東海」（韓国）・「朝鮮海」（北朝鮮））などは説明できなくなる。

　同じ人物（外延）を指す場合でも，「家康公」・「大権現様」・「狸親父」では，それぞれの内包は相当に異なる。指示の知的意味に対して，喚情的意味もそこには加わっている。ちょうど記述を指示に還元できないのと同様，表現（「権力の犬」）を名前（「スパイ」「警察官」等）に還元することはできないのである。

　文学作品においても，どういう言い方をするかが極めて重要である。多様な表現は，ある事物・事象のある側面を示しているのである。同じ行為に対して「キス」（あるいは「キッス」）と言うか，「口づけ」・「接吻」あるいは「口吸い」と言うかで，行為を捉える側面が異なる（そこには，時代的・文化的脈絡付けも絡んでくる）。物理的に違いがあるわけではない事物を表すにしても，「白い物」「不香花」「銀の花」「玉屑」「玉の塵」…というように対象をその異なる側面において捉えることにより，それぞれ「雪」の持つ

色・香り・形態など，異なったイメージを喚起するのである．名前は観点を反映するわけであるが，対象に新たな呼称を与えることは，従来とは異なる対象の捉え方，観点を示すことでもあり，そこに印象的な斬新さが感じられると着目され，流行語となったり，また言語共同体に受け入れられて定着することもしばしばである．

　ある事物や事態を表すのに，どういう表現をとるかで効果はまったく違ってくるわけで，作家は，当然その効果も計算したうえで，表現を選択または創出するのである．文学における表現は，透明な単なるラベルではない．単刀直入に「犬」・「酒」と言う代わりに，例えば「我らの永遠の友」・「百薬の長」ということにより，そこに指示を超えた意味合いを付与しているのである．

　従来，命名（と名前）及び表現に関しては，言語学においてかならずしも十分な検討がなされてこなかったが，以上の概念的な考察は，言語学のみならず文学・文芸における命名・表現の研究に対しても理論的な基盤を提供することが期待されるところである．

2.9　命名論の諸問題・トピック

　以下，命名論の諸問題を取り上げて論じる．ここで扱っている問題は，従来はそもそも問題として認識されていなかったものも少なくない．また，それぞれの問題は，命名として相互に関連性を有するものである．

2.9.1　文芸における命名

　芝木好子の小説「十九歳」[85]に，中央線の「A 駅」という駅名が登場する．読者は，阿佐ヶ谷のことかと推測する可能性がかなりある．しかし断定はできない．なぜならばアルファベットの A が実際の駅名の頭文字という保証はないからである．任意の駅を指すためにアルファベットの最初の文字を使った可能性もあり，不確定性がある．ただ，いきなり「A 駅」とはしないで，東京駅から出て新宿駅より先であることを文脈上示しているので，架空の話というより，かなり現実感があると言えよう．一方，小説の中での「A 駅」周辺の記述は，阿佐ヶ谷駅周辺を連想させるものの，同時に適度な曖昧性もあって断定はできず，読者によっては別の駅を想像する余地も残している．同じくアルファベットを使う場合でも，もし「M 駅」としたら，

85　この小説を分析した数少ない論考として関野 (2015) がある．

実際の駅名の頭文字として捉えられる可能性がより強まるであろう。

また,「阿佐ヶ谷駅」のように固有名を使ってしまうと,連想が働きすぎてしまい,特にその近辺の昔の状況を知っている読者には,現実と小説の記述とのズレなどに目が行って物語の世界に没頭しにくくなったり,違和感を覚える可能性もある。実際,北海道の中頓別（なかとんべつ）町を舞台にした村上春樹の小説「ドライブ・マイ・カー」（『文藝春秋』2013年12月号掲載）の中で,たばこのポイ捨てについて主人公が「たぶん中頓別町ではみんなが普通にやっていることなのだろう」との記載があることに,町議らが「町の9割が森林で防火意識が高く,車からのたばこのポイ捨てが『普通』というのはありえない」「町にとって屈辱的な内容。見過ごせない」などとしていた[86]。その後,町議有志による真意を尋ねる質問状を受け[87],村上氏が「まことに心苦しいことであり残念なこと」として4月発売の短編集収録では架空の町名に変えたのであった[88]。

このように実在する固有名を作品中に使用したためにトラブルになったり,クレームを受けたりすることは,決して珍しいことではなく,TVドラマや映画などで「この物語はフィクションです。登場する人物・団体・名称等は架空であり,実在のものとは一切関係ありません」といったテロップを流すことがよく行われている。

架空のものの中でも,名前は最も注意を引くものであり,苦情などの契機となりやすい。フィクションは現実とは区別されるはずだという作者側の希望または思い込みは,鑑賞者には必ずしも通じない。特に共通の固有名によって両方の世界に接点が生じると,その区別は曖昧となりやすいのである。文芸における命名は,豊かな事例を提供しており,作者・作品・鑑賞者という三項関係で考察することでその動態的な把握が可能となると考えられる。

2.9.2 命名の政治性

命名の対象は,2通りあって,（人物も含めて）広義の事物の場合と,出来

---

[86] 「毎日新聞」2014年2月5日。
[87] 「北海道新聞」2014年5月8日。
[88] 星新一のショートショートによく出てくる「エヌ氏」や「エス市」のような呼称は,名前の頭文字を取った「N氏」・「S市」と比べると,（バットマン Batman のホームグラウンドとしてのゴッサム・シティ Gotham City のように）それ自体が1つの架空の世界を作っていると言えよう。なお,「エヌ氏の遊園地」の主人公は,講談社文庫の英訳では,Mr. N. と訳されているが,日本語としては両者に微妙な差異がある。

事・事柄の場合がある。政治的な出来事に名前がつけられるように，命名にはある種政治性がある。「壬申の乱」「本能寺の変」など，内乱・反乱をそのように名付けることにより敵対勢力を言わば賊軍扱いしており，命名はしばしば極めて政治的な機能を担っている。「江戸」が「東京」に変わったように，政権・体制交代に伴う都市名の変更は，古今東西，枚挙にいとまがない（特に中国の都市名は，絶えざる王朝・政権交代や遷都を経て，その度に何度も名前が変えられているものが少なくない）。

　事物の場合も，「尖閣諸島」と「釣魚列島」，あるいは「スプラトリー諸島」と「南沙諸島」，「フォークランド諸島」と「マルビナス諸島」のように，領有権が争われているとき，同じ対象に対して同時期に別の主体によって別名が使用されることも珍しくない。基本的には中立の名前は存在しておらず，どちらの名前を使用するかに立場・観点の違いが現れている。ただ，出来事と異なるのは，事物の場合は，紛争が生じてから新たに命名されることもあるが，そもそも最初から異なる（それぞれの言語による）名で呼んでいることも少なくない。独自の名で呼ぶことが，所有・支配（またはその主張）と連動しているのである。

2.9.3　翻訳と命名：対照言語学

　翻訳語も，それまでその言語になかった名をつけるという点で，ある種の命名と考えられる。Speech の訳語としての「演説」（福沢諭吉），philosophy の「希哲学」（のちに「哲学」）（西周），baseball の「野球」[89]など，明治期以降，あまたの用語が翻訳語（和製漢語）として造られてきた。その多くは，「経済」「科学」「共産主義」等々とともに中国語などの他言語にも採り入れられている。

　また，自然科学などで同じ原語を異なる語で翻訳することもよく見られる。「磁場」と「磁界」は，いずれも magnetic field の訳語であるが，前者は理学系分野で，後者は工学系分野でよく使われている。学問分野による用語の違いは日本では珍しくないが，そこには視点・観点の違いが現れている。電気変位ベクトルの変化率を表す displacement current は，「電束電流」と訳される場合と「変位電流」と訳される場合がある。「電束」密度が時間的に「変位」することによって電流と同じ意味をもつことから，それぞ

---

[89] 城井（1989）の考証によると，「野球」の名付け親は，通説の正岡子規ではなく，明治期の教育家，中馬庚（ちゅうまん・かなえ）であるという。

れ命名されているわけだが，どちらの名前を採るかによって「電束」か「変位」かの視点の違いが出てくるのである。

　また，翻訳語にも，前節でも述べた政治性が見られることがある。同じ planet に対して，東大系の「惑星」と京大系の「遊星」という訳語も，学閥による名前の差異であり，そこには政治性が現われている[90]。「遊星」は，語の喚起するイメージを好んでか，SF 領域においては，しばしば使用されてきた[91]。*The Thing from Another World* (1951)『遊星よりの物体X』，*The Thing* (1982)『遊星からの物体X』，『遊星王子』(1958-59)，『遊星仮面』(1966-67)，「遊星爆弾」(『宇宙戦艦ヤマト』(1974) に登場する兵器)，など。

　なお，現在は普通「惑星」が使われるようになり，SF などの領域でも一般的になっている。*La Planète des singes* (1963)『猿の惑星』，Солярис (1972)『惑星ソラリス』，*Planet of the Dinosaurs* (1978)『恐竜の惑星』，*The Mystery of the Third Planet* [Тайна третьей планеты] (1981)『第三惑星の秘密』，*Enemy Mine* (1985)『第五惑星』など。

　一方，1980年代中葉を境目として，いずれの名称も映画などの邦題としてはあまり使われなくなっている。*The Brother from Another Planet* (1984)『ブラザー・フロム・アナザー・プラネット』，*Red Planet* (2000)『レッド・プラネット』，*What Planet Are You From?* (2000)「2999年異性への旅」，*Escape from Planet Earth* (2013)『スペースガーディアン』のように，他のジャンルの映画同様，英語のカタカナ表記をそのまま使用するか，別の語に置き換えており，用語の違いは顕著でなくなってきている。

　上記のケースに限らず，日本では同じ用語が学問分野や学派によって異なる訳語を与えられることが少なくなく，異分野間の交流を妨げている面がある。例えば，「体系」「組織」「器官」「系統」「系」と分野ごとに訳語が異なる用語でも，英語であれば system 一言で用が足り，異分野間の伝達も容易である[92]。

　なお，用語の翻訳に対して，映画や文学作品の題名の翻訳は，その内容

---

[90] これは，俗説であるかもしれないが，少なくとも古い文献の著者の出身大学を見る限りでは，そのような傾向があるように見受けられる。

[91] SF 作家には関西出身者や関西を拠点として活躍する人の多いこととも関連している可能性があるであろう。

[92] System の意味に関しては，第1章の脚注29 (p. 15) を参照されたい。

（ストーリー）を翻訳で表現しようとする意図も働き，創造的要素が増すとともに，そこには目標言語の特質が図らずも出ていることが多い。

　The Graduate (1967)（「その卒業生」）の邦題『卒業』や，*Le corniaud* (1965)（「その間抜け」；英題は *The Sucker*「そのカモ」）の『大追跡』に見られるように，原題で〈モノ〉として表現されているものを〈コト〉として表現し直しているものが少なくない[93]。

　また，*Once* (2007)『ONCE ダブリンの街角で』，*Le Havre* (2011)『ル・アーヴルの靴みがき』，*Paul* (2011)『宇宙人ポール』，*her* (2013)『her/世界でひとつの彼女』のように，原題に補足的な説明句を付け加えることもよく見られる。このような邦題の付け方は，映画に顕著であるが，文学作品などにも多くの事例を見出すことができる。例えば，サン・テグジュペリの『星の王子さま』は，フランス語の原題では *Le petit prince*（"その小さな王子"）であり，英訳（*The Little Prince*）もドイツ語訳（*Der Kleine Prinz*）も同様である。日本語では具体的な情報をあらかじめ与えて中身を開示しているわけで，読者・聴者の参加の余地は少なくなっている[94]。

　日本語では，情報をあらかじめ与えて示唆することで読者・聴者の負担を軽減しており，いわゆる忖度もしやすくなっている。一方，英語などの言語では，情報をすべて出さないで効果的に繰り出しており，読者・聴者の参加の余地がある一方，そこに忖度はない。映画や文学作品の題名にも，このような言語による情報の扱い方の差異が現われており，個別言語の全体的な特徴づけを図る対照言語学的な研究にも貴重なデータを提供するものと考えられる。

2.10　課題と展望

　以上，本章では，伝統的なカテゴリー観から認知言語学のカテゴリー観に至るまで，その概観を提示したのち，言語的カテゴリーに関わるトピックとして特に命名・名前の問題を取り上げて論じた。従来の諸研究を踏まえながら，命名と名前につき総体的に捉えると同時に，いくつかの重要問題を発掘しつつそれらを掘り下げて考察し，独自の提言を行った。今後の研究に示唆を与えることができれば幸いである。

93　池上（1981, 2000）
94　日本語でそのように訳されていることを，あるオランダ人 IT エンジニアに話したところ，「それでは中身を想像する楽しみがないではないか」との反応であった。

ただ，命名・名前の問題は，従来充分に取り上げて検討されてこなかったことから，まだまだ未開拓の分野・テーマが存在するが，そのすべてを扱い切れたわけではない。今後の展望として，特に「称呼論」の可能性があるであろう。命名論の下位分野を考えた場合，最初に名前を与える行為である「命名」と，そのようにして付けられた結果としての「名前」，そしてその名前の使用としての「称呼 (appelation)」という3つの段階を区別し，それぞれを扱う分野を立てることができる[95]。「命名」は，〈名前をつける〉という行為であるが，「称呼」は〈名前を呼ぶ〉という行為である。呼ぶ名前が「呼称」であり，そこには，集合 (集団) との関係，呼ぶ人と呼ばれる人の関係が関わってくる。

　例えば，同じ人を指す場合でも，同僚として，あるいは友達としては，「○○さん」と呼んでいても，学生の前や会議の席では「○○先生」と呼ぶことは，教育関係者は日常的に経験していることであろう。歴史に例を求めると，織田信長は，豊臣秀吉のことを，日常的には「猿」と呼んでいても，家臣の前では「筑前守」と呼び，また，徳川家康は，秀吉のことを3人称的に指示する場合は「筑前守」，2人称としての呼称としては「筑前守殿」，後に「太閤殿下」と呼ぶようになった。英語でも，正式の職位としては associate professor であっても，呼称としては (2人称でも3人称でも) 職位をそのまま呼ぶことはせず，"Professsor ○○" と言うのが普通である。

　このように，呼称は，呼ぶ人と呼ばれる人の関係によって変わってくる。いわゆる愛称・ニックネームも，親しい間柄など，人間間の関係性を示すものである。名称が複数あるということは，集合・関係が複数存在することから来ている。そして，呼称が集合とその要素間の関係であるということは，数学的な意味で「構造」であるということである。

　このような「称呼論」は，従来の言語学では，充分に扱われておらず，ほぼ手付かずの分野と言えよう。ここでは，その可能性を示唆するに留めておきたい。

　命名・名前は，言語あるいはさらに広く記号一般の問題として，大いなる収穫の得られる肥沃な土壌である。特に命名の認知的機能はその諸機能の中心を占めるものであり，認知言語学における優れた鉱脈としてそこから豊かな成果を引き出すことが期待できる。

---

[95] さらに人称に応じて，名乗り (1人称)・呼びかけ (2人称)・指示 (3人称) の3種に区分することができ，これらは多くの言語で文法的にも異なった扱いを受けている。

第3章
色彩語

3.0　はじめに

　本章では，言語におけるカテゴリー化の典型例として色彩語［色彩用語］を取り上げる。Taylor (2003: 2) も指摘しているように，色彩語彙はカテゴリー化の理論を検証する理想的な場を提供してくれるからである。色彩カテゴリーの重要性は，認知言語学に限らず，言語学において認識されてきたばかりでなく，色彩カテゴリーに関して様々な説が対立または影響し合い，活発な議論が成されてきた。

　色彩語の研究は，過去において相対論と普遍論の両極の間を揺れ動いてきたが，色彩語カテゴリーをどう扱うかは，言語理論の指標ともなってきたのである。まずはその研究史を簡単に振り返り，特に何が問題となってきたのか，今日的意義は何なのか，相互の影響はいかなるものであるのか，といった視点で諸説・諸研究を位置付けてみたい。

3.1　色彩語の研究史

　色彩の科学としての色彩（科）学は，物理学・工学・生理学・心理学・美学等々，多くの領野にまたがる学際的・領域横断的な学問であり，膨大な研究の蓄積があるが，ここでは，色彩を指す語（句）である「色彩語」に関係するものを中心に，先行研究を評価しつつ，位置付けてみたい。特に古代や中世にあっては，「色彩」と「色彩語」の区別は，明確でないことが少なくなく，色彩とは区別して色彩語の意味自体を考察した研究が盛んになってくるのは，主に19世紀以降であるが，古代ギリシアにおける色彩の哲学について少し触れておきたい。なぜなら，色彩の哲学的考察は，今日の色彩学の観点から見ると時に的外れの場合もあるものの，色彩（語）の諸相を捉えており，後の研究に直接・間接の影響を及ぼしているからである。ただ，哲学

的考察や色彩科学の研究は膨大なものがあり，後世の議論への影響に鑑みて，代表的なものに限って取り上げることとする。

3.1.1 色彩語研究前史
1) プラトン

プラトンは，対話編『ティマイオス』(Τίμαιος; 英 Timaeus)の中で，色彩論を展開している。まず2つのもの，すなわち物体から発する炎と，目から発する光を想定する。そして，両者の粒子の量が等しい場合は，透明で見えないが，等しくない場合は色が見える。前者の方が大きい場合は，目を拡張させ「白」を生じるが，小さい場合は目を収縮させ「黒」を生じるとした。これは，なるほど思弁的な理論ではあるが，色を物質の側から見るのか，人間の側から見るのかという2つの視点を内蔵しており，色彩を光学的に捉えるのか生理学的に捉えるのかといった，後世における観点の違いをも予感させ，たいへん興味深いものである。いずれにせよ，黒と白を両極に置く見方は，アリストテレスに，さらに後世に大きな影響を与えた。

また，プラトンは共感覚的な関係性についても指摘している。

色	温度	舌の感覚
「白」	「熱」	「辛み」
「黒」	「冷」	「渋み[酸味]」

目の場合と同様に，「白」に関しては，暑さが皮膚や肉を拡張させ，辛い食べ物が舌を拡張させるとしており，「黒」に関しては，寒さが皮膚や肉を収縮させ，渋い[酸っぱい]食べ物が舌を収縮させるという点で並行性を見出しているのである。

ちなみに，Cornford (1952: 270ff.) によると，古典ギリシア語の色彩語は，色合いよりも濃淡や光沢に関わるものであったとしている。これは，上代日本語にもある程度共通することであるが，あとで述べるグラッドストーンの説の誘因ともなったのである。

2) アリストテレス

今日,『色彩論』は,アリストテレスの作ではないとされているが[1],作者に関して決定的な解答が出ていないことと,この大哲学者の色彩論として後世に影響を及ぼしたことから,ここではとりあえずアリストテレスの色彩論として扱っておく。

プラトンの色彩論が多分に思弁的であるのに対して,アリストテレスの場合は,基本的に観察された現象に基づいて理論が立てられており,その根拠は比較的判別しやすい。また,ニュートンが登場するまで,後世の色彩論に大きな影響を及ぼしたという意味でも,重要である。

色の混合に関して論ずる際,アリストテレスは,色彩の3つの相について述べている。陰影(濃淡の度合い)と光の反射の度合い,色の強さ・鮮やかさである。これらは,今日の色相,明度,飽和度と同じものではないが,色彩の3要素について考察しているという意味で興味深い。また,色彩の3つの要因として,光,(それを通して光が見える)媒体,(そこから光が反射される)背景を成す色を区別し,さらに光源色,非発光(知覚)色,表面色などの色の見え(appearence)のモードについても考察しており,今日の色彩学の概念の一部を予感させるのは,やはりその説が経験的な観察に基づいているからであろう。

アリストテレスは,色彩を単純色と合成色に分け,さらに,合成色についてもその合成の度合いを区別した。また,乾燥と熱を「白」に関連付け,湿気と冷たさを「黒」に関連付けている。根拠となる事実としては,黒い炭が燃えると(つまり,熱が加えられると)赤色を獲得し,植物が湿気を失うと黒くなるといったことを挙げている。また,植物や動物の成長・状態変化・衰微における色の変化についても論じている。例えば,動物や人の毛は,誕生時は,「白」い水(湿気)のために白いが,成長するにつれて黒くなる(湿気を「色」に関わる要因の1つとして挙げていることは,重要な観点である)。色彩が,感覚的質のうちで第一のものとアリストテレスが見なした,「熱(温)/冷」と「乾/湿」の二組の対立的な質と関連づけられているのである。

---

[1] Hett (1936: vii) によると,アカデミアにおけるアリストテレスの後継者であったテオプラストスかストラトーンであったかもしれないと言う。

3) バルトロメウス・アングリクス

13世紀英国のフランシスコ会の学者，バルトロメウス・アングリクス Bartholomaeus Anglicus (1250) は，その百科事典的な主著『事物の諸性質について (*De proprietatibus rerum*)』の中に収められている色彩論において，色彩の3つのレベルを認めている。「黒」Blacke と「白」White が最も端に位置する色であり，「赤」Redde がこの2つの両極の間に位置し，他の4つの中間色 (Yeolow, Citrine, Purple, Greene) は，これら3色の間の位置を占めるとした[2]。Conklin (1973: 940) は，その関係を以下のようにまとめている。

$$(W, y) \quad (c, R, p) \quad (g, B)$$

ここで，W, y, c, R, p, g, B は，それぞれ White, yeolow, citrine, Redde, purple, greene, Blacke を表している。バルトロメウス・アングリクスの場合も，知覚と言語（色彩と色彩語）の区別は明らかではないが，のちにニュートンの示した虹の7色とは順序も異なり，また特に白・黒・赤を核となる色と見なしている点は，この3色を文化的な3原色と見た Turner (1967: 88-91) を彷彿とさせるものであって，たいへん興味深い。すべての色を対等とは見なしていなかったという意味では，現代の文化人類学・認知言語学にも通ずるものである。

4) ニュートン

すべての色は，黒と白の混合から生ずるとするアリストテレスの色彩観は，基本的には後の時代を通じて受け継がれ，1666年にアイザック・ニュートンが光学的な実験を踏まえた理論を提示するまで続いた。ニュートンは，白色光を多数の色が消し合って生まれる複合的なものと考えた。そのよく知られた実験では，まず暗室で小さな穴から通した太陽光（白色光）をプリズムに当てると，虹のように分かれた一定範囲の色彩［スペクトル］がそこから出てきた[3]。そして次に，一旦分散させた光をレンズとプリズムを使って再合成すると，元の白色光を得たのであった。

---

[2] Bartholomaeus Anglicus (1250), Liber XVIII, 389.
[3] Newton (1730) それぞれ，(i) Bk I, Prt II, Prop 1-Theor 1: 424, 及び (ii) Bk I, Prt II, Prop 5-Theor 4: 432.

3.1 色彩語の研究史　93

　ニュートンは，スペクトルの連続性は認識していたが，異なる光の波長を7つの離散的な色に分けている．7つの色は，波長の長い方から順に，赤・橙・黄・緑・青・藍・紫[4]となる．また，スペクトル上にない色（茶色，マゼンタ，ピンクなど）は，スペクトル上の色の混合でできると考え，色彩には，元になる単純色の7色[5]と，混合色の2種類があるとした．
　しかし，スペクトルの色には明確な境界線があるわけではなく，また「7つ」の色が確かに見えるともけっして言えない．ニュートンは，客観的な観察事実を記したのではなく，自身が対応関係を想定していた音階との類比で7色を設け，音と音の間をそれぞれの色に対応（例えばレとミの間が紫）させたのである．そして，ニュートンの7色では，藍と橙の色の幅が狭く設定されているが，これは金子（1988）によると，当時の教会で使われていたドリア旋法において，それぞれ半音のミ（E）とファ（F）の間，シ（B）とド（C）の間に対応させたものである．その2色をあえて設けるために，英語としても比較的歴史の浅い語彙（orangeとindigo）を使用したのである（現代においてもindigoは基本的色彩語ではない）．ここには，のちに経済学者ケインズKeynes（1946）が指摘したニュートンの最後の魔術師としての側面が現れていると言えるかもしれない．

5）ゲーテ
　このニュートンの説に真っ向から反対したのが，文豪ゲーテであった．ゲーテは，色が光のみから得られるとは考えず，色は光と（光の反対である）闇の両者によって得られると考えた．彼は，ニュートンの実験を追試しようとした際に，白い部屋の中で，ニュートンのように光をプリズムに通すのではなく，プリズムを手に持って覗きこんだのであるが，ニュートンの指摘したようなスペクトルは見えなかった．ただ，暗闇と接する境界のところに色が現われたのであった．前田（1999: 630）の指摘するように，この良く知られたエピソードを額面通り受け取ることはできないかもしれないが，一部思い違いも含み，異なる条件下での実験に基づいたニュートン批判は，提

4　同 Bk I, Prt II, Prop 6-Prob2: 440.「藍 Indico (indigo)」は，染料名であり，*OED*2 によると，当時色彩名としてはまだ用いられていなかった．また，「橙 orange」も，色彩名としての初出は1587年で，比較的遅い（形容詞形は1542年）．
5　Newton (1671-72: 3082-3083) では，単純色は，Red, Yellow, Green, Blew, Violet=purple, Orange, Indico と表記されている．

示と正当化のスタイルの違いもあって，当時の物理学界では相手にされなかった。

　ジョン・ロック Locke (1690: §19) は，大きさや形のような定量的・機械的な性質である「一次的性質」と，色や香りのような感覚に関連する，定性的な性質である「二次的性質」を区別したが，近代科学は，その探究の対象を主として一次的性質に向けるとともに，二次的性質も一次的性質に還元可能であると考えた。ニュートンも，色彩という感覚的性質を光の屈折率という物理的数値に対応付けたのであった。「色彩の文法」について考究したウィトゲンシュタイン Wittgenstein (1950-51) は，ニュートンのような物理的な理論では，ゲーテの理論の動機づけとなったような諸問題は解けないと述べている[6]。ニュートンとゲーテでは，かたや物理的・光学的観点，かたや生理的・心理的・美術的・文芸的観点[7]を採り，その対象も異なっていたため，まったく異なった相貌の理論となったと言えよう。ゲーテは，物理学的には説明できない多くの現象についても探究した。色彩を帯びた像や，明順応・暗順応を最初に研究したのもゲーテである。

　ゲーテは，光に最も近い黄と，闇に最も近い青，そして両者の対立の中から「高昇 (Steigerung)」によって生まれる赤を色の3原色と見なした[8]。そして，3原色とその中間色を配置した「色彩環」を提示しているが，その円環の中ではゲーテ自身の発見した補色（赤と緑，黄と紫，青と橙）は，お互いに反対の位置に置かれている。（物理的に対立する）黄と青などと異なり，補色同士はお互いに相手を求め合い調和する (§§ 803-816) としているのである[9]。

　ゲーテは，プリズムを使った「物理的」実験も，多種工夫して実施しており，新たな知見を得ている。物理学者のハイゼンベルク Heisenberg (1941) は，ゲーテがとり扱った世界は色彩の客観的・主観的な全領域を含んでいる

---

[6] Wittgenstein (1950-51): III-206)。ゲーテは特に絵画を念頭にその理論を立てたものと考えられる。それは，ヨハン・ペーター・エッカーマンとの対話などからも伺われる。cf. Bergemann (1963: III-4/18/1827)

[7] 色彩の象徴的な意味について考察したという点でも，他の学者に先んじている。ただ，新高ドイツ語の礎を築いた文豪であるが，色彩語については特に探究していない。

[8] この3色ではすべての色を作り出すことはできず，今日では，シアン，マゼンタ，イエローが3原色として扱われている。

[9] 例えば，赤い色の像を注視したあと，目を白紙に向けると，そこに緑色の像が見える。ゲーテは，補色の実在性を残像実験により示しているが，のちの印象派の画家たちも，隣り合った色をお互いに引き立たせるために補色を効果的に使っている。

と指摘しているが，より主観的・現象学的な視点をとりながらも，その扱っている色彩現象は多岐に亘り，特に20世紀後半以降，再評価が進み，盛んに研究されるようになっているのも頷ける。ゲーテの色彩論は，のちの色彩学者のみならず，哲学者，物理学者，画家，幼児教育者[10]などにも大きな影響を与えているのである。

6) ヤング，ヘルムホルツ，ヘリングなど

　物理学・生理学の分野でニュートンに異を唱えたのは，トマス・ヤングである。人間の目の中に無数の視物質［受容体］を想定していたニュートンに対して，ヤングは，光の3原色（赤・緑・青）を混合することで任意の色が作り出せることから，網膜内に3原色に対応する3種の受容体を仮定した[11]。のちにドイツの物理学者・生理学者のヘルマン・フォン・ヘルムホルツは，光の波長によって受容体の感度が異なることを具体的に示した。そして，例えば，赤受容体は，赤や橙などに対して大きく反応するが，緑や青に対してまったく反応しないのではなく，感度が小さいことを示した。これが，色覚を赤・緑・青の3原色に反応する錐体（すいたい）の応答の度合いによって説明しようとする「3原色説［3色説］」[12]（または〈ヤング-ヘルムホルツ説〉[13]）と呼ばれるものである。

　一方，3原色説に対して，ドイツの生理学者エヴァルト・ヘリングは，「反対色説」を提唱した。ヘリングは，視覚経験に基づいて，網膜に「白-黒物質」「赤-緑物質」「黄-青物質」の3種の物質を仮定した。これは，混じりけのない純粋な色として感じることのできる「赤」「緑」「黄」「青」に，明るさ・暗さの点で純粋な「白」「黒」を加えたものである。また，ゲーテの指摘した補色残像もこれによって説明できる。〈白-黒物質〉は，明るさを感受する桿体（かんたい）細胞に含まれる視物質ロドプシンとして同定されている。一方，錐体細胞には，視物質ヨードプシンが含まれており，それぞれ物質的基

10　シュタイナー教育では，ゲーテの色彩論を発展させたルドルフ・シュタイナーSteiner (1921) の色彩論が適用されている。

11　Young (1802)

12　ゲーテが色材（絵の具など）の3原色を扱ったのに対して，ヤングやヘルムホルツは光の3原色を考察した。前者は，混ぜ合わせるにつれて色が暗くなる（減法混色：全部混ぜると黒）が，後者は明るくなる（加法混色：全部混ぜると白）。

13　理論形成に貢献した物理学者のマックスウェルMaxwellの名も含めて，ヤング-ヘルムホルツ-マックスウェル説と呼ばれることもある。

盤を有している。

　近江（2008）は，3原色説は混色といった工学的・ニュートン的視点に，反対色説は視覚経験的・ゲーテ的視点に立って展開されたものである，と述べている。3原色説と反対色説の間には，長年の論争があり，またその他にも多数の説が登場したが，オランダのフォスとワルラーフェン Vos and Walraven (1971) は，両者を融合し，網膜の視細胞レベルでは3原色説，それ以降の神経細胞レベルでは反対色説を採用する「段階説［二段階説］」を提唱した。色覚に関しては諸説あり，今日でも統一された見解に至っているわけではない。

7）レヴィ・ストロース，ターナー，トドロフ

　文化人類学や文学においては，特に色彩の象徴的な意味について考察がなされてきた。レヴィ・ストロース Lévi-Strauss (1962: 87ff.) は，一部の未開部族における色彩の象徴的使用について構造主義的な観点から検討している。儀式における色彩の使用に関して，具体的な色彩という実質を捨象し，形式的な関係性・恣意性に焦点を当てている。一方，別の文脈で別の目的の下ではあるが，レヴィ・ストロース Lévi-Strauss (1958: 108ff) は，色彩とその象徴的使用の関係が完全に恣意的ではないことも認めてはいるのである。

　色彩象徴の研究としては，特にヴィクター・ターナー Turner (1967) が重要である。ターナーは，〈白〉〈赤〉〈黒〉を，象徴的な色彩分類における3原色として提唱した。二項対立に比重を置くレヴィ・ストロースの理論とは対照的に，ターナーの理論的意義は，本質的に両面［二律背反］的価値を有しながら，再構築のダイナミズムを内包する〈第三項〉の重要性を指摘したことである[14]。

　文化人類学の方法論としては，ターナーの記号論的なアプローチは特に画期的というわけではないが，その独自性は，三者における両面的要素，色彩関係における変更，三者すべてが通過儀礼において出現すること，などの発見にあると言えよう。それらはすべて，通過儀礼の3つの段階の中間的な段階における〈リミナリティー (liminality)〉と関連する[15]。それは，本質的に曖昧であり，聖と俗の特質を同時に有し，また社会の一体性の回復や強化の

---

[14] 色彩語も，多くの場合，二律背反的な意味合いを有するが，Ohtsuki (2000) によると，それは「始源的意味」が異なることに由来するとしている。

[15] N.B. ファン・ヘネップ van Gennep (1909)

引き金となるものである.

トドロフ Todorov (1977) は，その象徴理論に関する著作の中で，ソシュールの「記号表現 (signifiant)」「記号内容 (signifié)」になぞらえた「象徴表現 (symbolisant)」「象徴内容 (symbolisé)」を使って色彩象徴の分析を試みている．象徴間の関係について従来の諸説に比べてより明示的な (ただし形式的ではない) モデルを提示している．しかし，そこに挙げられている換喩や提喩の関係 (例えば,〈血〉は換喩によって〈力〉の象徴表現であるが，提喩によって〈赤〉の象徴内容であるという) は，多くは間接的であり，その間に概念的に想定される複数の動機づけを明示しない限り，一般性をもった理論とはならないと考えられる．

3.1.2 色彩語の先行研究

前節では，色彩語研究に至る前史を概観したが，このような研究は，以下に見るように，色彩語の研究にも直接・間接の影響を与えているのである．色彩語自体の研究が盛んになってくるのは，19 世紀も後半になってからである．この時期に現れたガイガーの説は，進化論的かつ普遍論的で，現代の大きな流れを先取りするものであった．

1) グラッドストーン

19 世紀，イギリスの首相を四期務めたウィリアム・グラッドストーン William Gladstone (1858) は，古典学者でもあったが，ホメーロスの詩歌における色彩語の使われ方を観察して種々の指摘を行った．ダーウィンの『種の起源』が出版される 1 年前に刊行された論考であるが，その中で以下のような指摘をしている．(I) ホメーロスの使用している色彩の数が少ない，(II) 同じ色の異なる色調・濃淡・明暗だけではなく，英語話者にとっては本質的に異なる色彩にたいしても，同じ語を使って指している，(III) 同じ対象を根本的に異なる色名で呼んでいる，(IV) どの色にもまして「黒」と「白」が優勢で，他の色はこの両極の中間的なものとして扱う傾向がはっきり見られる[16]，(V) 他の美の要素に比べて，詩的効果を得るために色彩を使うことが少なく，当然色彩語があるだろうと予想されるような場合にも使われていない．

---

16 これは，プラトンの説が古典ギリシア語における色彩感覚を反映していることを示唆しており，実に興味深い指摘である．

そして，これらの説明としてグラッドストーンは，古代ギリシア人の色彩感覚（色彩器官とその印象）が部分的にしか発達していなかったと結論付けたのであった[17]。Woodworth(1910)の指摘するように，感覚的な性質に対して名前がないことは，かならずしもその性質がないことを示さないが，グラッドストーンの進化的な説は，のちのガイガーやマグヌス，バーリンとケイ，ボーンスタインなどにも影響を与えることになるのである。

2) ガイガー

グラッドストーンの説に触発されて，ドイツのユダヤ系学者，ラツァールス・ガイガー Lazarus Geiger は，色彩語の進化的発達に関して，興味深い説を立てた。それは，約100年後のバーリンとケイの仮説の先駆けとなるものであった。

ガイガー Geiger (1872) は，まず人類最古の古典群の中に「青（ブルー）」が出てこないという事実に着目する。古代インドの『リグヴェーダ』は，口承に基づいて編纂されたヴェーダ（サンスクリット）語の讃歌である。その一万行以上から成る詩歌において「天（空）」ほどよく言及される主題はほとんどないくらいであるにもかかわらず，「青」を表す語はまったく出てこない。古代ペルシアのゾロアスター教の経典『ゼンドアヴェスター』も同様である。さらに，古典ヘブライ語で記された『（旧約）聖書』，古代ギリシア語で詠まれたホメーロスの詩歌，またアラビア語の『クルアーン［コーラン］』も，空や天が重要な役割を演ずるにもかかわらず，「青」への言及がない。このような事実は偶然の一致とは考えにくく，何らかの法則による説明を求めるべきであると，述べている。

ガイガーは，色彩の獲得は両極から始まり，のちに中間色など他の色が現われると考えた。まず〈黒〉との対立で〈赤〉が認識され，その後に〈黄〉が登場するが，これらの色はそれぞれ〈夜〉・〈暁〉・〈太陽〉との関連性が指摘されている。そして，全体的な方向性として，色彩の獲得はスペクトルの順序（ニュートン式に表現すれば〈赤・橙・黄・緑・青・藍・紫〉）に従うと考えた。しかもこのような色彩語の発達は，純粋に言語的な名前の問題ではなく，知覚自体の発達の反映である可能性を示唆している（後にこれを受け

---

17 Skard (1946) によれば，古代人の色彩表現が乏しいことは，1577年古典学者スカリジェ（スカリゲル）による指摘以来，多くの学者に認識されていた。しかし，それを色覚の未発達という観点で捉えたのはグラッドストーンが最初である。

て，フーゴ・マグヌス Hugo Magnus (1880) が色覚の進化説を展開したのである)。ガイガーの説は，進化的な発展を想定しており，普遍論の一種と見なすことができよう。

3) ブルームフィールド，ウルマン，イェルムスレウなど

色彩語は，アメリカ構造主義の時代には，言語によって世界の恣意的な区分の仕方が異なる好例として扱われていた。ブルームフィールド Bloomfield は，構造主義のバイブルと呼ばれた *Language* (1933: 140) において，「…諸言語は，この (光線の連続的な) 尺度の異なった諸部分を，まったく恣意的に，厳密な境界もなく仕切って，violet, blue, green, yellow, orange, red といった色名の意味を定めており，諸言語の色名は (色彩の) 段階づけが同じではない」(著者訳) と述べている。ウルマン Ullmann (1962: 246) も，「ヒトが，ある連続体に直面して，それを分割し何らかの秩序立ったパターンに配列すべき具体的な領域の例としては，色彩の体系がある。(色の) スペクトルは連続的な周波帯であって…，我々がそれに押し付ける区別の数と性質は，必然的に恣意的で不定のものである。」(著者訳) としていた。

また，イェルムスレウ Hjelmslev (1943) は，デンマーク語とウェールズ語の色彩語の指示範囲のズレを，以下のよく知られた図で示している。

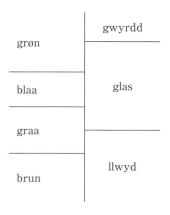

図1 デンマーク語 (左) とウェールズ語 (右) の色彩語の指示範囲のズレ
(Hjelmslev 1943: 43)

英語との比較・対照で見ると，デンマーク語の grøn は英語の green に，blaa は blue に，graa は grey [gray] に，それぞれおおよそ対応し，brun は，英語では dark brown, chocolate brown, reddish brown などと呼ばれる範囲の色を指す。一方，ウェールズ語の gwyrdd は英語の green よりも狭く，llwyd は brown と grey の一部をカバーしている。さらに，glas は，green, blue, grey にまたがるものである[18]。

イェルムスレウの論は，経験的なデータを挙げて対照しているという点では意義があるものの，それぞれの言語が (物理的な) 色彩スペクトル上に境界を設定しているという点では，ブルームフィールドなどと同様の主張をしていると言えよう。このように，構造主義の時代には，色彩のスペクトル自体は物理的な連続体で，それを自然言語が恣意的に離散的な単位に分割するという見方が一般的であった。何か客観的な対象が実在していて，それを各言語が恣意的に切り取っており，結果として諸言語の色彩語の指す色の範囲はまちまちであると見なされていたのである。

4) バーリンとケイ，及び関連諸研究

この状況は，今日色彩語に関して最もよく言及されるバーリンとケイ Berlin and Kay (1969) の仮説の登場によって逆転した。普遍性と進化の両方を主張したモデルであるが，同時に以下に述べるような様々な問題点も当初から指摘されてきた。

バーリンとケイ (Berlin and Kay 1969: 2-7) の提示した仮説は，以下のとおりである。まず，ちょうど11個の「基本色彩カテゴリー」から成る普遍的な目録が存在し，どんな言語でも必ずそのなかから11個もしくはそれ未満の基本色彩語を抽出している。そして，もしある言語が11より少ない数の基本色彩カテゴリーを記号 [言語] 化している場合は，どのカテゴリーを記号化するかに関して，以下のような厳しい制限があるとした。

(i) すべての言語は，white と black (を表す基本色彩語) を含む。
(ii) もしある言語に3つの基本色彩語があれば，red を含む。

---

18 以上は，ウェールズ語母語話者の Noel Williams (個人的談話) による。ここで，glas は，同様に緑・青・灰などにまたがる上代日本語の「アヲ」を想起させる。そもそも現代英語のような色相 [色合い] ではなく，佐竹 (1955) によって「漠」と表現されたような別の側面を見ている可能性が高いと考えられる。

(iii) もしある言語に4つの基本色彩語があれば，
green または yellow を含む（ただし，両方ではない）。
(iv) もしある言語に5つの基本色彩語があれば，
green と yellow を両方含む。
(v) もしある言語に6つの基本色彩語があれば，blue を含む。
(vi) もしある言語に7つの基本色彩語があれば，brown を含む。
(vii) もしある言語に8つ以上の基本色彩語があれば，
purple, pink, orange, grey, またはこれらの組合せを含む。

このような含意的関係（半順序）をまとめ，以下のように提示している（鍵括弧の中に入っている語は同値類）。

$$\begin{bmatrix} \text{white} \\ \text{black} \end{bmatrix} < [\text{red}] < \begin{bmatrix} \text{green} \\ \text{yellow} \end{bmatrix} < [\text{blue}] < [\text{brown}] < \begin{bmatrix} \text{purple} \\ \text{pink} \\ \text{orange} \\ \text{grey} \end{bmatrix}$$

バーリンとケイは，「基本色彩語 (basic color terms)」には，単一の（一意的）操作的定義はないが，以下の手続きを基本色彩語を決める際に使ったとしている（対象が色彩語に限定されているが，一種の「発見の手順」と見なすことができよう）。

(i) 単一語彙素から成る，すなわち，その語の意味がその部分の意味から予測できない。この基準で，「青っぽい」や「レモン色の」などは排除される。
(ii) その意味が他の色彩語の意味に含まれていない。例えば，「紅」や「朱」は，「赤」の一種であるので除外される。
(iii) 適用範囲が狭い対象に限定されない。例えば，英語の blond は，髪・肌色・家具材に対してしか使われないので除外される（家具材に対して blond を使うのは，英語でもそれほど一般的であるわけではないが，日本語の「ブロンド」は，さらに適用範囲が狭いと言えよう）。
(iv) インフォーマントにとって心理的に際立っていなければならない（例えば，色彩語として最初に想起されやすい，母語話者間で指示が安定している，等）。黄みがかった茶色の「唐茶」や緑がかった

灰色の「利休鼠(りきゅうねず)」などは，愛好家には比較的容易に思い浮かぶかもしれないが，思いつくままに色名を挙げるように言われて上位に出てくるとは考えにくく，また少なくとも日本語話者に一般的ではない。

さらに，一部の疑わしいケースに関しては，以下の「補助的な基準」を使って処理される。

(v) その色をした典型的な物の名前は疑わしい。例えば「金」「銀」「灰」などである。英語の orange は，その色をした典型的な物の名前であるが，これが"もし"(i)から(iv)の基本的基準で疑わしいケースであれば，この補助的な基準によって除外されるであろうとしている（あとで述べるように，色彩語の象徴的意味の場合は，〈その色をした典型的な物（対象）〉が重要な役割を果たす）。

(vi) 外国語からの最近の借用語は疑わしい場合がある。日本語の「ブルー」や「ピンク」などは，これに当たろう。

(vii) 上記(i)の語彙素的な基準だけでは判定が難しい場合は，形態的な複雑さも二次的基準として考慮される。例えば，「青緑」の意味は，その部分の意味から予測可能であるが，2つの語彙素からなるという点で除外され得る。

上記の規則性の導出の背景には，「焦点色(focal colors)」の同定があった。種々の言語の色彩語は，それぞれに範囲が微妙に異なっていても，基本色彩語の最良例（例えば「最も赤らしい赤」「典型的な緑」）を選ばせると，その範囲は収斂するというのである。

色彩語に関する普遍性と通時的段階性（進化）を共に主張するバーリンとケイの説は，その後の色彩語研究に大きな影響を与えることになるが，同時に様々な批判も寄せられた。Hickerson (1971: 260-267) は，以下のような問題点を指摘している。

(i) 言語事例が，語族の点からも地理的分布の点からも，偏っている，

(ii) （被験者の多くの特徴である）二言語併用や文化接触の影響が適切に考慮されていない，

(iii) 宣教師の報告や学生のレポートなど，データが必ずしも信頼できない，
(iv) 階層性が出るように規定されており循環論法である，
(v) 規則の適用順序を変えると違った結果になる，等々．

McNeil (1972: 22) は，「色彩」の知覚と「色彩語」の出現を区別し，色彩の知覚は，視覚の生理に基づいているため普遍性があり，色彩語の出現にも関係することもあったが，一方，色彩語の出現順序自体は，個々の文化における色彩語の機能によって決まるものであって普遍的な順序は存在しないとした．例えば，ナヴァホ Navajo 語の色彩語は，宗教儀式に使われた鉱物などの名に由来し，普遍的進化の結果などではない．同様に，日本語の「あかね」(茜；赤根)，「かりやす」(苅安)，「はなだ」(縹；花田) といった色彩語も，いずれも天然の染料を採り出した土着の植物名に由来しており，「あかね」は英語では orange に分類されるような色を指し[19]，「はなだ」は英語なら turquoise (ターコイズブルー) と呼ばれるような色を指していたと言う．さらに，古代の日本人にとって，orange 色が英語の red を中心とする範囲の代表例であり，青緑色が英語の blue を中心とする範囲の代表例であったとしている．これは，基本的色彩語の焦点が言語によってかならずしも一致しないことも示唆すると言えよう[20]．

ちなみに，バーリンとケイは，基本色彩語が2つしかない言語において，それぞれの語は典型的な黒と白 (真っ黒と真っ白) を指すと考えていたが，その後インドネシア・イリアンジャヤのダニ語に関する Rosch Heider (1972a) による研究により，そうではないことが判明した．ダニ語の mola は，単純な白ではなく，いわゆる暖色 (赤・黄・白) を含み，その焦点は赤，黄，白というように個人差がある．一方，mili も，単純な黒ではなく，冷色 (青・緑・黒) を含み，焦点は青や緑に近い黒であったという．Kay (1975) は，Rosch Heider の研究を受けて，ダニ語の色彩語の区別に関して，mola を〈明＋暖〉，mili を〈暗＋冷〉と解釈している．

---

19 英語の orange は，日本語の「オレンジ」とは微妙に異なり，明るい茶色なども含む．鈴木 (1990)．
20 さらに，McNeill (1972: 31) は，同じ一つの語で＜黄＞と＜ブルー＞を表したり，あるいは同じ語で＜赤＞と＜緑＞を表すような現象が諸言語に広く観察されるが，これらの色がそれぞれ補色 (＜黄＞／＜ブルー＞，＜赤＞／＜緑＞) を成していることから，人間の色彩知覚に内在する特質を反映したものであるとしている．

一方，バーリンとケイによって1つの色にまとめられているものが，言語によっては2つに分かれる場合がある。よく挙げられる例としてハンガリー語の「赤」を表す vörös / piros や，ロシア語の「青」голубой / синий（明るい青／暗い青）がある。ただ，ハンガリー語に関しては，Benczes and Tóth-Czifra (2014) によると，piros の方がより一般的で文字通りの意味に使われることが多いのに対して，vörös はより限定的で比喩的な意味で使われることが多いと言う。また，ロシア語に関しては，голубой（明るい青）を表すために светло синий（明るい синий）という言い方が可能である[21] ことを考慮すると，後者の方がより一般的な色彩語であると言えよう。

5）ケイとマクダニエル

　バーリンとケイの約10年後に発表された，ケイとマクダニエル Kay and McDaniel (1978) の研究は，バーリンとケイのモデルの発展版とも言える枠組みを提供するものであった。この新しいモデルの特徴は2つあり，(a) 2つ以上の色相から成る「複合カテゴリー」を想定したことと，(b) 基本色以外の色を，帰属に関して曖昧さをもった集合，「ファジー集合(fuzzy set)」[22]の積・和として説明しようとしたことにある。

　バーリンとケイのモデルでは，11個の普遍的な「基本カテゴリー」（単一の色相から成る基本色彩語）を想定していた。これに対して，ケイとマクダニエルのモデルは，エヴァルト・ヘリング Ewald Hering が提唱した反対色説（Gegenfarbtheorie; Gegenfarbentheorie）に基づいている。ケイとマクダニエルは，色彩の領域における意味的な普遍性を主張し，可能な基本色彩語の型に関する制約が，視覚組織の構造と機能により決まるとした。いかなる言語における基本色彩語の意味も，結局，ヒトという種に共通の神経反応のカテゴリーを反映しているというのである。

　両モデルは，進化の系列を提示したという点では共通するが，バーリンとケイのモデルでは，色彩諸カテゴリーが逐次記号化されると捉えていた部分があったのに対して，ケイとマクダニエルのモデルでは，原初の色彩空間の分割が順次精密化されると捉えているところが異なる。例えば，バーリンと

21　ロシア語母語話者の Игорь Тараканов（個人的談話）による。
22　通常の集合では，集合に属する要素に1，属さない要素に0を対応させるが，ファジー集合では，0から1までの実数値をとる関数（帰属度関数）を考え，その値が1に近いほど，集合に属する可能性が高いとする。

ケイでは，進化の第1段階は，〈白〉(〔white〕)と〈黒〉(〔black〕)の2色を含んでおり，次の第2段階ではこれに単純に〈赤〉(〔red〕)が加わると見なしていた。一方，ケイとマクダニエルでは，第1段階の言語においては，ヘリング説の「〈白〉または〈赤〉または〈黄〉」に相当する〔W or R or Y〕と，同じく「〈黒〉または〈緑〉または〈青〉」に相当する〔Bk or G or Bu〕という2つの複合カテゴリーがある。これが第2段階の言語では，〈白〉(〔W〕)と「〈赤〉または〈黄〉」(〔R or Y〕)と「〈黒〉または〈緑〉または〈青〉」(〔Bk or G or Bu〕)の3つの複合カテゴリーになるとしている。

つまり，第1段階では1つのカテゴリーの中に入っていた「〈白〉と〈赤〉または〈黄〉」が，第2段階では2つに分離するのである。さらに，第3段階 (Stage III) には2つのルートIIIaとIIIbがあり，前者は〔W〕，〔R or Y〕，〔G or Bu〕，〔Bk〕という組み合わせになり，後者は〔W〕，〔R〕，〔Y〕，〔Bk or G or Bu〕という組み合わせになる。この後，さらにIVからVIIまでの段階があり，合計で7つの発達段階を設けている。最後の第7段階VIIは，〔W, R, Y, G, Bu, Bk, Y+Bk (Brown), R+W (Pink), R+Bu (Purple), R+Y (Orange), B+W (Grey)〕の11色を含んでいる。

また，2つの色彩の合成により作られる〈派生カテゴリー〉を設けた。具体的には，Brown〈茶色〉，Purple〈紫〉やPink〈桃色〉，Orange〈橙色〉は，それぞれ，〔Y+Bk〕〈黄色＋黒〉，〔R+Bu〕〈赤＋青〉，〔R+W〕〈赤＋白〉，〔R+Y〕〈赤＋黄〉によって作られる。これらは第6または第7段階で登場する。ただし，〔B+W〕〈黒＋白〉で合成されるGrey〈灰色〉は，やや特殊であって，第3段階から第7段階のうちのどこでも現われ得るという。日本語の「あを」は，古い時代には〈青〉〈緑〉〈灰色〉などの範囲を指していたとするならば，ケイとマクダニエルのモデルではIIIaのタイプに属することになろう。しかし，三宅 (1988) が指摘しているように，古高ドイツ語のbraun (黄，赤，黒のまじり合った色) や中期英語・近代初期英語のgrey (キラキラと輝く，灰色・淡青色の) などは，このモデルに限らず，バーリンとケイ以降のどのモデルにも単純には収まらなさそうに見える。

ケイとマクダニエルのモデルは，生理学的な色彩感覚に基盤を置いているという意味で，普遍性の根拠づけという点では非常に強力であろう[23]。また，

---

23 依拠するヘリングの反対色説は色彩学の定説ではない。段階説ではどうなるかという疑問も当然湧くが，その場合も神経細胞レベルでは反対色説を採用するため，色彩語の意味に網膜の視細胞レベルが関与していないとしたら，実質的には違いは生じない

ケイとマクダニエルが、二値論的な集合論ではなく、ファジー集合論を採用したことは、認知意味論的にも重要である。カテゴリー帰属に関して、明確な境界がなく段階ないし勾配を認めるモデルは、少なくとも色彩語の指示的な意味を記述するには向いていると言えよう[24]。

6) マクローリー

ケイとマクダニエル以降、ファジー集合の考えを取り入れた研究として、また特に認知言語学的な研究として、マクローリー MacLaury (2002) の「視点理論 (Vantage Theory, VT)」が重要である。これは、色彩カテゴリーの動態モデルであり、マクローリー自身によるメキシコとガテマラを中心としたメソアメリカ地域の 116 に上る言語における色彩語の調査 (MacLaury 1997) を踏まえて考案されたものである。

マクローリーはその調査の中で、例えば草や空の色は変わらないのに、なぜ言語によっては寒色系の色彩が基本カテゴリーの緑と青に分かれるのかといった疑問を抱いたが、従来の諸説では史的変化や言語変異を説明できないことに不満を抱いていた。そして、認知意味論のカテゴリー化や視点、メタファーといった基本的考え方と概念を組み込んで、色彩のカテゴリー化の動態性を扱うためのモデルを構築したのである。それは、認知者である人間が、視点に基づいて心的カテゴリーを構築・想起・使用・修正する仕方の認知モデルである。

1つのカテゴリーには、少なくとも1つの固定座標 (fixed coordinates) (ランドマーク) と、2つの可動座標 (mobile coordinates)、及び少なくとも1つの座標配列がある。2つの可動座標とは、類似性 (similarity: S) と差異性 (弁別性, difference あるいは distinctiveness: D) である。

カテゴリーの個人的な見方が「視点」であり、それが特定の座標配列で表される。人は、他のランドマークとは異なるランドマークを設定し、類似性・差異性の可動座標に留意しながら、その新たなランドマークに基づいて別のカテゴリーを創り出すことができるという。

であろう。
24 比喩的・象徴的意味に関しては別である。次節「色彩象徴のカテゴリー構造」を参照。

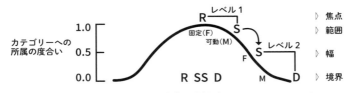

図 2　カテゴリー所属の度合と座標（MacLaury 2002: 497）

　人は，ある特定のランドマークに対して，最大限の類似性から最大限の差異性に至るまで広がっている連続体の上を心的に移動することができる。この連続体は，図 2 のように山状のグラフで表され，山の頂上に位置するのが焦点色（例えば，最も赤らしい赤 R）でカテゴリーへの所属の度合は 1.0 で最大値，山のちょうど中腹が 0.5，ふもとは境界で 0.0 の最小値（すなわちカテゴリーの成員でない）となっている。

　視点理論では，一度に扱えるのは 1 つのレベルだけである。最初のレベル 1 (level 1) においては，最も純粋な赤 R が頂点（カテゴリー所属度が最大）に位置づけられ，その近くに純粋ではないが赤の一種と見なされる様々な色調が位置する。類似性の S は最も純粋な赤 R の近くに現れ，焦点色を外側に拡張する。そのように拡張された S は，次のレベル 2 (level 2) においては，今度は固定座標となって，差異性を示す D と組み合わさり赤のカテゴリーの外延を削る働きをする。レベル 2 における差異性 D は，赤というカテゴリーの境界を示している。その境界を超えると，もはや赤ではない他の色となる。

　例えば，英語の red は，レベル 1 では，固定座標が R，可動座標が S，レベル 2 では固定座標が S，可動座標が D とされるので，全体としては R SS D と表されるのである。一方，先にも触れたように[25]，ハンガリー語には「赤」を表す色彩語が 2 つあるが，piros がより一般的な赤で範囲が広いのに対して，vörös は範囲が狭く，より暗い色調を表している。また，より字義的 (literal) な前者に対して，比喩的 (figurative) な意味（特に怒り，血，革命，否定的情念，ビロード生地に関して）も比較的多い（図 3 を参照）。マクローリーは，ハンガリー語の赤には，piros の優性 (Dominant) 視点と vörös の劣性 (Recessive) 視点という 2 つの視点があるという。そして，piros は英語の

25　4) バーリンとケイ，及び関連諸研究

redと同様にR SS Dであるが，vörösの方は逆転したR DD Sとして規定される。レベル1で差異性Dが可動座標として導入され，レベル2ではそれが固定座標になるのである。このことは，redの様々な色調がvörösよりもpirosと多く類似性をもっていると考えられることと符号している。これは，バーリンとケイのモデルの反例の1つと見なされていたハンガリー語の2種の「赤」に新たな位置付けを与えるものと言えよう。

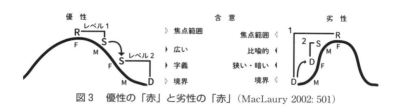

図3　優性の「赤」と劣性の「赤」（MacLaury 2002: 501）

ファジー集合を導入することの利点は，色の計算が可能となり連続関数で扱うことができることである。Winters (2002: 627) も指摘しているが，視点理論は人間の注意の改変・調整が言語変化につながることを表すものであり，認知言語学的に見てもたいへん興味深いモデルを提供している。ただ，MacLaury (2002) 自身も勘付いているように，このようなモデルには循環論の危険性もないわけではない。今後，少なくともより反証可能性の高いものにしていく必要があるであろう。

7）ケイとマッフィ

ケイとマッフィ Kay and Maffi (1999) は，バーリンとケイの知見を確証すると同時に拡張すべく1976年に始まった大規模な現地調査である「世界色彩調査（World Color Survey）」で収集されたデータの分析を踏まえて，色彩カテゴリー獲得の進化的配列のモデルを提示した。二人は，以下にあげる4つの原理により，大半の言語がとるとされる進化の系列を説明しようとしている。

(i)　「分割の原理」　色彩に限定されない一般的な原理で，言語社会が自らにとって文化的に重要な領域（例えば親族関係や動植物）を下位区分し命名する一般的な傾向のこと。特に色彩に関しては，ファジー分割であるという点が重要である。

残る3つの原理は，色彩の分割そのものに関わるものである．

(ii) 黒（Bk）と白（W）を区別
(iii) 暖色系の原色（Wa：赤・黄）を寒色系の原色（C：緑・青）と区別
(iv) 赤（R）を区別

以上の原理をヘリングの3原色と組み合わせることにより，1つの段階であらたに1つの色彩語が加わる．この4原理は，明確な結果が得られるまでこの順序で適用されるという．上記の世界色彩調査のデータから，彼らの言う段階1（Stage I）から段階5（Stage V）に至る5つの経路または軌道（trajectory）の存在を主張している．例えば，世界色彩調査の83%を占める91言語がとるとされる軌道Aは，最も一般的な軌道である．そこにおいては，段階1において原理1の適用により，黒（Bk）と白（W）をそれぞれに含む2つの（マクロ）カテゴリー（W/R/Y と Bk/G/Bu）がまず形成される．次に段階2において原理2の適用により，白W，赤・黄を含む暖色系のR/Y，緑・青を含む寒色系のBk/G/Buが形成されるという．このモデルは，色彩カテゴリーの生成的なモデルであり，選択の可能性としての経路の存在を認めてはいるものの，次に加わるべき色彩語が予測できると主張しており，決定論的な色合いの濃い進化的普遍論である．

8) ヴィエジュビツカ，及び最近の動向

色彩認知の経験的な基盤を指摘したヴィエジュビツカ Wierzbicka (1990) は，色彩概念は，ある種の普遍的なヒトの経験に根ざしており，そのような普遍性は，おおざっぱに言って，昼と夜，火，太陽，草木，空，土であるという．それぞれ，白，黒，赤，黄，緑，青，茶色にほぼ対応している．

Wierzbicka (1990) は，それぞれの色彩語の意味を環境中の参照点によって規定している[26]．そして，バーリンとケイの仮説の新たな解釈として，図4（次ページ）のような7つの基本的段階を提唱している．ただし，彼女が挙げている図4に示された内容は，論文中に言葉で述べられたことの〈要約〉として提示されているものの，両者は概念的にも論理的にも決して等価とは言えない．異なる表現が使われており，また図4のほうがより「論理

---

26 日本語の「あお（い）」に関しては，3つの参照点があるとし，一次的参照点は〈空〉，二次的参照点は〈海〉，三次的参照点は〈雨後の植物〉であるとしている．

的」にまとまっているのである。

　経験基盤主義の観点からすると，また自然言語の人間中心主義を考慮すると，環境に関わる概念は取り上げられているものの，身体に関わる概念が考察されていないのは奇妙ではある。第7段階で（他の2つの色から得られる）「混色」が新たな色として加えられているが，まさに茶色に関しては〈土〉という環境中の参照点を挙げているように，なぜ他の色に関しても環境的な（あるいは身体的な）参照点を挙げないのか，という疑問が残る。例えば，ピンクや紫，オレンジ（色）について，単に赤と白の混色であるとか，赤と青の混色として把握されるのではなく，特に羞恥心や興奮によりそのような色を呈した顔をはじめとする身体の部位として典型的には捉えられると考えられる。また，「オレンジ（色）」と言った場合，まさに当の果実の色として捉えていると見た方が自然であろう。

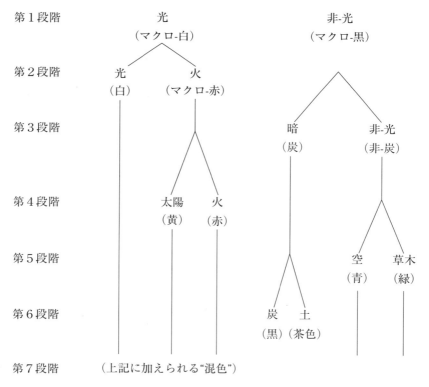

図4　Wierzbickaによる7つの段階（Wierzbicka 1990: 144）

さて、バーリンとケイ以来、普遍論への志向性を有する研究が盛んに行われているが、Wierzbicka (2006) は、〈色〉は、そもそも普遍的なカテゴリーではないと指摘している。彼女は、長年、それ以上小さな要素に分解できない意味的元素（意味の普遍的な単位）を追究しているが、色は、真に普遍的な〈見ル〉(SEE) という一次概念に基づいて構成されていると述べている。色彩が多くの言語において語彙化されてきたのは、視覚情報の中で最も目に付き、アクセスしやすいことと関連していよう（例えば、形が十分に判断できないほど遠方の物体でも、その色はまず最初に知覚される）。対象を他のものと区別して認識するうえで極めて有用であるため、多くの言語がその差異を語彙に組み込んでいるのは自然なことではある。

実際、それぞれの民族の生活する環境中の事物を区別する方法として（ヒトと環境との、また人間同士の相互作用の中で）、色彩以外にも、対象の大きさ、硬さ・柔らかさ、湿気・乾燥、滑らかさ・粗さといった、多様な尺度が用いられてきた。Saunders and van Brakel (1988) は、色の印象にも影響を与え得る16の特徴を挙げている。しかし、同時に色彩が対象の他の視覚的特徴と融合して捉えられる言語においては、色彩のみを単独で分離することは困難である。Conklin (1955) も、フィリピンのハヌノオ語の色彩体系が、その最も一般化されたレベルにおいて、〈明〉〈暗〉〈湿〉〈乾〉と結びつく4つの語に還元できると指摘している[27]。

そして、今日色彩調査で色のサンプルとして一般的に使用されるマンセル・カラー・システム Munsell color system（色相・明度・彩度のみを示す）では、対象の表面の湿った様子や乾いた感じなどの特性は、そもそも示すことはできない。Saunders (1992) は、カナダのブリティッシュ・コロンビアでクワクワラ語話者の色彩語調査を行っていた際に、野菜や果物、動物の絵、ビーズなどを使っていたときには何の問題もなかった被験者たちが、色見本票を見せた途端に不快感や不安、動揺を示し、一人を除いて全員がそれ以上調査を続けるのを嫌がったと述べている。この逸話は、一般の色彩語研究においても、英語を中心とした近代以降の西洋諸言語の色彩カテゴリーをフィールドワークにおいても、無理やりあるいは無意識に他言語に当てはめている可能性を示唆すると言えよう。

また、焦点色の方が他の色調よりも記憶が容易であるとする Rosch Heider

---

27 〈乾〉・〈湿〉が重要な役割を果たしており、アリストテレスの色彩論を想起させる。

(1972b)などの研究により，一般に焦点色が言語においても記憶においても普遍的であると考えられてきた。しかし，その後の Roberson, Davies and Davidoff (2000) の実験では，カテゴリーが〈焦点〉の周りに発達するということを示唆する結果は得られなかったが，むしろカテゴリーが言語的に規定された〈境界〉から発達することを示唆する証拠が見つかったとした[28]。一方，さらに逆の実験結果が出たとする報告もあり，論争は現在も続いている。ただ，Gumperz and Levinson (1991) も指摘しているが，いわゆる相対論と普遍論は，それぞれの立場を強固に主張する研究者がある一方，両者の見解が両立可能であると見なす者も少なくない。

3.2 日本語色彩語の意味

　色彩語は，日本では特に「色名［色彩名］」として，その名前に焦点を当てた表現が使われてきた。指示対象としての「色」と，その名前を明確に区別させるという点では，好ましい命名と言えよう。ここでは，日本語の色彩語に関する代表的な研究を簡潔に紹介しつつ全体の中で位置づけてみたい。
　まず，上代日本語の色彩語に関しては，日本語と琉球語の同系性の可能性を指摘した日本研究家のバジル・ホール・チェンバレン（チャンバレン）Chamberlain (1882) が，『古事記』の中には黒，青（緑を含む），赤，白はあっても，黄は出てこないことを指摘している。また，『広辞苑』の編者として知られる新村 (1904) は，歴史的な発達に関して言及し，色の名は『古事記』には四色くらいしか出てこないが，「推古期」以降はだんだん増えてきて，『万葉集』になると紫を含む歌詞が多く現れると述べている。ただ，これらの指摘はいずれも現象の観察レベルに留まっており，体系的な研究ではない。
　その後の文献学的な検討を踏まえた研究として，佐竹 (1955) は，上代日本語の基本色彩語に関する記念碑的論考であり，今日でもよく言及される。佐竹は，上代日本語における基本色彩語を抽出する際に，(a) 語源的基準により，顔料名に由来するものを排除し，さらに (b) 音韻的・文法的基準により，二音節で形容詞語幹に立ちうるという共通性を有する4語（アカ，クロ，シロ，アヲ）を抽出している。そして，上代日本語の「赤」「黒」「白」「青」は色彩ではなく，「明―暗」「顕―漠」という光の二系列であるに過ぎ

28　ゲーテの色彩論を想起させる意味でも極めて興味深い。

ないとした。長野（1982）は，佐竹の使った基本色彩語の抽出基準は，のちにバーリンとケイによって提示されることになる基本色彩語の認定基準を一部先取りしていると指摘している。ただ，佐竹説は，あくまでも上代日本語に関するものであり，言語一般を念頭に置いたものではなかった点は大きく異なる。

この佐竹説に対して，大野（1962）は，クロ＝暗（クラシ），シロ＝顕（シルシ）を同一視することに疑問を呈した。その根拠は，奈良・平安期の日本語に〈明暗／顕漠〉という対立が見出せないということ，また，『類聚名義抄』によると語のアクセントが異なっているということである。むしろクロは，染料として黒色に用いるクリ（涅，黒漆）と関連し，またアヲは（上代において染料の一般名称であった）「藍」（アヰ）と同根であるとしている。そうであるとするなら，色名の成立する以前の段階も含めて，「染料＞明暗＞色」といった発達の順序性が考えられる可能性もあり，興味深いことである[29]。また，黒が染料名に由来するとすれば，佐竹説の基準も再考する必要が出てこよう。

ただ，いずれにせよ（色彩語の語源的な位置づけはともかく），少なくとも基本色彩語に限れば，上代日本語は四色体系であったことは，その後の研究においても基本的に受容されたと言えるであろう。他の語彙同様，上代日本語における色彩語体系は方言の中に残っていることも十分考えられるが，常見（1970）によると，沖縄（大宜味村謝名城）の高齢者の色彩語彙が四色体系であるという。四色とは，オールー（あおいろ），アハ（あか）［あるいはアハイル（あかいろ）］，クル（くろ），シル（しろ）であり，オールーは，〈紫・青・緑・黄・黄味橙〉を含み，アハイルは，〈橙・赤・赤紫〉を含むという。そして，オールーが〈生〉で，アハイルが〈老成・死〉という二元対立があるとしている。例えば，オーガマは，熟しはじめて黄色くなった稲穂を指すが，アカピーは，熟し終わって枯れた状態を指している。そこには，植物の外見的な状態，及びそれに対応する比喩的・象徴的意味合いが共に読み込まれていると考えられる。Conklin（1955）によると，フィリピンのハヌノオ語の色彩体系では〈乾〉・〈湿〉が重要な役割を果たしているが，同様に植物の生命に関わる区別であることは興味深い。

国広（1968）は，色彩が，ある具体的な物と場面との相対的な関係によっ

---

[29] Carole Biggam（個人的談話）によると，語彙の変化（例えば古英語の sweart が black に取って代わられた）とともに，プロトタイプも変わった可能性があるという。

て決定されるという「相対性」について指摘している．国広 (1968: 33) によると，「…対象物が毛髪の場合，顔の場合，砂糖の場合，土の場合，それぞれに「アカ」と把握される色彩が対象物との相対的関係において社会習慣的に決まっている」．しかも，これにさらに別の種類の相対性が関与する．毛髪では「クロ：アカ：シロ」，顔では「アカ：アオ：クロ」，砂糖では「クロ：アカ：シロ」，土では「クロ：アカ」の対立が裏面にあって，様々な色合いはこの二項ないし三項の色名に相対的に配分される．そして，例えば交通信号の「進め」のように同じ場面の同じ対象物に関しても，その時に採用される系列によって「アオ」として把握されたり「ミドリ」として把握されたりするとしている．

　上記と関連することで，鈴木 (1990: 26) は，色彩語の用法を「弁別的用法」と「専門的用法」の2つに分けている．「弁別的用法」とは，例えば「赤砂糖」「白砂糖」「黒砂糖」のように，同じ名前で呼ばれるモノの異なる種類をその際立った特徴である色で区別するためのものである．一方，「専門的用法」とは，色そのものを問題とするときの区別で，例えば，赤砂糖を指して，この砂糖は何色ですかと聞けば，たいていの人は「茶色」と答えるであろうが，その時の「茶色」が一種の専門用語として使われているというのである．そして，日本語に古くからある表現で「赤」という形容詞をつけた「赤土」「赤犬」といった表現の「赤」は，ほとんどの場合いわゆる赤色を指してはいないが，このような例から「日本語では，茶色も赤の一種に含まれる」といった結論を導き出すことは間違いである，と述べている．

　この指摘はもっともなことで，海外の文献においても，日本語の「あお」はブルーとグリーンを指すといった記述がよく見られるが，現代日本語で「あお」が緑を指す場合というのは，基本的に「青蛙」「青竹」「青菜」のように固定した成句となっている場合が主であり，叙述用法で「Δは青い」という場合や，限定用法であっても成句となっていない場合（「青い絵の具」「青いバラ」）は，ブルーの領域を指すことが多い[30]．色彩語のフィールドワークにおいても文献学的な研究においても，この種の混同をしないよう注意が必要であろう．

　なお，用語に関してであるが，赤砂糖の色を指して，この砂糖は何色です

---

[30] ただし，植物などに関しては，「(葉や果実などが) まだ青い」のように，直接に色を記述する際も，また比喩的な意味（未熟）にも使われることがある．これは，世代・地域等による差異もあると考えられる．

かと聞かれて「茶色」と答えるのを「専門的用法」と呼ぶのは，語感としてはやや違和感がある。ごく日常的な用法だからである。むしろ「記述的」（あるいは「指示的」）を使った方が適切であると思われる。また，「弁別的用法」は，色彩を区別するためであるというが，一つひとつの具体的な個物を区別しているのでは決してない（もしそうであれば，「専門的」な使い方をするはずである）。そうではなく，同じ上位概念（類）に属する他のもの（種）と区別して，共通の類を構成しているものであるので，カテゴリー論の観点からは，「分類的」と呼ぶのが相応しいと思われる。これは，命名が観点を反映するという命名論の原理の実践例でもある。

「白ワイン」は，ワインの1つの下位区分であり，特に「赤ワイン」や「ロゼワイン」と対立して分類的に用いられるが，実際の白ワインの色は，牛乳のような白色では決してなく，無色に近いものから，多くは黄味がかっており，緑色を帯びたものもある。もし白ワインの色だけを（ワインとは切り離して）単純に色見本として提示されたら，それを「白」と形容する人はまずいないであろう。一方，「赤ワイン」の方は，赤褐色や紫がかったもの，薄い赤のものなどがあるが，広義の「赤」に含めることは可能である（しかし，「ワインレッド」や「バーガンディ」「ボルドー」といった色名の存在が示すように，これらも，赤の一種ではあっても，典型的な赤色とは言えない）。

ここでは，区別自体の意義は認めつつ，用語としては，「同じ」類[31]に属する別種の物を相互に区別するための「分類的用法」と，対象の色を直接に指して「これは，Δ色である」と言って述べる際の「記述的用法」を区別しておきたい。これらは，いずれも外延的な意味に関わるもので，次節で扱う，内包的な意味に関わる（比喩的用法も内に組み込んだ）「象徴的用法」に対するものである。

さて，三宅（1979, 1980）は，国広（1968）の色彩語の3系列を踏まえつつ，言語における色名を4つの系列において捉えている。

(i) 基本的一次概念〔語彙〕：これは，普遍的目録で，「原赤（Ur-red）」「原青」「原黒」「原白」「原黄」「原緑」の6つであるという（Proto-ではなく，Ur-を使っている点は，ゲーテを意識してのことと考えられる）。佐竹説を採り入れて，記紀万葉時代には原赤・原青・原

---

[31] 「同じ」というのは，「科学的」・学問的にということではなく，民俗知識（folk knowledge）として同類と見なされるという意味である。

黒・原白の4色名，平安朝に原黄が加わり，「戦後，原緑が加わりつつあると見る」（三宅 1979: 81）としている。

(ii) 基本色彩語：文化に依存するもので，日本語での試案は，白・黒・赤・青・黄・灰色（ねずみ色）・紫であり，若い年代には緑を加える，とする。

(iii) 高度に区別された色彩：日本語の「海老茶」や「濃紺」が入る。

(iv) 微細な色調・色合い：「路考茶」「利休鼠」など。

そして，色彩語の発達に二項対立的な原理を導入している。2色語の体系の場合，「黒」（+暗）と「白」（−暗）という対立で，3色語の場合，「白」「黒」（無彩），「赤」（有彩）という対立となる。古代日本語の4色体系に関しては，佐竹説を組み込んで，まず図5のように表示している。

図5　古代日本語の基本色名

さらに，それぞれの色名の意味を複数の素性の束で規定し，座標軸上に配置している（図6）。

色彩空間を［±dark］，［±bright］，［±salient］，［±plain］といった二項対立の組みにより分割しているのである。ただ，それぞれの素性の説明や定義は特に示されておらず，解釈の多義性を許す部分がある。

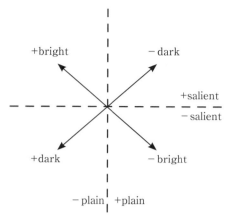

図 6　座標軸上の四色（三宅 1979: 38）

　柴田（1988）は，語源を考慮に入れつつ，日本語の4つの基本色名を次のように規定している。

　「あか」：〈隠すものをとり去って何も無い明るさ〉（あか裸，あか恥）
　「しろ」：〈何も加えない明るさ〉（しろ糸，しろ星）
　「あお」：〈何かを加えた暗さ〉（あおざめる，あお雲）
　「くろ」：〈何かを隠すものがある暗さ〉（腹ぐろ，くろ幕）

　要するに，3つの特徴の対立（隠すものの有無，加えるものの有無，明るさ・暗さ）によって特徴づけを行っている。ただ，論理的に可能な，〈何も加えない暗さ〉，〈何かを加えた明るさ〉という組み合わせは存在しないが，その理由の考察までは行われていない。現代日本語の色彩体系に働いている区別がこのようなものであるとすると，〈±明度〉〈±追加〉〈±隠蔽〉などは関わっているとしても，いわゆる色相は関わっていないわけで，色相の区別を中心とする近代英語などの色彩語とは異なる基準に基づくものであると言えよう。柴田説は，特に比喩的意味合いに関して，その全体ではないが，典型性の一部を捉えていると考えられる。
　小松（2001, 2013）は，基本的には佐竹説を受け入れつつ，以下のような対立図式を提示している。

明暗……アカシ　アカ（明）　　クラシ　クロ（暗）
濃淡……シロシ　シロ（著）　　*アワシ　アヲ（淡）

　そして，「後者は，濃淡というよりも，「くっきり／はっきり：ぼんやり」の方がいっそう適切であるが，明暗とのセットで濃淡としておく」（小松 2013）と述べているが，「くっきり，はっきり」対「ぼんやり」ということは，表現を変えているものの，実質的には佐竹（1955）の「顕」対「漠」の対立と見なしてよかろう。
　また，「アカ：アヲは語頭音節の一致によって，また，シロ：クロは語末音節の一致によってそれぞれ，ふたつの語形がセットになっている。これらの色名も，それらに対応する形容詞も，アカシ：*アワシ，シルシ：クラシから派生したとすれば，母音の転換によって，対比的な色名が対比的な語形をもつように整備されたとみなすべきである。」（小松 2013）としている。しかし，アカ／クロは明暗の，シロ／アヲは濃淡の対立であるとする限り，〈対比的な色名が対比的な語形をもつ〉ということは，そこから直接には導かれない。意味的関連性（対立）と形態的類似性が交差しているからである。
　さらに，英語から借用された色彩語に関して，「英語の色名が，ほぼ完全に和語の色名を置き換えてしまったのは，オレンジ（ダイダイ色）とピンク（桃色），と，そのふたつぐらいのものである。」（小松 2013）と述べ，英語の色彩語の輸入が限定的であることを指摘している。例えば，「ブラック」は，コーヒーやネクタイなど，「レッド」や「ホワイト」も，ワインなどというように，その適用される対象が相当に狭く限定されているのである。
　比較的最近の研究として，スタンロー Stanlaw（2007）は，思弁も含むことを認めながら，日本語の基本色彩語が以下のように発達したとしている。

　　第一段階：古代色　400 年頃（四語）
　　　シロ　クロ　アカ　アヲ
　　第二段階：聖徳色　500 年頃（五語）
　　　シロ　クロ　アカ　アヲ　キ
　　第三段階：大化色　600 年頃（六語）
　　　シロ　クロ　アカ　アヲ　キ　ムラサキ
　　第四段階：万葉色　750 年頃（八語）
　　　シロ　クロ　アカ　アヲ　キ　ムラサキ　ミドリ　モモ

第五段階：源氏色　1000 年頃（十語）
　　シロ　クロ　アカ　アヲ　キ　ムラサキ　ミドリ　モモ　チャ-イロ　ネズミ-イロ
第六段階：明治色　1900 年頃（十一語）
　　シロ　クロ　アカ　アヲ　キ　ムラサキ　ミドリ　モモ　チャ-イロ　ネズミ-イロ　ダイダイ
第七段階：現代色　1980 年頃（十一＋語）
　　シロ　クロ　アカ　アヲ　キ　ムラサキ　ミドリ　モモ　チャ-イロ　ネズミ-イロ　ダイダイ　英語からの借用語（パープル，ピンク，オレンジ，グレー，等々）

　Stanlaw によると，日本語では，ムラサキ（大化色以降）はミドリ（万葉色以降）よりも早く，モモ（万葉色以降）はチャ-イロ（源氏色以降）よりも早く登場してくるが，このような発達はバーリンとケイのモデルでは説明できず，これらの色彩語の歴史的に早い段階での登場は，日本文化における紫や桃色の特別な重要性と関係があるだろうと述べている。また，特に「あを」の意味のうちブルーとグリーンの分岐については，マクローリーの視点理論による説明可能性にも触れながら，日本語の色彩語の系列は，形式的モデル化を拒む面もあると認めている。これは，重要な指摘で，色彩語の発達には文化との関連性を考慮に入れることが不可欠である。その後，Stanlaw (2010) は，上記と類似の（一部改訂した）発達段階を提示し，視点理論の枠組みをより前面に出している。
　近江 (2008) は，現代日本人の色彩語彙に関する調査結果を紹介している。これは，白紙を配って，「あなたがご存知の色の名前を，できるだけたくさん書いてください。和洋を問いません。」と言って色名を書いてもらう調査であるが，頻度の高い順に挙げると次のとおりである。

　1 赤，2 紫，3 黒，4 茶，5 黄，6 白，7 緑，8 青，9 黄緑，10 ピンク，11 オレンジ，12 紺，13 赤紫，14 灰色，15 橙，16 水色，17 金，18 銀，19 黄土，20 焦茶，…

　近江の指摘するように，上位 14 位までに基本色彩語がすべて収まっている点が注目されると同時に，現代日本人による色名認識の特徴も見て取るこ

とができる。バーリンとケイの進化発達では最後の段階で出てくる紫が2位につけているのとあわせて、赤紫が13位に入っているのは、「日本人の紫への執着が反映」していると見てよかろう（ちなみに、青紫は22位）。高貴さや禁断などと結びつく重要な色である。同様に、紺も、日本文化においては基本的と言ってもよい色である。

　また、西洋文明・科学技術の波及による生活様式・価値観などの西洋化の影響も見逃せない（現代日本語で、「あお」の曖昧さを避けるためにも「ブルー」を使用することがあるが、外来の色彩語は、在来の色彩語の単なる言い換えではなく、新たな語彙の追加となっている）。西洋化の流れの中で、諸言語の色彩語の意味も影響を受け、また産業化の中で（自然界の色とは別に）商品の色を区別すべく新たな名前が借用されたり、あるいは本来語の意味が変容するといった事態が進行してきたと考えられる。

　最後に、日本語の色彩語の史的発達に関して、私見を簡潔に述べておきたい。議論と事例の詳細はOhtsuki (2018c)等に譲るが、日本語の基本的色彩語の文献初出年代及び色彩表現の発達の度合いに基づき、その順序（史的出現または優位性）をまとめると以下のようになる。

　　　　シロ ＞ クロ ＞ アカ ＞ アヲ ＞ キ ＞ ムラサキ ＞ ミドリ

　Chamberlain (1883)が指摘したように、シロ、クロ、アカ、アヲは、いずれも『古事記』にその用例が見られ、この事実だけからでは4色彩語の間に優劣の差異を認めることはできない。では、4色彩語は、まったく相互に対等なのであろうか？しかし、それは諸言語の色彩語研究からも、また認知的にもかえって不自然なことであろう。実際、いくつかの言語表現的な優位性をも併せて検討すると4色彩語の間に差異が出てくるのである。

　例えば、「シロ, クロ」「アカ, アヲ」のそれぞれの対に関して、シロとアカは形態的に複合語を形成する際の異形（シラ-、アケ-）を有するのに対して、クロとアヲには異形がない[32]。また、色彩語を含む慣用表現の歴史的出現順序を調査した大月（2005b）によると、シロ・クロに関してはシロを含む慣用表現の方がクロを含む慣用表現よりも先に出現[33]しており、アカ・ア

32　クラ-は〈暗い〉の意味にはなっても〈黒い〉の意味にはならない。例えば、「暗紛れ」「暗闇」。
33　例えば、シロウト［素人］（1400-02）＞クロウト［玄人・黒人］（1803）。前者の〈非熟達

ヲ［アオ］に関してはアカを含む慣用表現の方がアヲ［アオ］を含む慣用表現よりも早いか同時期に出現[34]するという順序性が見られる。同様に，ムラサキとミドリに関しても，いずれも少なくとも『万葉集』まで遡ることができるが，例えばムラサキを含む枕詞は一定数見られるものの，ミドリを含む枕詞はない（ミドリゴを含む枕詞はあるが，色彩語ではない）など，ムラサキの方が言語表現として発達している[35]。

　上記の順序は，このような言語表現的な優位性を考慮したうえで，より発達していると考えられる方を先行していると仮設して得られたものである。この順序を全体として眺めてみると，反対色または補色が交互に登場することが見て取れる。つまり，シロとクロはいずれも無彩色に関わるが，シロが最大の明度，クロが最小の明度に対応する。アカとアヲは，その具体的な指示範囲はともかく，彩色を含めて指すことができ，アカが高い飽和度，アヲが低い飽和度に関わっている。キに関しては，これを赤系統と見なす説[36]もあるが，上代におけるクロガネ（鉄），シロカネ（銀），アカガネ（銅），クガネ（金）[37]などの複合語の対比的意味を考慮に入れると，少なくとも赤よりはより現代の黄寄りの範囲を指したものと考えられるであろう（この場合の色彩語が，「アカ味噌，シロ味噌」のように，正確な記述というよりは対照的な区別のために使われているとしてもである）。そうすると，キは，より高い飽和度とより高い明度，ムラサキはより低い飽和度とより低い明度に関わることになる。さらに，どの「色モデル（color model）」[38]を採用するかで，色合いは微妙に異なるものの，ミドリはムラサキの補色となっている。

　どの言語の色彩語であれ，少なくとも全体的な流れとして見ると，より大雑把な区別が歴史的に次第に細かい違いを表すことができるようになっていくのであるが，色彩語の発達過程は，基本的に対立する色彩を対峙させることで区別していくものであると言える。前の段階の色彩語と反対の性質をもったものが登場するという意味での「振幅（oscillation）」が見られること

者〉に対して〈専門家〉の意味で対立し，対を成している。なお，漢字ではそれぞれ「素人」，「玄人」（あるいは「黒人」）を充てているが，大和言葉としては「シロ」「クロ」の対立である。年代は，『日本国語大辞典 第2版』による。

34　例えば，「赤鬼」（1250頃）＞「青鬼」（14c前半）
35　紫の優位性は，スタンローも指摘しているように，日本文化におけるこの色彩の特殊な価値づけと関連しているであろう。
36　マニエーリ（2011）。
37　『時代別国語大辞典　上代編』も「クガネ」を「キ＋カネ」と分析している。
38　例えばCMYK，RGB，RYBなどのモデル。

を仮説として提示したい(「振幅モデル」と名付けておく)。

さて,言語学的な従来の色彩語研究で扱われてきたのは,上記のような記述的な意味が中心であった。次の節で述べる比喩的・象徴的な意味に関しては,取り上げられることは比較的少なかった。しかし,色彩語の意味は,その記述的意味と比喩的・象徴的意味の両方があり,後者の意味は前者と関連しながらも,前者から直接的に導かれるわけでもない。また,色彩語の比喩的・象徴的意味は,言語によって相当の多様性が見られるが,それらの背後には何か共通の原理や機構が認められるのであろうか?次節では,自然言語に現れた色彩象徴の問題を取り上げて論ずる。

3.3 色彩象徴のカテゴリー構造

日本語でも中国語でも「白夜」は,北極や南極に近い地域で夏に日が沈まない夜のことを指すが,英語で white night と言えば〈眠れない夜〉のことである。英語の white lie は,〈罪のない,人を傷つけないための嘘〉のことであるが,日本語の「白々しい嘘」の「白」は,それとは異なる意味合いで使われている。「真っ赤な嘘」という表現もあり,色彩語の意味は,少なくとも表現レベルで見ると,言語によってかなり共通する部分とともに,お互いに相当に意味合いが異なっていたり,ある言語に固有と見られる意味も観察される。

前節までは,色彩語のカテゴリーをその記述的な意味に関して見たわけだが,本節では,それと密接な関係をもつ色彩象徴のカテゴリー構造を見てみたい。多くの色彩語は,「白い旗」「目が赤い」のように,その本来有する,ものの色を描写する外延的な記述的意味に加えて,「白旗(を掲げる)」「赤い糸(で結ばれている)」のような,内包的な象徴的意味を発達させている。そしてこの象徴的意味は,実は,記述的・外延的意味とは異なる重要な特徴を有しているのである。

象徴は,家族的類似性の観察される個々の派生的意味と,全体に共通する意味としての基本的意味という両者が統合された,特徴的なカテゴリー構造を備えており,Ohtsuki (1997b) は,これを「象徴の樹 (arbor symbolica)」と命名した(色彩語の象徴的な意味と意味の間の関係性を明示的に特徴付けるモデルは,従来存在していなかった)。色彩象徴の場合も,個々の言語表現や文化事象に現れた意味のレベルで見た場合には,ある色彩語の複数の意味は,お互いに何らかの動機付けによって結びつけられ,全体としてはいわ

ゆる「放射状カテゴリー」を形成しているのであるが，個別の表現・事象の大元になっている基本的意味のレベルで見ると，象徴の場合，その基本的意味が全体に共通する意味となっているのである。このことは，色彩象徴に限らず，象徴一般に関して言えることである。

　このカテゴリー構造を説明するには，その背景となる認知的モデルについて述べておく必要がある。以下，スペースの関係上，厳密な定義や論証は割愛して，モデルの概要をごくかいつまんで解説したい[39]。なお，以下に紹介する「象徴モデル (The Symbolic Model)」に関しては，Jones (2013) がドイツ語色彩語研究史の章の中で，最近の認知言語学的研究として取り上げ位置付けている。また，Fallon (2014) は，彼女自身による Ohtsuki (2000) 説の独自解釈に基づき，このモデルを文学・絵画・宗教等における色彩象徴に応用している。

　まず，レイコフとジョンソン Lakoff and Johnson (1980) の「メタファー写像」「メトニミー写像」では，そもそも色彩象徴を捉えることはできない。これは，広義のメタファー（隠喩）と象徴では，そもそも記号の性質が異なるためである。また，「メタファー写像」「メトニミー写像」が一回の隠喩的，換喩的関係に関わるものであるのに対し，象徴は，典型的には，複数の隠喩的，換喩的関係を内包するものである。

　象徴もメタファーも，イェルムスレウ Hjelmslev (1943) の言うところの共示的記号 (konnotationssprog)[40] に関与するという点では共通しているが，典型的には，広義のメタファーが，人間の身体性を軸とする認知を反映する生き生きとした表現・認識技法であり，一回一回の言語行為に関わるものであるのに対して，象徴 (symbolism) は，知覚及び認知を内に組み込んだ，具体化による（すなわち，通常，より抽象的な内容をより具体的な事柄で表す）理解の方法であり，個別言語を越えた文化共同体レベルの伝統を踏まえての言語知識の記述である。

　メタファー表現は，人間共通の認知を基盤としているために，場面・文脈が与えられれば基本的には解釈可能である（例えば，「下調べに多大な労力を注ぎ込んだ」「二人の関係は袋小路に入ってしまった」など）が，他方，象徴は，言語とも関連性を持つ文化共同体の知識（親縁性と類縁性の双方に

---

[39] 詳細は，Ohtsuki (2000) 参照。
[40] その表現面がそれ自体記号であるような記号。例えば，「赤」で〈危険〉を表す場合，既に1つの記号である語を表現面の単位として成立させている。

関連) に依存しており, 言語直観が働かない。母語話者であっても, 例えば「赤筋」「青線区域」といった象徴表現の意味は, その表現の知識がないと判断できない。象徴を扱うには, 以上のようなメタファーとの共通性及び差異性を反映するモデルが必要なのである。

そのようなモデルとしての「象徴モデル」は, 理論的に仮定された, 色彩語の基本的意味である「始源的意味 (Initial Meaning, IM)」の複合体 (それぞれの IM は, 異なった種類の記号に対応している[41]) から, 有限個の操作 (8つの一項述語操作, 及び, 2つの二項述語操作) と少数の変項 (その多くは, 人間とその活動に関わるもの) により, 表現として実現したすべての意味を導出するばかりでなく, 偶然の空白としての意味をも示唆するものである。

いかなる言語であれ, 色彩語の有する多岐にわたる象徴的意味は, その基本的意味としての始源的意味から理論上派生していると見なすことが可能である。始源的意味は5種あって, 多くの場合, 1つの色彩語が複数の始源的意味の束を有しており, その結果として, 一見相互に無関係にも見える様々な意味が同じ色彩語に観察される。5種の始源的意味を導出する操作は, 以下のとおりである。

(i) y = PROP (Ci)

色彩自体の有する典型的特性である。例えば, 灰色の始源的意味の1つに, 〈黒と白の中間色〉がある。ここから, 〈中間地帯〉〈曖昧〉〈はっきりしない〉〈疑わしい〉といった意味が派生する。言語表現としては, 「灰色高官」, grey [gray] area ("灰色の領域": 両極間の中間領域, 曖昧な状況) などがある。

(ii) y = STATE (Ci)

人間の環境の中で, その色をしていると見なされる状態。特に, 生命の維持にとって重要な状態で, 例えば, "黒"の最も典型的な始源的意味に〈闇〉(典型的な"黒い"状態) がある。ここから, 日本語の「黒」(やそれに相当する他言語の色彩語) の〈闇〉〈夜〉〈睡眠〉といった意味が派生してくる。

(iii) y = OBJECT (Ci)

人間の環境の中で, 典型的にその色をしていると見なされる対象,

---

[41] 認知的に際立ちの大きい参照点として働いている。

事物（固体・流体を含む）である。例えば，日本語の「赤」の始源的意味の1つとしての〈太陽〉（赤い色をしたもの）である（英語では，太陽は典型的には yellow と見なされるため，〈太陽〉は，red ではなく yellow の始源的意味の1つとして組み込まれている）。

(iv) y = CLOTHES (C_i)

ある色をした典型的な衣服や，身にまとうものである。特定の職業や集団・階級などの衣服であり，それをまとった人（々）や組織を表す意味が派生する[42]。「白」の〈白衣〉（「白衣の天使」）や，イタリア語の rosso（"赤"）の camicie rosse（"赤いシャツ達"：「赤シャツ隊」）など。

(v) y = HUM BODY (C_i)

ある色をした（あるいは，呈する）典型的な（人間の）身体の"部分"であるが，いわゆる身体部位に限定されない。例えば，日本語の「赤」，及び他の言語のこれに相当する語の始源的意味として，生命の維持にも関わる〈血〉（赤い色をした身体の部分）をまず第一に挙げることができる[43]。ここから〈戦闘〉，〈死〉といった多くの意味が派生する。

始源的意味は，状態であれモノであれ，一言で言えば，その色をした典型的な対象である[44]。このような始源的意味を導入することで，色彩語のニュアンスの違い（「赤」で表される〈死〉と，「黒」で表される〈死〉，「白」で表される〈死〉の違い）も説明可能になる（逆に，始源的意味を導入しないと説

---

42 特に社会的認知との関わりをもつ。

43 英語の red も，語源的にはサンスクリットの rudhirá-「血の」と関連づけられる。ハンガリー語で「赤」を表す2つの基本的色彩語のうちの1つ，vörös は，語源的にも〈血〉と関連しており，2つの「赤」のうち vörös の方が象徴的意味にも富んでいる。言語によっては，「赤」を表す語が〈火〉と関連づけられるものもある。ただし，象徴の元となる始源的意味は，当該色彩語の語源的意味と必ずしも同じであるわけではなく，また基本的に1つの色彩語に対して複数の始源的意味が認められるのである。

44 Swadesh (1971: 203) は，ほとんどの言語の主要な色名は非常に歴史が長く，その起源は一般的にはまったくわからなくなっていることもあるが，依然として語源が明らかな場合や，少なくとも観念間の連想が明白な場合があると述べている。例えば，英語の yellow は明らかに yolk（卵黄）と関連しており，その関連性は yelk という方言発音では特に明白である。また，yellow と gold や gall（胆汁）との関係性は近代英語でははっきりしないが，ドイツ語では対応する語が gelb（黄色の），Gold（金），Galle（胆汁）となっており，多少明らかであるとしている。

明できない)。色彩語の始源的意味の類型は，以上の5種に限られる[45]が，個々の色彩語が具体的に何をその始源的意味として取り入れるかは，個別言語によっている。ドイツ語の schwarz (「黒」) には，司祭の平服 (スータン，キャソック) の色に由来する〈カトリック〉，〈カトリック政党 (員)〉の意味もあるが，日本語の「黒」の始源的意味に司祭の平服は入っておらず，そのような意味合いもない。

次に，始源的意味から個別の意味を派生する操作に関しては，以下に示すように，一項述語の操作が4組 (8種) と，二項述語の操作が1組 (2種) の，合計5組10種の操作が認められる。

1) 派生操作
(i) 一項述語の操作
    I. 概念的等価性と包含性
        (a) $y = \text{EQUI}(x)$: y は x の典型的等価物
        (b) $y = \text{INCL}(x)$: y は x の典型的包含物
    II. 一般化と例示
        (a) $y = \text{GEN}(x)$: y は x の典型的一般化 [上位概念]
        (b) $y = \text{SPEC}(x)$: y は x の典型的特定化 [下位概念]
    III. 因果関係と依存関係
        (a) $y = \text{CAUSE}(x)$: y は x の典型的原因
        (b) $y = \text{RESULT}(x)$: y は x の典型的結果
    IV. 内在的性質と外在的 [外部付与的] 性質
        (a) $y = \text{PROP}(x)$: y は x の典型的特質
        (b) $y = \text{FOLK}(x)$: y は x の典型的素朴 [民間] 理論
(ii) 二項述語の操作
        (a) $z = \text{INV}(x, y)$: z は x に関与する典型的な y

---

[45] 5種の始源的意味を記号論的に見ると，(i) はそれ自体の特質のみによって意味を表すという点で類像的であり，(ii) は受け手に心理生理的な反応の契機を与えるという点で信号的であり，(iii) は，対象の選択が相対的に慣習的であるという意味で恣意的で，パース的な意味で「象徴」的である。また，(iv) は衣服と所属集団性が隣接しているという意味で指標的であり，(v) は発信者の内的状態を外的に観察可能な現れとして示すという点で徴候的である。Sebeok (1976) は，第6の記号として「名前」を挙げているが，色彩語の場合は，色名自体は，象徴の源泉とはなっておらず，始源的意味としては組み込まれない。

(b) z = ANALOG (x, y)：z は x の y による典型的な類比

また，派生操作に代入される変項は，以下の4類型に収まる，比較的少数のものである（各類型に，それぞれいくつかの下位類型がある）。

2) 変項
類型（4種）：
日常語と区別するために，便宜的に，最初の文字を大文字とした英語の語彙を使用する。
　I. 時間・空間（に関与）
　　［例］Time, Day, Season; Infinity, Repetition; Place, Direction
　II. 量・質（に関与）
　　［例］Accumulation; Value
　III. 存在物一般（に関与）
　　［例］State, Relation; Being, Life
　IV. 人間（に関与）
　　［例］Act, Ritual; Mind, Spirit; Knowledge, Thought; Message, Description, Expression

さらに，色彩象徴研究の原理として，(1)「典型性」，(2)「人間中心性」，(3)「始源的意味の継承」，(4)「多重性」，(5)「一時性」の5つの原理を立てる。(1)は，すべてのIM（始源的意味）とすべての操作が典型性に関与するということであり，(2)は，IMはすべて，人間の見做した特性なり状態であり，客観的実在ではないということである。(3)は，象徴にあっては，IMの意味が，そこから派生するすべての意味に継承されているということであり，これを仮定することは多くの利点があるが，とりわけ，異なるIMから派生して，知的意味が同じでもニュアンスの異なる色彩語の意味合いの差異を説明可能にするという点が重要である。(4)は，そもそも，すべての象徴は多義的であって，同一象徴に複数のIMが関与し基本的意味を1つに絞れないという事態は象徴に特徴的に観察されるわけであるが，特に色彩象徴の場合，このIMが複数存在するということである。(5)は，すべてのIMは，当該対象の一時的状態・特質に関与するということである。(1)と(2)は認知一般の原理，(3)は象徴一般の原理，(4)

と(5)は色彩象徴を特徴付ける原理である。このような道具立てにより，同一色彩語のしばしば一見矛盾するような様々な象徴的意味を統一的に処理することが可能となる。

ここでは，「黒」の始源的意味の中で最も生産的である《Darkness（闇）》とそこからの意味の派生の一端を見てみたい（日本語の語彙としての「闇」と概念的に区別するため，英語の語彙を使用する）。英語の black や他の言語の「黒」に相当する色彩語も，この《Darkness》をその核となる始源的意味として有していると考えられる。大野（1962）説によると，日本語の「黒（クロ）」は，語源的には「暗（クラシ）」ではなく，染料として黒色に用いる「クリ（涅，黒漆）」と関連するということであるが，少なくとも「黒」の象徴的意味に関しては，染料と関連づけられるような意味は見当たらず，むしろ他の多くの言語同様に，《Darkness》と関連付けるのが妥当であると考えられる[46]。

《Darkness》["黒"の始源的意味]
　　　［STATE（黒）］
　　　（典型的な"黒"の状態）
　→（1）DARKNESS
　　　　［EQUI（Darkness）］
　　　　（Darknessと典型的に等しい概念＝DARKNESS）[47]
　　→（1.1）NIGHT
　　　　　［INV（Darkness, Time）］
　　　　　（闇に関与する典型的な時＝夜）
　　　→（1.1.1）SLEEP
　　　　　　［INV（Night, Act）］
　　　　　　（夜に関与する典型的な行為＝睡眠）[48]

---

[46] 概念的派生の源としての始源的意味は，語源の解明とは独立に，理論的に設定することが可能であり，また，記述的用法の場合においても，色彩語の基本的意味は語源的意味とかならずしも一致するわけではない。

[47] 始源的意味としての《Darkness》と，派生的意味としてのDARKNESSは，理論的にはレベルが異なるため区別される。個々の色彩表現の意味は，派生段階での意味に対応する。

[48] Turner（1967）によると，アフリカ中南部のンデンブ Ndembu 族では，「黒」が比喩的に性行為の意味にも使用される。

→ (1.1.1.1) DEATH
　　［ANALOG (Sleep, Life)］
　　（睡眠の人生による類比＝死）
　　→ (1.1.1.1.1) FUNERAL
　　　　［INV (Death, Ritual)］
　　　　（死に関与する典型的な儀式＝葬儀）
　　→ (1.1.1.1.2) CAPITAL PUNISHMENT
　　　　［CAUSE (Death)］
　　　　（死を引き起こす典型的なもの［の１つ］＝死刑）[49]
　　　　→ (1.1.1.1.2.1) PUNISHMENT
　　　　　　［GEN (Capital Punishment)］
　　　　　　（死刑の典型的な上位概念＝刑罰）
　　　　　　・・・・・

　DARKNESS から直接導かれる他の意味としては，ここに挙げた NIGHT と並行して別の経路で（つまり，派生上は，同様に（１）から導出される (1.2), (1.3) の意味として），〈北〉や〈冬〉などがある。それぞれ，［INV (Darkness, Direction)］（闇に関与する典型的な方角），［INV (Darkness, Season)］（闇に関与する典型的な季節）として DARKNESS から導出される[50]。北は，北半球においては，最も暗い方角であり，また冬は最も暗い季節である（北極圏では文字通り真っ暗闇となる）からである。ただ，方角に関わる意味は，北極圏においても言語文化により多様性がある。

　なお，これらの派生関係は，色彩語の比喩的・象徴的意味の間の概念的関連性を明示したものであって，個々人の自由な連想や，特定の社会における習慣の単なる記述ではない。また，類似の色合いや明暗を指す色彩語であっても，言語・文化によってその表現型として現われた象徴的意味には差異があるが，それは主として (i) 始源的意味とその組み合わせ，(ii) 派生のどの段階が実現するか，によると考えられる。ある色彩語の象徴的意味を，その語の始源的意味の複合体と規定することにより，異言語（文化）間の，外延

49　諸国において死刑制度の廃止されている現代においても普遍的にということではない。
50　その言語的事例としては，北を指す漢語の「玄」（「黒」），また文化的事例は古代エジプトなどにおいて見出すことができる (de Vries (1976))。

上類似した意味を表す語の，象徴的意味の差を形式的に比較・対照することが可能となるのである。

　さて，このように，象徴的意味は，最初の始源的意味を内部に組み込みつつ継承していく。派生の後の方では，表面的には関連性が少なく感じられる場合でも，意味的には始源的意味が消えることなく受け継がれているのである。色彩象徴の多様な意味は，派生した個々の意味（〈夜〉，〈睡眠〉，〈死〉，…）を見る限り，典型的な要素（〈闇〉）の周りに有契性により家族的類似性を有する要素が連鎖状に並んでいるという点では，まさに〈放射状カテゴリー〉を成していると言える。しかし，同時に，始源的意味がそこから派生するすべての要素に共通の特徴として認められるという点では，〈古典的カテゴリー〉の条件を満たしていると言えるのである。これは，従来認識されることのなかった，両方の特徴を有する第三のカテゴリーであり，これを「象徴の樹（arbor symbolica）」と名付けて，新たなカテゴリーとして提案したのである。

　では，そもそも，なぜ色彩の象徴的意味には，色彩の記述的意味の場合には見られない，このような「象徴の樹」というカテゴリー構造が，観察されるのであろうか？それは，象徴的意味は，その本質上，歴史的に蓄積された文化共同体の知識であり，歴史的意味を包含・蓄積するものであることと関係していると考えられる。色彩語の象徴的意味は，変化していくのではなく，象徴の対象となったものに関する様々な意味が累積した体系である。また一旦忘れ去られたように見える象徴的意味であっても，通常の語彙の場合のように廃用になるのではなく，潜在的表現として貯蔵されており，いつでも息を吹き込んで復活させることが可能なのである。Ohtsuki (1997) は，英語における色彩象徴の意味の史的発達に関して，新たに生まれた意味が次々と体系に組み込まれていき，全体として色彩語の意味が豊饒になっていく「意味累積（semantic accumulation）」について指摘している。象徴の意味は，言わば通時を組み込んだ共時なのである。

3.4　社会的変動と言語的変異

　ある文明の語彙は，その文明そのものを開示するものであると考えたマトレ Matoré (1951, 1953) は，社会変動が語彙に及ぼした影響を，豊富な資料から解き明かしている。同じことは語彙ばかりでなく，ある種の成句・慣用句に関しても言えることであり，ある時代に出現した表現がその時代の諸相

を反映していることが少なくない。

　色彩語を含んだ表現の成立の契機という点から見ると，色彩象徴表現は3種に大別される。1つは，(i) 新しい社会や時代において新たに出現した事態（例えば，発明品，政治結社）を指すものであり，1つは，(ii) 翻訳により他言語から借用する場合（既に他言語では慣用表現となっているものも多い）であり，今1つは，(iii) 創作・架空の世界（小説，戯曲，映画など）の中における新たな事態を指したり，表現上の効果をねらったもの等である。これらのうち，最も外界（社会・時代）の変化（及びそれと関連する新たな事態）との相関性の高いのは (i) であり，(iii) が最も相関性が低く，(ii) は，いつ翻訳して取り入れるかということ自体は比較的自由でありながら，しばしば国際的に共通の関心事を表現するための借用が多く，特に近現代において表現の出現年代は外界の事態とかなりの程度の相関性を保っている。

　英語においては，色彩語の象徴的意味は，15～16世紀までは宗教に関わるものが多く，善悪・魂・悪魔や宗教的な地位・身分等に関するものがよく見られる。例えば文献上の初出年を見ると，Red Cap「枢機卿」(1539)，Red-Letter「ローマ・カトリック教会」(1679) や，特に，Black Prince「悪魔」(1589)，black art「黒魔術」(1589)，black man「悪魔」(1591) のような表現が，魔女裁判や異端審問の激しかった時代に生まれているが，このような表現は現代の英米社会にあっては生まれる必要性はあまりなく，たとえ生まれたとしても，特定の集団内部での使用に限られるか，あるいはその集団が何らかの事件を起こした場合などに一般に広まる程度であろう。

　同様に，王侯貴族や身分に関連する表現も，そのような階級や身分が大きな意味をもっていた時代にあっては様々な表現が造り出されたが (Black Guard「（王室や貴族の屋敷の）厨房働きの召使いたち」(1535)，born in purple「帝王［王侯貴族］の家に生まれる」(1790)，blue blood「貴族［名門］の生まれ」(1834)（スペイン語 sangre azul の翻訳）等)，王政の廃止された多くの社会にあっては，王侯に関係していることを示す表現をあらたに作り出す必要性はない。ただ，王政の残っている社会にあっては，新たな事態・事物に対して表現を造る必要の生じることはある。例えば，「王侯用の航空路 (purple airway)」のように。

　また，1894年に yaller-dog「労働組合に反対の」[51] という形容表現が登場

51　cf. yellow-dog「野良犬のような，卑しい」

しているが，19世紀後半の英米では労働運動が盛んになり，アメリカでは1869年に最初の組織的労働組合「労働騎士団」が結成され，1881年には「職能労働組合連盟」（86年に「アメリカ労働総同盟（AFL）」に改称）が成立している。このような動きの中でいわゆる「御用組合」「黄色組合」も結成されている。色彩表現は，新たに登場してくる事態に対して，それを鮮やかに描くのみならず，使用する色彩語がその言語・文化で担っている意味合いをも対象に付与する。上記の表現では，yellow という語が英語において既にもっていた〈卑劣〉〈病気〉〈下等〉といった意味を読み込ませている。単刀直入な記述的表現と違って，色彩語を使うことによって，無味乾燥さを避け，聞く者に鮮明な印象を与え，記憶と伝達を容易にするという効果がある。

　上記の諸ケースにおいては，対象とそれを指す表現が近い時代に出現している。時代が下ってくるにつれ両者の時間的間隔がさらに狭まってくるのであるが，その一つの大きな要因としては，情報伝達の迅速さが関連しているであろう。Red Army（赤軍）という表現は，ロシア革命政府の正規軍として1918年に創設されたその年に既に英語の表現として登場している。同年結成された White Army（白軍）も同じである。black shirts（黒シャツ隊）はムッソリーニ内閣が成立した1922年に，brown shirts（ナチス党員）は，ドイツの総選挙で国家社会主義ドイツ労働者党が230議席を獲得し第一党に進出した1932年に，それぞれ出現している。

　ただ，ここで注目されるのは，brown shirts という表現が英語に登場したのは，ナチスが結成された1920年ではなく，議会で第一党となり政治の檜舞台に踊り出た32年であるということである。また，中国を共産党が統一し，共産中国が実際に成立するのは1949年であるが，英語に Red China という表現が登場してくるのはこれより15年も早く，長征の始まった1934年である。対象そのものの出現よりも，いつそれが着目され，「認知」されたかということが重要なのである（これは，命名の原理でもある）。

　指示対象がある特定の社会的・政治的な事件や集団である場合は，とりわけ現代にあっては表現化されるのが一般にかなり早いが，文化的な一連の諸現象などの場合は，表現化の緊急性も低く，誰かが呼称を作り出すまでに時間がかかる場合がある。例えば，blue movie（ポルノ映画）という表現は，1965年に最初に使われている。ポルノ映画自体は戦前から制作されていたが，盛んになってくるのはこの時期である。講談社（1987: 1281）によると，

1964年，アメリカでトップレスの水着が流行，1965年，ミニ・スカートが世界中で大流行，1966年，アメリカ映画協会がプロダクションコードを改訂し，セックス描写の規定を大幅に緩和，さらに同年，アメリカでポルノの古典『ファニーヒル (*Fanny Hill*)』の出版が裁判で認められ，これによりほとんどの性文学が解禁となる。このような性的表現・性描写の自由度が増大する流れの中で blue movie や類似の表現が，色彩に限らず，多く登場してくることになるのである。

　社会・文化・時代における新事態が出現した場合，必ずそれを表す言語表現が生まれるとは限らない。しかし，もしそのような社会・文化・時代がなければ表現が生まれない，ということは言える。例えば，〈貴族〉を表す表現は，そのような階級が存在，もしくは意味を成す社会・時代でなければ，表現が生まれたり，少なくとも一般に広く使われるということは少ないであろう。このことは，逆に表現の存在から当該の社会文化，時代に関して探ることもある程度，可能であるということでもある。例えば，もしある時代に〈王侯貴族〉を指す表現が多く生まれていたとすると，その時代はそのような概念が重要な意味をもっていたことが推測できるのである。

3.5　課題と展望

　最後に，色彩語の意味研究の課題と展望につき，簡単に述べておきたい。まず，記述的な意味の史的発達に関しては，進化論的なモデルの安易な適用には慎重になるべきであろう。特に日本語の色彩語は，西洋の近代諸言語とはかなり異なる特徴を示しており，単純な普遍性の議論では扱いきれない面がある。また，漢語や英語などに影響される前の日本語，外国語の影響，史的変遷，地歴的分布など，興味の尽きない領域である。色彩は，色覚の生理に関係するレベルでは普遍的であるとしても，基本色彩語は，三宅 (1979) の指摘にもあるように，言語・文化に依存し，ある程度相対的である可能性がある。特に日本語は感覚・喚情の繊細な表明をその本質的な機能とするところから，色彩語の多様で発達した語彙分野を形成したのではなかろうか。英語中心主義ではなく，個別言語の実態の丁寧な観察に基づいた経験的・実証的探究が求められるところである。特にアジアの諸言語は，膨大な文献資料を備えているにも関わらず未開拓のものも多く，今後の研究の進展が大いに期待されるところである。

　一方，色彩語の象徴的意味研究については，現在までのところ形式的モデ

ルを提示したものは Ohtsuki (2000) とその関連論文以外に見当たらないため，それに関連して課題と展望を述べておきたい。色彩表現の意味の派生操作に関しては，「象徴モデル」で挙げた5組10種の操作で必要十分であることを，いくつかの言語（日本語，英語，ドイツ語，フランス語，スペイン語，スウェーデン語，中国語）に関して確証しているが，変項に関しては，言語・文化による変動も予想され，より多くの事例に当たる必要があると考えられる（変項の範囲の理論的な確定も課題であろう）。言葉を変えれば，操作と始源的意味の型には形式的普遍性があると考えられるが，具体的に何が始源的意味や変項として選び出されるかという実質的普遍性に関しては，諸言語に広く観察される頻度の高いものは多くあるものの，その判断は今後の研究に委ねられるべきであろう。ただ，辞典・文献の充実している一部の言語以外は，データの収集はインフォーマントからの情報に頼らざるを得ない部分が大きく，特に話者の比較的少ない言語に関しては，現状では断片的なデータに留まっている。

　一方，提案したモデルは，言語表現として現れていない文化的な色彩象徴の事例をも同様に処理可能なものであり，特に文化との関連性の大きい色彩象徴の意味研究に1つの方向性を与えることができるものと思われる。かつてレヴィ・ストロース Lévi-Strauss (1958) の提起した，言語と文化はどのレベルで相関しているのかという問題に対して，少なくとも色彩に関しては，それは始源的意味のレベルにおいてであると答えることができるであろう（両者が異なるのは，主に派生した意味のレベルにおいてである）。

　今後の研究課題としては，記述的意味と（象徴的意味も組み込んだ）文芸的意味の関係性の解明を特に挙げることができよう。特に歴史的な意味発達を追うことで実証的に明らかにできると考えられる。例えば，3.2「日本語色彩語の意味」の最後で，「明度（シロ→クロ）＋色相（アカ→アオ）＋彩度（キ→ムラサキ）」という体系的発達の順序性を指摘したが，この順序を文芸的な観点で捉え直すと，それぞれ軽快な色から重厚な色へ，暖色から寒色へ，派手な色から地味な色へ，というように体系的に発達し史的に変化していることが見てとれる。この方向性は，色彩語体系全体のみならず，同じ語彙の意味に関しても観察され，例えば，英語の purple の意味は，かつての〈深紅〉から現在の〈赤紫〉に変わった[52]。また，文化的な嗜好性に関しても，

52　言語変化は，物理変化と異なり，条件を満たせば必ず発生するというものではない。ただ，変わるとしたら，その方向に変わるということである。例えば，フランス語の

「紫」を例にとると，赤みを帯びた「古代紫」から青みを帯びた「江戸紫」へと移行しており，同様の方向性が見てとれるのである[53]。このような研究は，従来ほとんど手つかずの状態であるが，今後大いに発展性のあるテーマと考えられる。そのためには，言語・文化的事例だけでなく，心理学的なデータの組込みも必要となってくるであろう。

命名と色彩語は，言語的カテゴリー論の2大トピックと言っても過言でなく，それぞれにつき前章と本章で，先行研究の批判的検討を踏まえて対案を提示または諸問題を発掘し追究するとともに研究の展望を示した。言語的カテゴリー論の今後の発展が大いに期待されるところである。

---

pourpre は，現在でも〈深紅，真っ赤〉の意味である。

53 画家・仏文学研究者の Jenny Batlay（個人的談話）によると，氏の好みの色は，2歳の頃の赤から，3・4歳からのピンクを経て，11歳・12歳以降のターコイズブルーへと順次，変わっていったという。これは，色彩語の史的意味変化が，文化的な嗜好変化ばかりでなく個人的な嗜好変化との間にも並行性を有する可能性を示すものであり，極めて興味深い事例である。少数事例による一般化には慎重でなければならないが，今後の研究の可能性と方向性を大いに示唆するものであると言えよう。なお，Batlay (1976) を参照。

第4章
意味変化の種類と動機づけ

4.0 はじめに

　言葉の意味を解釈することは，本質的に心理的・認知的行為である。言葉の意味が変化していくさまに私たちは魅了されるが，それは，既に確立したと考えられている意味が，他の意味に発展したり，別の意味的要素を含んだりし始めるからである。その観察可能に見える表面的な意味変化の下に，事物を概念化し，それらを言語的に表そうとするときに生じる，人間の心理的・認知的プロセスの変異が存在しうる。

　総じて意味変化のメカニズムを探究しようとするとき，その原因には，認知的要因，文化的要因，社会的要因等，ありとあらゆる要素が入っているように思える。これらの必須要素は，古くはUllmann (1951, 1962, 池上 (訳) 1967) に要約されている。第1章でも紹介しているように，Ullmannは，理論的研究と実証的研究，共時的研究と通時的研究などのバランスの取れた見解を展開しており，意味変化の諸原因を分類している。

　Ullmannは，*Semantics* (1962) の中の8章 Semantic Change で，Edward Sapir の言葉を引用し，意味は変化に対して最も抵抗の少ない言語要素であるので，意味論は特におもしろい分野であると述べている。

> "Language," he wrote, "moves down time in a current of its own making. It has a drift... Nothing is perfectly static. Every word, every grammatical element, every locution, every sound and accent is a slowly changing configuration, moulded by the invisible and impersonal drift that is the life of language." (Sapir 1949: 150, 171) This Heraclitean conception of a perpetual and all pervasive drift in language is of particular interest to the student of semantics. 　　(Ullmann 1962: 193)

(「言語は自分の作り出した流れの中を時間にそって下って行く。それは1つの『流れ』を持っている。…すべて完全に静的なものなどというのは存在しない。あらゆる語、あらゆる文法的要素、あらゆる言い廻し、あらゆる音とアクセントが、言語の生命力とも言うべき、目に見えぬ非人間的な『流れ』にひかれつつ、その形を緩慢に変えて行くのである」。言語の中に永遠、かつ普遍の傾向というものを考えるこのヘラクリトス的な見方は意味論を研究する者にとってとりわけ興味深いものである。)

(池上(訳) 1967: 221)

　変化が興味深く起こる意味変化の問題を、Ullmann は3つのテーマにグループ分けしている。「原因 (causes)」「本質 (nature)」「結果 (consequences)」である。さらに、言語変化の原因として、彼は6つの種類を挙げている。「言語的原因 (linguistic causes)」「歴史的原因 (historical causes)」「社会的原因 (social causes)」「心理的原因 (psychological causes)」「外国語の影響 (foreign influences)」、そして「新しい名称に対する必要性 (the need for new names)」である。

　これらの原因に関する Ullmann の議論を、彼の挙げている例とともに見ることによって、これまで行われてきた意味変化の議論の概観をし始めることとしたい。

4.1　意味変化の原因に対する Ullmann (1951, 1962) の分類
4.1.1　言語的原因 (linguistic causes)

　これは、ある語 A が他のある語 B と頻繁に一緒に用いられる場合、連想によって B の意味が A の意味に転移されて、それにより A の意味が永続的に変化してしまう場合である。この最も良い例が、フランス語における否定の語彙の意味変化である。

ラテン語 passus (一歩)	フランス語 ne … pas (ない)
punctum (点)	ne … point (ない、決して～ない)
persona (人)	ne … personne (誰も～ない)
rem (もの)	ne … rien (何も～ない)
jam (もう) + magis	ne … jamais (決して～ない)

これらのフランス語は，上記のように，ne を伴う場合はもちろん，ne を伴わず単独で使われる場合でも，否定の意味をもっている。すなわち，2つの語の結合が習慣的に行われたことによって，語彙そのものの意味変化をもたらしたのである。

4.1.2 歴史的原因 (historical causes)

私たちの社会における具体的な事物，制度，観念，科学的概念などは，時代とともに変化するが，それらにつけられた名称は，多くの場合そのまま使用されるので，結果として，その語彙の意味が変化するということが起こる。例えば，現代においてまさに科学的概念である electricity (電気) は，ギリシア語の elektron，ラテン語の electrum (ともに琥珀) からきており，また，geometry (幾何学) は「土地を測量する技術」からきている。さらに atom (原子) は，ギリシア語では，「分けられない」を意味していたが，分割可能ということが判明した現代においても，その名称が継続的に用いられている。すなわち，科学の進歩によって atom そのものがもつ意味が変化したと言える。

4.1.3 社会的原因 (social causes)

社会的な変化には，2種類の方向性がある。ある語がありふれた日常のことばから特殊な語彙へと変化し，その意味が狭くなる場合と，逆に，ある特殊な社会的コミュニティで使われていた語彙が一般に使われることばに変化し，その意味が広くなる場合である。前者の特殊化の例としては，フランス語で多くの動詞が農村での言葉として使用されていく際に，観察できる。

ラテン語		フランス語	
cubare	(横たわる)	couver	(かえす)
mutare	(変える)	muer	(脱毛する)
ponere	(置く)	pondre	(卵を生む)
trahere	(引く)	traire	(乳をしぼる)

また，逆のプロセスである後者の一般化の例として，狩猟や鷹狩りから入った語が日常言語に入り込んでいく過程を観察することができる。例えば，haggard (やつれた) は，「成長して羽をつけてからとらえられたため，まだ乱暴で飼いならされていない」鷹を意味していたものが，一般語になっ

たものである．また，lure（おびき寄せるもの）と動詞の allure（誘う）も，「鷹使いが鷹を呼び戻すのに使う器具」を指していた意味が，一般に広がったものである．

4.1.4 心理的原因 (psychological causes)

Ullmann は，心理的な原因とは，「話し手の心の中の深く根ざした特徴とか傾向から生じてくる意味の変化」(Ullmann 1962: 201, 池上（訳）1967: 230) であると言い，特に2種類のものに注目している．(i) 感情的な要因と (ii) タブーである．

(i) 感情的な要因については，H. シュペルバー博士の議論を引用して，もしある問題に対する興味が大変強いものであれば，人は自然とそれについて話すことが多くなり，常に心の中に存在しているので，別の経験を描写する場合に，直喩や隠喩の元として働くとしている．例えば，第一次世界大戦中，フランス兵は，人やものをある種の武器の名前で呼んだし（小豆をりゅう散弾），恐ろしい武器を，ユーモラスな隠喩（機関銃をコーヒー引き）で表した．これは，自らが接しざるを得ない武器の恐ろしさを，いくらかでも減らそうとする感情の働きだと考えられる．

また，(ii) タブーも意味変化の重要な原因になる．なぜなら，「それは，ある人間や動物，ものに対してその禁止の効果を及ぼすのみでなくその名称をも禁じてしまうからである」(Ullmann 1962: 205, 池上（訳）1967: 234)．つまり，タブーになった語は，多くの場合，他の表現によって取って代わられる．この代用表現の意味が調節されて，全体として意味変化が起こることになる．このような例として，Ullmann はいくつもの種類を挙げているが，代表的な分野は，悪魔のような超自然的な存在，病気や死といった人間一般にとって避けたいもの，性やそれに関するもの，身体のある部分と機能などである．例えば，フランス語の fille は，「娘」という意味であるが，「少女，若い女性」の意味では，今では jeune fille と言わなくてはならない．これは，fille が「売春婦」という意味での婉曲表現としてたびたび使われてきたため，それが今では普通の意味になってしまったからである．

4.1.5 外国語の影響 (foreign influence)

言語は他の言語からの影響を様々に受けるが，その1つに既に存在している語の意味が変化させられてしまうということがある．例えば，Bear（熊）

という語で，「大熊座」「小熊座」という2つの星座を指す用法は，フランス語，イタリア語，スペイン語，ハンガリー語などの多くの言語に共通に観察できる。これらはすべて，ラテン語とさらにその前のギリシア語に基づくもので，この2つの語は，古代古典時代に星座を指すのに使われていた (Ullmann 1962: 209, 池上(訳) 1967: 239)。

また，外国語から借用された意味が，もともとの意味にとって代わられる「意味借用」が起こる場合もある。例えば，キリスト教の多くの重要な概念は，ヘブライ語，またはギリシア語からの意味借用によって成り立っている。聖書では，ヘブライ語の ml'k (使者) がしばしば「天使」の意味で使われたが，ギリシア語には「天使」を表す語がないために，翻訳者はヘブライ語での多義性をギリシア語にも適用し，ギリシア語の angelos (使者) を「天使」の意味で使ったという。それが，ギリシア語からラテン語に入り，最終的には，英語，フランス語，ドイツ語，ロシア語，ハンガリー語などにもすべてその影響が及んだ (Ullmann 1962: 165, 池上(訳) 1967: 188)。

これらの例から，多くの語彙が他の言語の影響を受けて，その意味を変化させていることが伺われる。

4.1.6 新しい名称に対する必要性 (the need for a new name)

科学や技術の進歩に伴って，新しいものや新しい概念に，それを意味する名前をつけることが必要になってくる。このような場合，まったく新しい用語を作ったり，外国語から借用してくることももちろん行われるが，最も簡便な方法は，既にある古い語の意味を変えて用いることである。

例えばケプラーは，大きな星の周りを回っている小さな遊星に名前をつけることが必要になってきたときに，新しい語を作る代わりに，ラテン語の起源では，satellus, satellitis (付き添い，親衛兵) である satellite をこの意味 (衛星) に使った。次第にこの語彙は，他の分野 (解剖学，動物学，都市計画) でも，いくつかの意味をもつようになり，また，人工衛星の打ち上げが行われ，一般に広くこの語彙が使われるようになると，その意味がさらに広げられた。

このように意味を変化させることが，文化的な進歩の必要に応じて言語をあわせていく，最も効率的な方法となっている。

4.2 Ullmann に対する批判

このような Ullmann の意味変化に対する分類は，語彙意味論の中で最もよく知られた重要な理論の1つである。しかし，何人かの研究者（Geeraerts 1997, 1999; Blank 1999）は，Ullmann の分類に欠けている点を指摘している。というのは，この分類は，一連の動機づけを網羅しているように見えるが，同時にこのリストは，発展の方向性として可能なものをただ列挙しただけ，という感じを我々に抱かせるからである。

Ullmann の理論の価値を認めながらも，Geeraerts と Blank は，意味変化に対する分類と動機づけを独自に議論している。彼らの議論の中に，意味変化に対する認知的動機づけと語用論的動機づけの関連性を見ることができる。

4.2.1 Geeraerts の議論

Geeraerts (1997, 1999) は，Ullmann の分類を非常に魅力あるものと認めている。なぜなら，彼の分類は，「言語変化がどのように起こるかの説明を与える」(Geeraerts 1997: 87) ために，単なる分類法以上に機能的であろうとしている。しかし Geeraerts は，Ullmann に対するいくつかの批判を挙げている。次に挙げるような，原因に関する議論は，特に我々の注意を引くものである。「「究極」の原因と「当面」の原因とは，はっきり区別されるべきである。」(ibid.) Geeraerts (1997) は，言語変化のメカニズムと原因は，混同されるべきではないと述べている。彼が言うところのメカニズム（例えば，メタファー，メトニミー，婉曲表現など）とは，「変化への可能な道筋を示す」(Geeraerts 1997: 103) ことであり，すなわち，「どのような段階を踏んで，新しい意味や新しい語彙が，現存する意味や語彙と融合的に関わって行き得るか」(ibid.) を示すことである。一方，意味変化の原因は，なぜこれらの潜在的発展が実現したかを指摘するものである。彼は，メタファー，メトニミー，婉曲表現を「メカニズム」と呼び，表現性，効率性を「原因」と呼ぶ。原因の中でも表現性は，ある言語形式を実際に使用する際の引き金となるが，効率性は，これらの伝達行動の実行の時にのみ役割を果たすと言う。

Geeraerts は，多義を通時的意味変化が共時的に反映した結果だと定義し，多義が群生した性質をもつようになる通時的原因に焦点を当てている。彼は，認知言語学の枠組みの中のプロトタイプ理論を用いて，意味変化のメカニズムを通時的に分析している。彼は，semasiological（意味変化論的）な

構造の中のいくつかのプロトタイプ理論的性質を指摘している。「時代を越えて生き残るより重要な意味の次に，それほど長くは生き残らない周辺的な意味」が存在している (Geeraerts 1997: 24)。したがって，意味変化が起こるときには，より顕著な成員がより安定的に意味のコアに存在し，ある世代から次の世代へと，伝統的に受け継がれていくようになる。一方，あまり顕著でない成員は，伝達される読みに，いつの場合でも，創造的に独立的に基づいている。

4.2.2 Blank の議論

　Blank (1999) もまた，この分野において Ullmann の分類が何十年もの間，最もよく引用されてきた重要な理論であることを認めている (Blank 1999: 66)。しかしながら，彼は，この50年の間に発達してきた理論的特徴の種類を考察し，Ullmann の分類は，動機づけ，必要条件，付随的要素を単に過不足なく集めたものだと批判した。Ullmann の挙げた6つのタイプの中で，「社会的原因」と「心理的原因」の2つだけが比較的問題なく受け入れられると，Blank は述べている (ibid.)。「歴史的原因」「外国語の影響」「新奇の名前への必要性」は，同じタイプの別の面を捉えているだけだと言う (Blank 1999: 68)。また，「言語的原因」は，意味変化に対する動機づけではなく，変化を可能にする必要条件であるという (Blank 1999: 68)。したがって，Ullmann の6つのタイプは，歴史的原因，社会的原因，心理的原因の3つに減じることができる。このまとめ方は道理にかなっているように見えるが，動機づけを表しているというよりは，意味が変化してきたと考えられる妥当な領域を示しているに過ぎない。

　Blank は，「George K. Zipf (1949) によれば，スピーキングへの主要な動機づけは，成功をおさめることにある」(Blank 1999: 63) と述べている。言語変化というのは，言語そのものに根ざしているのではなく，むしろ言語変化は，「人間の心に根ざす性質と人間の社会的相互交流」という2つの局面の結果であるという。したがって，語彙的意味変化に対する動機づけの研究は，両方の発展を考慮し，個々の変化の動機づけを集め，これらのタイプに対する認知的基盤を同定しないといけない (Blank 1999: 66)。Blank は，Geeraerts (1997) が究極の原因であるとした表現性と効率性は，意味変化の動機づけではなく，コミュニケーション上のストラテジーであるとしている。語用論的な意味の拡張は見られるとしても，典型的なメカニズムは，や

はりメタファーとメトニミーであるとしている (Blank 1999: 82)。この2つの動機づけについて，次章以降で詳しく論じたい。

4.3 意味変化の原因・動機づけ

GeeraertsやBlankの批判を考えると，原因や動機づけとしては，むしろUllmannの次のテーマである意味変化の「性質」というものに注目したい。彼は，意味変化を2つのカテゴリーに分け，「意味の間のつながりに根ざしているもの」と「名前の間のつながりに根ざしているもの」(Ullmann 1962: 211–212) としている。これらの2つのカテゴリーは，現在の理論で言えば，「類似性」「近接性」という2つの種類のつながりに集約できる。一般的に「類似性」に基づく意味の変容を「メタファー」「近接性」に基づく意味の変容を「メトニミー」と呼ぶ。

したがって，意味変化の種類や原因に対するこれらの概観から，意味変化を起こす動機づけには，次の2つの局面があると認めることができる。

(i) 人間の心に備わっている認知的側面
(ii) 人間の相互作用から生まれる語用論的側面

この2つは，前者を意味変化の必要条件，後者を十分条件と表現できる。認知的基盤が，大部分の意味変化の根底にあり，さらに個々のコミュニケーションの場面で，会話そのものに存在する意味に変異が生じてくると考えられる。

これを踏まえ，意味の移り変わりの研究ストラテジーには，次の2種類の面があり，この区分けを縦・横に取ることにより，4つに分類される。

(i) 取るデータ対象の違い：通時的／共時的，前者は通常，意味変化 (semantic change)，後者は意味拡張 (semantic extension) と呼ばれる。
(ii) 意味の移り変わりの原因・動機を，メタファー・主体化等の個としての認知プロセスに求めるか，コミュニケーションという人と人との相互行為の中に求めるか，の違いである。

第5章，第6章では，4つのタイプそれぞれの代表的な研究を，意味変化・

意味拡張別に紹介し，日本語における例を検討する。その前に，4.4，4.5 節では，認知言語学の理論的枠組みとして，意味変化・意味拡張の原因・動機づけであると論じられてきた認知プロセス，語用論的推論について簡単に紹介する。

4.4　意味変化の認知的動機づけ：メタファー

　これまで，メタファーの議論が，認知言語学では頻繁になされてきた。新しく理論言語学の1つとして，認知言語学を学び始めた読者の中には，なぜメタファーの現象をそのように熱心に取り上げるのだろうといぶかしく思う人もいることだろうと思う。言葉遣いの1つ，あるいは，たとえそこに認知プロセスが見て取れるとしても，共時的言語現象の1つとしか考えられない現象に，頻繁に注目が当てられるのは，メタファーを扱った議論が，認知言語学という学問領域を主張するきっかけになった分野だからである。

　言葉というものは，一般的に考えれば，人間が他の人間と意思疎通が可能なように，ある物や行為に名付けをして，ある共同体で共通に使えるように発達させてきたと考えることができる。人が食事の時に食物を置く台を「テーブル」と言い，人が座った状態を保つ台を，「イス」と呼ぶ。人々の間でそのように取り決め，合意がなされてきた。つまり，その共同体に属するほぼ誰もが，同じものや行為に対し同じ言葉を用い，その共通の土台に立って，意思疎通が問題なく行われてきた。このように考えると，言葉はものや行為に対する一種のラベルであり，その共同体のどの成員にも問題なく認められるように設定した最初の取り決めである。つまり，ある言語におけるものや行為のラベルが辞書的意味であり，そのラベルは客観的に決められると考えられる。

　しかし，言葉というものは，そのように客観的に決められるものではなく，人間の心理的・認知的・概念的思考の側面が投影されていると提唱したのが，認知言語学であった。そして，その代表的な現象として取り上げたのが，メタファーであった。カリフォルニア大学バークレイ校の言語学教授であるジョージ・レイコフと，南イリノイ大学の哲学の教授であるマーク・ジョンソンは，1980 年に *Metaphors We Live By* という一冊の本を共著で出版した。柔らかいフォントで書かれた題と著者名が，本の表紙を斜めに飾り，それが表紙を赤と茶色に色分けしている。14 cm×21.5 cm ほどの小さな版に，本文も，割と大きな字体でゆとりのある行数で書かれてあるこの本

は，その表紙の雰囲気とあいまって，まるでなにかラブ・ロマンスの小説のようにも見える。しかし，そのペーパーバックが，認知言語学という分野を創設する最初の本となった。

> Metaphor is for most people a device of the poetic imagination and the rhetorical flourish—a matter of extraordinary rather than ordinary language. Moreover, metaphor is typically viewed as characteristic of language alone, a matter of words rather than thought or action. For this reason, most people think they can get along perfectly well without metaphor. We have found, on the contrary, that metaphor is pervasive in everyday life, not just in language but in thought and action. Our ordinary conceptual system, in terms of which we both think and act, is fundamentally metaphorical in nature.　　　　　(Lakoff and Johnson 1980: 3)
>
> メタファー（隠喩）と言えば，たいていの人にとっては，詩的空想力が生み出す言葉の綾(あや)のことであり，修辞的な文飾の技巧のことである。つまり，通常用いる言語というよりは特別改まった表現をする際の言語のことである。それに，メタファーというのは言語だけに特有のものであって，思考や行動の問題であるよりは言葉遣いの問題であると普通一般には考えられている。したがって，大部分の人はメタファーなどなくとも，日常生活はなんら痛痒(つうよう)を感ずることなくやっていけるものと考えている。ところが，われわれ筆者に言わせれば，それどころか，言語活動のみならず思考や行動にいたるまで，日常の営みのあらゆるところにメタファーは浸透しているのである。われわれが普段，ものを考えたり行動したりする際に基づいている概念体系の本質は，根本的にメタファーによって成り立っているのである。
>
> 　　　　　　　　　　　　　　　　（渡部・楠瀬・下谷（訳）1986: 3）

この本の第1章の第一パラグラフに書かれた上記の言葉は，レイコフとジョンソンの主張を極めて簡潔に表している。すなわち，メタファーというものは，詩や特別な言い回しで用いられる修辞的な技法ではなく，通常の言葉の中に用いられているものである。さらに，単なる言語の問題ではなく，人間の日常生活における思考や行動の元である概念システムそのものが，メタ

ファー的だと述べている。

このレイコフとジョンソンによって打ち立てられた，単なる修辞的技巧ではないメタファーは，一般的に「概念メタファー」と呼ばれる。この概念メタファーは，典型的には，「AはBだ (A is B)」の形式を取り，Aが「目標領域 (target domain)」，Bが「起点領域 (source domain)」に属すると言われる。そして，Bの概念の体系によってAの概念を理解することが，メタファーの働きであると考えられている (The essence of metaphor is understanding and experiencing one kind of thing in terms of another. (Lakoff and Johnson 1980: 5))。

4.4.1 概念メタファーの認知的特徴

メタファーが単なる言葉上の言い換えではなく，人間の概念的操作であると提唱されるのは，メタファー現象の中にいくつかの認知的特徴が見出されるからである。その最も興味深いものが，表面的には矛盾する表現のように見えながら，その背後にある認知的な視点を設定することによって，そこに概念的一貫性 (coherence) が見出されるという点である。

例えば私たちは，時間を表すのに，空間に関する表現を頻繁に用いる。次のような例文にそれがよく現れている。

That's all behind us now.
Let's put that in back of us.
We're looking ahead to the future.
He has a great future in front of him.　　(Lakoff and Johnson 1999: 140)

これらを見ると，空間と時間との転写関係は，次のような法則で考えられていることがわかる。

観察者の存在する空間的位置　→ 時間的現在
観察者の眼前の空間　　　　　→ 時間的未来
観察者の背後の空間　　　　　→ 時間的過去

しかしながら，上記とは異なった見方で時間を考えている例も存在する。

In the following weeks... (future)
In the preceding weeks... (past)

この場合は，上記とは反対の次の法則によっていると考えられる。

観察者の眼前の空間　　　→ 時間的過去
観察者の背後の空間　　　→ 時間的未来

　英語だけでなく，様々な言語で時間に関する表現を観察すると，このような2つの相反する時間の概念化の仕方が存在していることに気づく。では，確かに時間を表現したり概念化したりするのに空間を用いていることは納得できるとしても，その方策はその場に応じて，異なるのであろうか？
　Lakoff and Johnson (1999: 141) は，この表面的には矛盾して見える現象を，2つの異なる下位メタファーを考えることによって，解決した。すなわち，時間メタファーは，時間運動メタファーと観察者運動メタファーの2つからなっているということである。

The Time Orientation metaphor has a spatial source domain, but it says nothing about motion. The observer might be either stationary or moving. As it happens there are two additional metaphors for time that typically are combined with the Time Orientation metaphor. Both involve motion, but in one the observer is stationary and time is moving, while in the other the observer is moving and time is stationary.　　　　　　　　(Lakoff and Johnson 1999: 141)
時間オリエンテーションメタファーは，空間の源泉領域を持つが，それは運動については何も語らない。観察者は静止しているか動いているかのいずれかであり得る。これにともなって，時間オリエンテーションメタファーに典型的に結合する付加的メタファーが二つ存在する。どちらも運動を組み込むが一方では観察者は静止して時間が動き，他方では観察者が動き時間は静止している。　　　　(計見（訳）2004: 169-170)

　時間メタファーの中には，潜在的に動きが含まれているが，メタファーの構成要素である時間と人間とのどちらが動き，どちらが静止しているかによっ

て，見立てられ方に2つの種類があるということである（詳しいメタファーの種類・機能の議論は，Lakoff and Johnson 1980; Lakoff 1987; 谷口 2003 を参照）。

したがって，表面的には矛盾したように見える表現の基に，一貫した認知プロセスが存在し，それが言語表現を決定づけているということになる。

4.4.2 メタファーによる意味変化の提唱

人間にとってわかりにくい抽象概念を表現し理解するのに，より想起しやすい日常の経験を用いて思考するということが，頻繁に起こり得る。この思考の仕方が，通常メタファーという認知現象を起こさせる。この認知現象によって，言語が新しい意味を獲得し，それがその共同体の安定した意味になっていくという語彙の意味変化が，実際にいろいろな言語で観察できる。

Heine らは，このような言葉の意味変化のプロセスを，より詳細に人間の肉体の部分を表す言葉の発展に注目して，分析した（Heine et al. 1991a, b）。その代表的な例が，Ewe 語の megbé という語の意味変化である。megbé という語は，「背中」という肉体の一部を表す名詞であるが，それが，空間関係，さらに一種の精神的状態を表すように変化していく。この意味変化によって，具体物から抽象概念へ意味領域の変化，また，品詞としては，名詞から副詞や形容詞へという統語カテゴリーの変化を引き起こしていく。

(1) épé   megbé   fá
    3SG.POSS back   be cold
    "His back is cold."

(2) é-le   xɔ-á   megbé
    3SG-be   house-DEF   behind
    "He is behind the house."

(3) é-nɔ   megbé
    3SG-stay behind
    "He stays back."

(4) é-kú   le   é-megbé
    3SG-die be   3SG.POSS-behind
    "He died after him."

(5) é-tsí   megbé
    3SG-remain behind
    "He is backward/dull."

(Heine et al. 1991a: 161, b: 65)

　例えば例文（1）では，megbé は肉体の一部を表しており，それは具体物の1つであると同時に，語彙カテゴリーとしては，名詞句の主部となっている。一方，例文（2）と（3）では，意味的には両方とも空間的位置を表しており，また語彙カテゴリーとしては，（2）は後置詞，（3）は副詞として機能している。さらに例文（4）では，時間的関係を表し，やはり後置詞として機能している。また，最後の例文（5）では，megbé は，また別の意味である「知能障害がある」という意味を表している。これは，具体的な事物でもなく，事物間の空間関係でもなく，人間の知的・精神的状態を表すカテゴリーである。そして，この意味的変異と同時に，この megbé は，統語的には主格補語として用いられ，形容詞として機能している。
　Heine ら（Heine et al. 1991a, b）は，この意味的変化と統語的変化の間の相互関係を認知的推移と言語学的推移の類像性（iconicity）だと考え，ある概念から別の概念へと意味が移行するとき，その概念を表す語彙カテゴリーにも影響を与えると述べている。このような意味的，ひいては統語的変化を引き起こす動機づけを人間の認知能力に求め，それをメタファーだと同定している。
　このような肉体の一部を表す語彙からの意味変化が，どの言語にも普遍的に認められるように考えられるのは，*World Lexicon of Grammaticalization*（Heine and Kuteva 2002）で挙げられたデータを見ると納得できる。この本では，世界中の言語からおよそ500の異なった言語のデータを集めて，分析がなされている。Megbé のような「背中」だけでなく，肉体の一部を表す他の語彙，例えば，腹，目，顔，足，頭などの語彙が意味的に発展し，たくさんの言語で空間関係を表すに至っていることを示している。これらの分析結果を見るとメタファーという認知プロセスが普遍的に存在し，またその認知プロセスを使用することによって，肉体の部分を表す語彙を用いて，空間・時間といった会話状況的な指示的内容を表すに至っていることがわかる。

4.5 意味変化の語用論的動機づけ：語用論的推論

4.4節で論じたようなメタファーによる動機づけに対し，語用論的推論によって動機づけられる意味変化は，話し手・聞き手間，著者・読者間の関係におけるコミュニケーション活動において起こりうる。語用論的推論の最も典型的な例は，古典的な誤謬の post hoc ergo propter hoc（一時的な時間的前後関係が因果関係を表していると信じる論理的な誤り）である。例えば，私たちが次のような2つの連続した文章を読んだ場合，その2つの書かれている事象の間に因果関係があると推測しがちである。

（6）a.　We read the letter.（私たちはその手紙を読んだ。）
　　 b.　We felt greatly inspired.（私たちは非常に感動を覚えた。）

すなわち，(6a, b) の状況を，「手紙に書かれていた内容によって，私たちは感動を覚えた」のだというように，私たちは通常解釈しがちである。しかしながら，この2つの文章の間には接続詞がないので，意味論的には何の因果関係も存在していないと言える。この因果関係的な解釈は，語用論的推論によって導き出されていると言える。

同じような語用論的推論は，発生した順序を示す接続詞や前置詞によってつなげられた2つの出来事の文を読む場合にも，同様に起こりうる。

（7）　After the trip to Minnesota she felt very tired.
　　　（ミネソタへの旅行の後，彼女は非常に疲れを覚えた。）
　　　　　　　　　　　　　　　　　　　　　（Traugott and Dasher 2002: 16）

この (7) の文は，因果性を含意しているというように通常解釈される。すなわち，「ミネソタへの旅行のせいで，彼女は疲れを覚えた。」という意味である。このような語用論的推論によって生み出される意味は，接続詞自身の意味の1つとして慣習化されると，そこに語彙の意味の変化が起こったことになる。このような意味変化は，英語の after や since の意味変化の中に見られる。Traugott の理論によれば，このような語用論的推論を伴う意味変化は，頻繁に「主観化 (subjectification)」を伴う。主観化については，第5章において文法化の議論と絡めながら論じる。

第 5 章
意味変化と文法化

5.0 はじめに

　言語が変化していくことを論じるとき，どのような言語現象を対象として研究を進め，分析・説明・考察を加えるかは，非常に悩ましいところであり，各研究者の研究枠組みによって異なってくる。ただし，誰もが考えるように，より意義のある研究をしたいと思うとき，次の 3 つの要素を念頭に置くのではないかと思われる。

(i)　意味と統語の相互作用：意味的側面と統語的側面の相互の影響のかけあい方が明らかになるような事象
(ii)　証明可能性：コーパス等の発達により，質的・量的に優れた証拠を挙げて科学的に証明できるような事象
(iii)　通言語的規則性：単一の言語内だけでなく，言語の差を越えて普遍的な規則性を証明できるような事象

1960 年代から提唱されていた「文法化」「文法化理論」の研究が，1980 年代から次第に注目され，特に近年，言語研究の中でも重要な位置を占めているのには，上記のような要素を高い密度で含むというところがあるだろう。
　特に，3 番目のいわゆる言語の違いを超えた変化の規則性については，音韻論等の他の言語学の分野では，その存在が広く認められていたが，意味論については，その変化は一定せず，不規則であるように考えられていた。しかし，このような従来の捉え方に反し，1990 年代以降数多くの意味変化の規則性に関する研究結果が報告され，特に，文法化理論に関するものについて「文法化の道筋（grammaticalization paths）」の報告がなされ，一方向性（unidirectionality）を示しているとされた (Heine et al. 1991b: 212; Bybee et

al. 1994: 12-13)。まず，Heine et al. (1991b) は，メタファーのカテゴリーには階層性があり，意味変化は下記の左から右に進むとした。

（1） person > object > process > space > time > quality
(Heine et al. 1991b: 55)

例えば，文法カテゴリーにおいてよく議論される going は，動詞としての process のカテゴリーから，アスペクト・テンスマーカーとしての time のカテゴリーに発展しており，上記の一方向性の説に当てはまることになる。

また Bybee et al. (1994) は，特にテンス・アスペクト・モダリティに注目し，多言語のデータを分析することによって多くの規則性を指摘している (Bybee et al. 1994: 105, 194, 199, 240-241)。その代表的なものは，以下のようなものである。

（2） desire > willingness > intention > prediction
(Bybee et al. 1994: 256)

さらに，Traugott and Dasher (2002) は，意味変化について，言語を超えての規則性を提唱し，特に下記の主観化・間主観化に基づく一方向性を示した。

（3） non-subjective > subjective > intersubjective
(Traugott and Dasher 2002: 281)

2008 年の New Reflections on Grammaticalization 4 (Leuven, 16-19 July 2008) の学会の Call for papers (CFP)[1] で言われたように，初期の文法化の研究で

1　"Since the 1980s, grammaticalization has held an important place in linguistic research. Early grammaticalization studies explored morphosyntactic change, building on Lehmann's ([1982] 1995) seminal study of processes and parameters of grammaticalization. This type of grammaticalization mainly focuses on the change of free syntactic units into highly constrained morphemes with a grammatical function. A more recent tradition, initiated by Traugott (1982) and elaborated, for example, in Traugott (1989, 1995, 1996), focuses on semantic-pragmatic change in grammaticalization." (Call for Papers of NRG4)

は，ある統語的形態が，より文法機能の高い制約の多い形態へと変化してい
く形態統語的な変化を中心に論じられ，そのプロセスや要因が主に分析され
ていたが，最近の研究では，より意味的・語用論的側面に光が当てられるよ
うになっている。これにより，文法化の定義や文法化研究の射程も変化して
きている。これを踏まえ，5.1節では文法化の定義，5.2節では，語用論的推
論についての英語を例にした議論，5.3節では，語用論的推論に基づく日本
語の分析について，具体的な研究事例を見ていくこととする。

5.1 文法化の定義

　言語変化に関する様々な分野の中で，「文法化」や「文法化理論」は，特
に注目に値するものである。変化の現象の中に際立った規則性が観察できる
からである。文法化の定義として，Heine et al. (1991a: 149, b: 3) は，古典
的な Kuryłowics ([1965] 1975) の定義を採用している。

> Grammaticalization consists in the increase of the range of a
> morpheme advancing from a lexical to a grammatical or from a less
> grammatical to a more grammatical status, e.g. from a derivative
> formant to an inflectional one. 　　(Kuryłowics [1965] 1975: 52)
> 文法化というのは，語彙要素から文法要素へ，あるいはより文法性が低
> いものから高いものへ発展する形態素の広がりの増加にある。例えば，
> 派生接辞から屈折接辞への変化などである。　　　　　　　　(筆者訳)

また，Hopper and Traugott (1993: xv) は，文法化を次のように定義している。

> the process whereby lexical items and constructions come in certain
> linguistic contexts to serve grammatical functions, and, once
> grammaticalized, continue to develop new grammatical functions
> 　　　　　　　　　　　　　　　　(Hopper and Traugott 1993: xv)
> 語彙項目と文構造が，ある言語環境において文法的機能を果たすように
> なり，一旦文法化されると，その新しい文法機能を発達させ続ける過程
> である。　　　　　　　　　　　　　　　　　　　　　　　(筆者訳)

以上のように，文法化の概念を表す方法はいくつかあるが，標準的な端的な

定義は,「語彙要素から文法形式への発達過程」であると言える (Heine and Kuteva 2002: 2; Traugott and Dasher 2002: 81)。

　文法化に対するこの標準的な定義は,言語変化の中でも特に文法化の分野における2つの特徴的な点に気づかせてくれる。まず第一に,文法化は通時的データに基づくものであるということである。ある形式から別の形式への発展は,必然的に時系列的な特徴を伴う。もし文法化が発達過程であり,しかもその発達を構成する漸次的な時間的変容を調査したい場合,異なった時代から収集した言語データに基づく通時的アプローチを取るべきである。そのような通時的アプローチを通して明らかになった傾向は,共時的な現象を分析する際にも,我々の言語理論の説明力を高めるであろう。

　第二に,文法化は,意味的変化と形態統語的変化を分かちがたく含んでいるということである。言語変化は多くの場合,最初に意味的要素の変容から始まり,次に形態要素や他の語彙との統語的関係における変化を起こしていく。文法形態が次第に発展していく過程を観察すると,意味的要素と形態統語的要素との間の密接的なつながりを把握することができる。

　さらに,文法化研究が目指すべきところは,文法的形態素が語彙的形態素や単なる語彙の連なりから次第に発展していく様を観察するのみにあるのではなく,むしろ表面的な言語変化の根底にある認知的・語用論的メカニズムを探ることにある。様々な文法化研究が示している認知的メカニズムは,言語変化の2つの大きな動機づけに集約される。すなわちメタファーと語用論的推論である。通常メタファーは,文法化が起こったと見られる共時的なデータの動機づけとしてよく議論され,語用論的推論は,通時的なデータに基づく漸次的な言語変化の分析において論じられる。

　因果関係のメカニズムがどのように現れるかは,それぞれの研究が扱う助動詞や副詞,接続詞といった例文によるが,文法化研究の領域において議論される,変化の根底にあるメカニズムは,意味変化の現象全般に対して有効である。したがって,意味変化を動機づけるメカニズムを,文法化現象の中に観察したいと思う。

5.2　語用論的推論に基づく文法化

　通時的なデータに基づく言語変化の分析において,最もよく取り上げられる言語変化のメカニズムが,語用論的推論である。Levinson (2000) の理論に基づいて,Traugott and Dasher (2002: 16f) は,語用論的推論に関連する

意味を次の3つのレベルに分けている。

(i) コード化された意味 (coded meanings)
(ii) 発話タイプとして慣習化された意味 (utterance-type meanings)
(iii) 発話者がある発話の中で特異的に使用している意味
(utterance-token meanings)

コード化された意味というのは，どの発話時点・場面においてもその語彙に付随しているものとして慣習的に確立された意味である。例えば，現代英語においては，after は，節と節との間の時間的順序を指し示す接続詞としての意味「～した後で」のみがあるが，since は「～して以来ずっと」という時間的順序を表す意味と，「～の故に」という因果関係を表す意味の2つを有している。これらはいずれも意味的にコード化され，単語固有の意味として既に辞書の中に登録されたものである。

2つ目のレベルである，発話タイプとして慣習化された意味は，喚起された推論 (invited inferences) が一般化されることを指している。これらはまた，同じ言語を共通にもつ共同体の中で，慣習的に使用されるものとして確立されたものである。しかし，先のコード化された意味と異なるのは，取り消して無効にすることができるという点である。

(4) *After* the trip to Minnesota she felt very tired.

例えば，(4) においては，2つの出来事の間の因果関係が含意されているが，(5) を加えることによって，簡単にその因果性を取り消すことができる。

(5) It turned out she had been sick for quite some time.

つまり，after と since は同じように時間的順序を示す接続詞であり，同時に因果関係を表す意味を有しているが，after は，慣習的に因果を表しているだけであるのに対して，since においては，因果関係の意味が語義として確立されているということである。

3つ目のレベルである発話時に承認される意味は，喚起される推論ではあ

りながら，確立化された含意としては使用されていないものである。例えば，"at a time later than" という句は，たとえ1つの接続詞や前置詞のように慣習化された含意を含んでいないとしても，その場のコンテキスト（文脈）によって因果性を意味的にほのめかすことはできる。

　Traugott and Dasher (2002: 34–40) は，上記の3つの意味のレベルの間に歴史的・時系列的な順序が存在すると提唱した。すなわち，発話時に承認された意味から発話タイプとして確立された意味，さらに，コード化された意味へと，語用論的に多義的なものから意味論的にコード化された多義へという変化の方向性があるというのである。その例として，英語における as/so long as の歴史的な意味変化を挙げている。古英語・中英語の時代において，空間的な意味は，「～と同じ時間的長さの間」という時間的意味と既に共存していたが，時間を表す節が未来を示す文脈でのみ，仮定的な解釈である「～という条件で，もし～ならば」という意味が有効になっていた。初期近代英語においては，喚起された推論としての仮定的な意味は，時間的な意味が顕著でない文脈でも一般化されている。この例が示すように，ある特定の表現形式において喚起された，単なる推論的意味は，一般化を通して発展し，その共同体においてコード化された意味として意味論的に定着することとなる。

　5.1節の文法化の定義で見たように，文法カテゴリーがなぜ起こってくるのかを理解し，文法化の重要な性質を捉えるのに，Heine (2003: 587) は，メタファーと語用論的推論の両方を考慮するべきだとしている。それに対し，Traugott and Dasher (2002: 39) は，文法化の動機づけについて，メタファーと語用論的推論の双方の役割をさらに詳しく分析している。それによると，メタファーの役割は意味変化の初期の段階における個々人に関するものであり，一方語用論的推論の役割は，後期において，その意味の妥当性について共同体が認めるか否かによって影響を受ける部分であるとしている。そして両方のアプローチは，相互に排他的であり，またお互いに強め合うことができるとしている。これらの分析はいずれも，意味変化の根底にあるメカニズムを探る際に非常に有効である。

　上記に述べたような語用論的意味がコード化されて辞書的意味になっていく言語変化の過程に関わって，「主観化」「間主観化」の概念も重要視されてきた。ただし，主観化・間主観化という変化は，文法化をめぐる議論の中で注目を集めてきたが，あくまでもこれは意味の変化に対する分析であり，形

態統語的な変化を指し示すものでも，包含するものでもなく，また，文法化にのみ固有のものでもない。

　主観化（subjectification）とは，次のように定義されている。

> Subjectification is the semasiological process whereby SP/Ws come over time to develop meanings for Ls that encode or externalize their perspectives and attitudes as constrained by the communicative world of the speech event, rather than by the co-called "real-world" characteristics of the event or situation referred to.
> 　　　　　　　　　　　　　　　　　（Traugott and Dasher 2002: 30）
> 主観化とは，話し手（書き手）が，ある語彙について，その語彙がもともと指し示すところの出来事や状況といった現実世界の特徴によってよりむしろ，談話のコミュニケーション場面における話し手（書き手）の視点・態度によって記号化・明示化するような意味を，時間の経過のなかで発展させる意味変化のプロセスである。　　　（筆者訳）

すなわち，話し手（書き手）が自分の主観的な視点・態度を，最初は発話時の一時的な状態での語用論的な意味として，次第に発話タイプとして定着していき，さらに語彙の意味の中にコード化されたものとして確立していく過程だと言える。

　また，さらに主観化が進むと，間主観化（intersubjectification）の意味変化が，話し手（書き手）と聞き手（読み手）のコミュニケーションの相互作用の中から起こり，語義の中に入ってくる。間主観化は，次のように定義される。

> Intersubjective meanings ... arise directly from the interaction of SP/W with AD/R. ... intersubjective meanings crucially involve social deixis (attitude toward status that speakers impose on first person – second person deixis). ... explicit markers of SP/W attention to AD/R, ...　　　　　　　　　　（Traugott and Dasher 2002: 23）
> 間主観化とは，談話の中において，話し手（書き手）が聞き手（読み手）に対する自己の態度や配慮を，明示的な語彙表現としてコード化する意味変化のプロセスである。　　　　　　　　　　　（筆者訳・要約）

この間主観化の意味変化は，特に談話の中においては，話者は聞き手のことを考えてこのような言い方をしているのだという解釈が，どの発話においてもおおむね可能になるため，はっきりとした形態統語的な変化が通時的に観察できない限り，間主観化が起こっているとは言いがたい。そのような明らかな変化が観察できる事例が，5.3 節に見る日本語のでも・だけど・ね／な系感動詞・終助詞，名詞から語用論的不変化詞に変化した「わけ」，動作動詞から謙譲語さらに丁寧語へと変化した「候ふ」である。

5.3　日本語に見られる語用論的推論に基づく文法化
5.3.1　「でも・だけど・ね／な系感動詞・終助詞」(Onodera 1995, 2004; 小野寺 2011)

　小野寺 (Onodera 1995, 2004; 小野寺 2011) は，日本語の「な」という終助詞が，もともとの終助詞から切り離されて独立して間投助詞として用いられるようになり，さらに，感動詞として機能するようになる歴史的変化を観察している。機能の変化とともにその出現する統語的位置が，文末から文中，文頭へと変化しているが，これらの終助詞から感動詞への発達の変化は，完全に移行してしまうということではなく，「な」系統の終助詞・間投助詞，感動詞がすべて共存して用いられている。この点において，「文法化の性質とも似ている」(小野寺 2011: 82) と言う (以下，例文等は，小野寺 2011: 81-85 から引用。詳しくは，Onodera 2004 を参照)。

　まず，終助詞「な」は，8 世紀の『古事記』の中に見られる例が最も古いものとされるが，(6) のように，自分の心情を表す「詠嘆 (exclamation)」の機能をもつ終助詞として用いられていた。

(6)　源氏「有職どもなりな。心もちひなども，とりどりにつけてこそ，めやすけれ。」
　　　現代語訳：物事に通じて，わけのわかった人たちであるなぁ。心遣いなども，弁少将と藤侍従と，それぞれに関してみても，いかにも。　　　　　　　　　　(1008　源氏物語　常夏; 小野寺 2011: 81)

　さらに，12 世紀頃より「呼びかけ (summons)」の機能をもつ感動詞として用いられるようになり，能「自然居士」の中では，(7) のように，「人に呼びかける詞」として発話のはじめで繰り返し用いられている。

（7） 自然居士「のうのうあれなるおん舟へ物申さう」
  (現代語訳：もしもし，そこの舟に話があるぞ)
          (1384年以前　能楽　詞章「自然居士」；小野寺 2011: 83)

その後，19世紀の「浮世風呂」では，例文（8）のように「念押し（reinforcement）」を伝えるようになる。

（8） おたこ「……お鮫坊はとんだ能子でよく湯へ入ります。お誉なすって下さいまし。ハイハイ。ありお誉だ。ノウ，最よからう。ソリヤあつくもなんともない。ネエ。てうど能うございます。……」
          (1809　「浮世風呂」；小野寺 2011: 84)

ここでは，「な」が「ノウ」「ネエ」という形に変化して，話し手が聞き手に自分の意見や発言の正しさの確認・念押しをするために，「感動詞」として使われている。

このように「な」系終助詞は，「話し手が特に聞き手への伝達を意識せず，単に自分の心情を吐露する」（小野寺 2011: 81）表現から，他人を意識して呼びかける表現になり，さらに，相手により配慮をすることにより話し手の間主観性がより強まった念押しの表現へと，間主観化の変化を起こしていると言える。その形態は，「な」に加えて，「のう・の・ね・ねえ・なあ」という形が，現代までに現れ，機能の変化に伴い，図1のように，各形態ともに出現位置が文頭化し，文法化の性質を呈していると言える。

終助詞（文末）		間投助詞（文中）		感動詞（文頭）
な (8C)	=	な (8C)	→	な (12C)
のう (14-16C)	=	のう (14-16C)	=	のう (14C)
の (16C)	→	の (19C?)	=	の (19C)
ね (18C)	→	ね (19C)	→	ね (20C)
ねえ (18C)	=	ねえ (18C)	→	ねえ (19C)
なあ (18C)			→	なあ (19C)

図1　「な」要素の文末・文中・文頭への出現 (小野寺 2011: 82)

5.3.2　「わけ」(Suzuki 1998)

Suzuki (1998) は，もともと理由を表す名詞である「わけ」が，会話文の

最後に出てくる談話標識の機能をもつようになる文法化の変化を分析している（以下，例文等は，Suzuki 1998: 67-92 から引用。日本語訳は，筆者による）。

現代日本語において終助詞としてよく使われる「わけ」は，（9）のように，もともと理由を表す名詞であった。

（9）　学校に遅刻した<u>わけ</u>を言う。　　　　　　　　（Suzuki 1998: 68)

（9）において，「学校に遅刻した」という節は，次に続く名詞「わけ」を修飾しており，現代日本語においても消え去ることなく，話し言葉・書き言葉両方に使われている。一方で，Suzuki (1998) は，実際の会話文を録音・分析することにより，(10) のような使われ方をする「わけ」があることを指摘している。

（10）「Ｔさんはなんか，自分としてはね，常々立場をはっきりさせてきたって言う<u>わけ</u>よ。」(1990 ゴシップ（会話分析）; Suzuki 1998: 68)

「断定」の意味を表す終助詞「よ」とともに用いられている，(10) の「わけ」は，命題的な意味を負っているのではなく，発話内容に対する話者の「説明的な (explanatory) 態度」(Suzuki 1998: 68) を表す語用論的な機能を果たしている。Suzuki (1998) は，話者が中心的役割を果たす談話標識としてのこのような機能が，名詞「わけ」からどのようにして発生してきたのかを，現代日本語については，実際の会話を録音したデータ，過去の日本語については，年代ごとにその時代の小説の中の会話部分を抽出することにより，分析している。その結果，「わけ」の意味変化とそれに伴う統語的環境の変化には，次のようなステージの変遷があることを指摘している。

ステージ 1　1830 年代以降　理由節（〜から）+　結果節　+　わけ
ステージ 2　1880 年代以降　条件節（〜ば）+　結果節　+　わけ
ステージ 3　1880 年代以降　言い替え節　+　わけ
ステージ 4　1930 年代以降　（話者の）類推
ステージ 5　1980 年代以降　聴者の類推を促す軽い用法

5.3 日本語に見られる語用論的推論に基づく文法化　163

ステージ1・2では，(11)(12)のように，「わけ」は，「から」や「ば」のついた理由や条件を表す節に続く，その結果節の後に出現しており，2つの節の間の論理関係に基づいて使われていると言える。

(11) 「あのとおりの気性の父さんだから，見かけて頼んだ<u>わけ</u>だもの。」
　　　　　　　　　　　　　　(1832 しゅんそくうめごよみ ; Suzuki 1998: 73)
(12) 「盗られたなら盗られた，落としたなら落としたと，判然決まればいい<u>わけ</u>だね。」　　　(1888 さつきのこい ; Suzuki 1998: 73)

次のステージ3では，ステージ1・2のように，「わけ」がついている節とその前の節の間に，何らかの因果関係が存在しているのではないが，同じ内容を別の言葉で言いかえることが，理由を述べるニュアンスを含んでいると考えられる。

(13) 　のぶこ「いつだったの？」
　　　　母　　「11月の28日。ひとつき早かった<u>わけ</u>だね。」
　　　　　　　　　　　　　　　　　　(1924–26 のぶこ ; Suzuki 1998: 74)

ステージ4ではさらに，「わけ」の節とその前に出てくる節との間に，統語的にも意味的にも直接的な因果関係は見られないものの，話者の「類推 (inference)」により，2つの出来事の間に関係性を読み込んでいることに基づいて，「わけ」が使われていると言える。(14)では，信吾の答え方から導き出した結果内容の節の最後尾に「わけ」が出現しており，話者の類推に基づいて「わけ」が成立していると言える。

(14) 　母　　「じゃあその人を愛してあげればいいじゃない。」
　　　　信吾　「それはそうだけど……。」
　　　　母　　「やっぱりなっちゃんのことが忘れられないって<u>わけ</u>？」
　　　　　　　　　　　　　　　　　　(1981 恋離れ ; Suzuki 1998: 75)

ステージ5では，明確な因果関係や言い換え，話者の推論を表しているのではなく，「わけ」は，聴者の類推を促している。理由を表す名詞の意味での使用を起源にして，「わけ」の使用と因果関係の推論プロセスとが頻繁に同

時に起こることにより，慣習化 (conventionalization) が起こり，「わけ」という語彙そのものに因果関係の意味が定着してきたと考えることができる。直前の発話に明確な統語的・意味的因果関係がなくても，話者が「わけ」を使用することによって，一見したところ無関係な会話のつながりに対して，聴者に因果関係の類推を促すことになる。例えば，(15) では，S は，直前の会話との明確な因果関係なく，「わけ」を使用している。

(15) H 「そういう中途半端な感じで，こうやっちゃったっていうのが僕は…。」
　　　…（省略）
　　S 「… T さんはなんか，自分としてはね，あの常々立場をはっきりしてきたっていうわけよ。　…」
　　　…（省略）

(1990 ゴシップ（会話分析）; Suzuki 1998: 75)

話題になっているTに批判的なHに対して，同意する気になれないSは，「わけ」を使うことによって，論理的な関係があるかのように「含意 (imply)」(Suzuki 1998: 79) している。つまり，ステージ5の「わけ」は，はっきりとは因果関係を示せていないものの，直前の会話と「わけ」がついている発言との間に，事実に基づく論理的に構築された関係があるかのように，話者が「主張 (insist)」(Suzuki 1998: 79) し，それを聴者に納得させようとする機能がある。

「わけ」の以上のような，名詞から語用論的不変化詞 (pragmatic particle) への変化は，語用論的強化 (pragmatic strengthening (Traugott 1988)) と見なすことができ，同時に，文法化に特有の次の5つの性格を備えていると Suzuki (1998) は言う。第一に，話者の主観的な信条や態度が投影されるという主観化 (subjectification (Traugott 1989)) の変化を呈している。第二に，名詞から語用論的不変化詞への推移は，開いたカテゴリー (open class category) から閉じたカテゴリー (closed class category) への一方向的な変化 (Hopper and Traugott 1993: 103) を示している。第三に，語彙的使用と語用論的使用が同じ時期に共存しているという階層性 (layering (Hopper 1991: 22)) の特徴を示している。第四に，もともとの名詞の語彙的意味である「理由」と語用論的形態素となった「理由づけ」の機能との間に，意味的

な連続性があり，維持的な関係性 (persistence (Hopper 1991: 22)) が認められる。最後に，意味的領域から語用論的領域に意味の変化の一方向性が認められ，同時に統語論的にも 2 つの節の連なりの後に現れるという，より制限された統語的環境での使用から，より制限の少ない環境への変化が見られる。特に第一の「主観化」の変化は，「間主観化」の変化へと発展し，Traugott 自身も「わけ」の間主観化の性格を認めている。

> This meaning can be seen in instances in which a logical relationship between the *wake* clause and preceding discourse (or other aspects of the speech act situation) is not evident, but in which SP/W wants AD/R to assume or construe that one exists. The intersubjective meaning is not only more recent than the epistemic one, but could presumably not have developed had the epistemic one not already been available. (Traugott and Dasher 2002: 174)

Suzuki (1998) は，寺村の「わけ」の分析を参考にし，その意味の分類を考慮に入れながらも，共時的・通時的な会話文のデータを取ることによって，意味の変化とその変化が節の間の関係，統語関係に影響を与えるプロセスを明らかにしており，はっきりとした証拠に基づいた興味深い分析と言える。

5.3.3 「候ふ」（金水 2004, 2011）

日本語の敬語は，文法化の例としてよく取り上げられる (Traugott and Dasher 2002: 263-276)。意味の違いが統語形式に密接に絡むというだけではない。その敬語としての意味の違いが，話し手と聞き手の社会的立場をも含むコミュニケーション上の関係をはっきりと含んでおり，それが言語形式上に如実に反映されているからである。さらに，日本語の敬語の年代順のデータを取ると，その言語形式が，通時的に変化していく様が観察できる。すなわち，聞き手との関係を意味の中に含んでいく間主観化のプロセスが観察できる。金水 (2004, 2011) によれば，丁寧語の歴史的な発達過程として見た場合，尊敬語・謙譲語から丁寧語へと変化した例は「多数観察されるが，逆の例はない」（金水 2011: 164）と言う。これは，きわめて一般的・普遍的な主観化・間主観化の方向性と一致するものである。

事実，Traugott and Dasher (2002) は，日本語の「候ふ」（古代 saburahu，中世・近世 sooroo）という動詞について，8世紀から14世紀までのデータを分析し，そこに主観化・間主観化の変化を認めている．相手を敬うという敬語的な意味内容を特にもたず，単に動作としての「待ち受ける」という内容語的意味は，8世紀（例文 (16)）にとどまらず11世紀（例文 (17)）においても動作を表す本動詞として使われている．その後，貴人の元で謹んでそば近く仕えるという意味に限定的に用いられるようになるとともに，その動作主の地位が貴人に比して低いものであるとの含意が生じ，語彙的意味として確立する（例文 (18)）．さらに，そのような謙譲語を用いる際の，かしこまった物言いをするという話し手の態度が語彙的意味と結びつけられ，丁寧語（例文 (19)）へと拡張されていくのである．

Stage 1 : content word "wait on"　命題的意味を表す用法
(16)　東の滝の御門に伺侍へど（原文表記：雖伺侍）昨日も今日も召すことも無し
　　　（現代語訳：東の滝の御門に伺候したが）
　　　（760年以前　万葉集・二・184番（金水 2011: 165），Taugott and Dasher 2002: 264）
(17)　いづれの御時にか．女御・更衣あまたさぶらひ給ひけるなかに，いと，やむごとなき際にはあらぬが，すぐれて時めき給ふありけり．
　　　（現代語訳：どの天皇様の御代であったか，女御とか更衣とかいわれる後宮がおおぜいいた中に，最上の貴族出身ではないが深い御愛寵を得ている人があった．）
　　　　　　　　　　（約1006年　源氏物語・桐壺，現代語訳　与謝野晶子）

(16) は，待ち受けるという意味で使われており，さらに有名な源氏物語の冒頭の一節である (17) では，尊敬の接尾辞が別に付いていることから，さぶらうの中に語用論的な尊敬の働きはなく，語彙そのものの中に「高貴な人の元で伺候する」という意味が確立していることが見て取れる．

Stage 2 : referent honorific　謙譲語の用法
(18)　逃げて入る袖をとらへ給えば，面をふたぎて候へど，はじめてよく御覧じつれば，

(現代語訳：逃げて入ろうとする袖をお捉えになると，顔を隠しておりますけれど，初めてその姿をごらんになったので)
(竹取物語・56頁 (金水 2011: 165), Taugott and Dasher 2002: 265)

　これらの例において，語彙の本来の意味である「待ち受ける」という動作を表す語義の変遷に注目すると，(16)ではコード化された確立した意味であったが，(18)では，この意味は，ほぼ消えていると言える。逆に，発話者が「待ち受ける」相手である対象者に対して地位が低くかしこまるという語用論的意味は，(16)では状況的な要素であったが，(18)では謙譲の意味として確立している。それは，別の動作を表す動詞の補助動詞として使われていることから明らかに見て取れる。さらに(19)では，かしこまった物言いをする態度そのものを表す丁寧語としての意味が，「候ふ」という語彙そのものの意味となり，他の動詞に伴うのではなく独立して用いられるようになっている。

Stage 3: referent honorific　丁寧語の用法
(19) 「これより珍しき事は，候（ひ）なんや」とて居り。
　　 (現代語訳：「これ以上に珍しい事はございますでしょうか」と言って座っている。) 　　（源氏物語・帚木・85頁（金水 2011: 166),
　　　　　　　　　　　　　　　　　　　　　Taugott and Dasher 2002: 265）

　この日本語の敬語の「候ふ」の言語変化は，独立した動作を表す動詞から語用論的な補助動詞，さらにもともとの動作の意味を離れて，聞き手に対する配慮のみを表す丁寧語へと変化しており，まさに内容語から機能語への文法化だと言える。また，話し手と聞き手の関係を軸にした主観化・間主観化の意味変化を呈している[2]。

2　日本語の敬語の意味変化に関して，具体的な様相を捉えるためには，個々の形式の変化過程についてさらなる詳細な検討が必要である。「特に，丁寧・丁重語の起源が謙譲語であるか，尊敬語であるかという違いは，意味変化の過程がまったく異なるという点で重要である。」（金水 2011: 166)　詳細は，金水 (2004, 2011) を参照されたい。

第6章
意味拡張と多義

6.0 はじめに

　語彙の意味が拡張して，共時的に多義を示す現象は，通時的意味変化の共時面への反映と捉えることができる。その多義的な意味の集まり方，連関の仕方を分析することにより，変化の根底にある動機づけを捉えることができる。そのため，意味変化の共時面への反映と捉えられる数ある意味拡張の中でも，ある一定の傾向やまとまりがあり，変化の方向性が見受けられるものに焦点が当てられ，研究分析がなされる。その1つが，内容語が機能語へと徐々に変化する文法化が，共時的なデータにおいて見受けられる現象，すなわち，変化の元の意味が，変化してしまった意味と同時に同時代に残り，観察できる現象である。そしてもう1つが，人間の知覚・感覚領域に起源をもち，同種の身体をもつ人間として，元々の意味が言語を超えて同じであると想定できる知覚動詞・感覚形容詞の意味変化の現象である。

6.1 共時的な意味拡張現象としての文法化

　共時的な意味拡張の研究の中で，最も頻繁に取り上げられてきたのが英語の be going to である。この例は，意味論的・音韻論的・形態統語的な変化が密接に絡み合っており，そのために文法化の好例とされる。

　（1）　I *am going to* Paris. (i.e., I am leaving for/traveling to Paris.)
　（2）　I *am going to* marry Mark.

例えば（1）では，場所の副詞が含まれており，動詞 go は，もともとの空間移動の意味をもっている。Be going to の句構造は，主語が目的地までの空間的な移動の途上にあることを意味している。（2）のように，不定詞句

を伴った目的論的な方向付けの句構造では，2つの解釈が可能である。1つは，go自体はもともとの動詞の意味そのものに基づいており，不定詞句が目的論的意味を指すというものである。つまり，「私はマークと結婚するために出発（旅立ち）しかけている」という意味になる。一方，be going to の文法化された助動詞構文としての意味では，「近い将来，マークと結婚する意志・決意をもっている」という意味になる。この未来の意味の出現は，これまで主に3つのタイプの動機づけから説明されてきた。

(i)　　メタファー
　　　　（Bybee and Pagliuca 1987; Sweetser 1988; Bybee et al. 1991）
(ii)　　語用論的推論
　　　　（Hopper and Traugott 1993: 2-3, 82-84）
(iii)　概念化者の主観的な移動の出現
　　　　（Langacker 1999: 302-306）

メタファー的なアプローチは，空間上の軌道が時間上の軌道にマッピングされたことを提唱している。一方，語用論的推論の理論は，目的論的形態から未来性が導き出されることを示唆している。すなわち，「結婚するために旅に出発する」という表現からは，「結婚は未来に行われる」という意味が自然に導き出される。3つ目の説明は，主観化に基づいている。すなわち，概念化者は主語の空間移動をたどるときに，潜在的に時間上の心的経路をたどっており，その結果，空間移動の意味から未来性の意味が出ているというものである。

　これらの動機づけのいずれのアプローチを取るにしても，動詞の進行形プラス不定詞句という形態から，1つの助動詞句へという移行に，再分析（reanalysis）が含まれている。すなわち，[I am going [to marry Mark]] は，[I am going to marry Mark]に再解釈されている。Be going to に続く表現が，(3)に示されるように，目的論的意味と両立しない場合，この再分析の過程が鮮明に観察される。

(3)　I *am going to* have to tell him the truth.　　　　　　　　（COBUILD）

この変化は，一般化とも言い換えられる。なぜなら，目的性のある動作の意

味が残っていたら，とても適用できないような意図性のない文脈さえも含むように，be going to の文脈が一般化されているからである。この再分析によって，go, -ing, to の3つの形態素が音韻論的に gonna という1つの形態素に変化している。この変化が起こるためには，-ing と to の間の単語の境界がなくならないといけないため，この再分析によってのみ，形態・音韻論的融合が可能になったと言える。

　未来性を表すのに主に用いられてきた gonna は，さらに発展していると言える。Bybee et al. (1994: 5f) によれば，次の（4）や（5）のような文構造において，主語はもはや目的地への空間移動を必然的に伴っていない。主語は，空間的な意味においてにせよ，他の意味においてにせよ，未来のある特定の終点に向かっての途上にあると言える (Bybee et al. 1994: 5)。すなわち，この文構造だけで，現時点とは別の状態へと方向づけられた潜在的な動きを含意していると言える。しかしながら，この段階ではまだ1つの制約が残っている。すなわち，主語が不定詞の行動を遂行するだけの主体者，典型的には，人や動物などの意志をもった主体でなくてはならないという点である。

（4）I'm *gonna* be a pilot when I grow up.
（5）She's *gonna* have a baby.

次に，（6），（7）の例のようになると，空間的意味はもたなくなっている。文字通りの空間的な移動の意味は完全に消えて，時間的な推移の意味だけが残り，そのため，主語に対する制約はほとんどなくなってしまっている。この文法化された構造によって，本来意志をもった生物が主語になる代わりに，無生物が主語になることが可能になる。

（6）That tree is *gonna* lose its leaves.
（7）That milk is *gonna* spoil if you leave it.

Bybee et al. (1994) は，これらの文法的な意味における進展を「構造の一般化 (generalization of the construction)」と見なしている。一方，Langacker (1999) は，主語の役割におけるこの変化を「主体化 (subjectification)」と呼んでいる。主語の役割は，物理的な動きが最初に失われ，次いで生物的意志が

消え，最後に行動に対する責任が消え，主語が言わば透明な状態になっていく。客体的な動きが次第に消えることによって，もともと備わっていた概念化者の主体的な動きが残る。この概念化者の視点からの変化は，文の意味をより一般的なものに広げていると言える。

　この be going to という文法化された例から，我々は次の2つの重要な点に気付くことができる。1つは，gonna への形態・音韻論的変化は，この語句の意味的変化と一体となって起こるということであり，もう1つは，主語が生物主語であるという統語的制約が失われていくのは，単純な未来性への意味的変化に伴って起こるということである。

6.2　知覚・感覚語彙の共感覚表現

　知覚・感覚に意味の起源を置く語彙は，古くからその意味の変遷に注目が置かれて分析されてきており，特に，1つの感覚モダリティから別の感覚モダリティに修飾の領域が移る共感覚表現に，一定の規則性があることがよく言われてきた。

　古くは Ullmann (1951) が，共感覚表現の修飾・被修飾関係を観察したうえで，次のような一方向性をまとめている。

(i)　より未分化な感覚から，より分化された感覚へと意味の修飾が向かう一般的傾向がある。
(ii)　触覚は，共感覚表現の最も主要な修飾元感覚である。
(iii)　聴覚は，共感覚表現の最も主要な修飾先感覚であり，それは視覚に勝る。
(iv)　触覚は温熱感覚と非常に密接に関連しており，嗅覚は味覚と関連している。

これらの Ullmann の研究は共感覚表現の規則性を発見するうえで非常に画期的ではあったが，彼の研究手法は，19世紀の限られた例文によっていたため，共感覚表現の一連の流れを包括的に観察するうえでは，不十分であった。

　Williams (1976) は，Ullmann とほぼ同様の結論を導き出したが，その手法は，*Oxford English Dictionary* (OED) や *The Middle English Dictionary* (MED) といった主要な辞書の感覚形容詞の例文を，時系列に沿って分析するもので，通時的に確立されたより確かなものであった。Williams は，64

の英語の感覚形容詞の個々の意味が，最初にいつ掲載されたかを調べることによって，1つの感覚から別の感覚へ移る場合に，図1のような変移の傾向を取ることを明らかにした。さらにWilliamsは，インド・ヨーロッパ語族の中の英語以外の言語，及び，インド・ヨーロッパ語族以外の言語のデータも，それらの標準的な辞書の例文をベースにして，自らの分析に付け加えた。これらの言語における，相対する感覚形容詞の意味拡張は，やはり非常に高い確率で，下記の変移の規則に従うことを確認した。

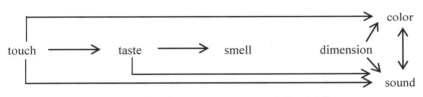

図1　感覚モダリティ間のメタファー変移の方向性
(Williams 1976: 464)

　我々は，これらのUllmann, Williamsの研究から，感覚形容詞は上記の階層的な規則に，体系的に従って変移しているのだということを，結論付けることができる。Williamsは，この階層的な規則は生物学的に裏付けられているということを述べ，すなわち，触覚や味覚のように最も原初的で未分化な感覚モダリティから，聴覚や視覚のように最も高次で分化した感覚モダリティへと，一方向的に意味拡張するものであり，逆はほとんどありえないという結果を示した。
　さらに知覚・感覚語彙の意味拡張について，Viberg (1983) は，別の面から先駆的な類型論研究を行った。Vibergは，知覚動詞の表す意味の構造は，触覚・味覚・嗅覚・聴覚・視覚の5つの感覚モダリティと，活動 (activity)，経験 (experience)，連結表現 (copulative) の動詞本来の3つの機能から成り立っていると仮定した。そのうえで，この基本構造の15のマス目に対し，典型的な例文を作成した。例えば視覚の場合を例に挙げると，"Peter looked at the birds." (活動)；"Peter saw the birds." (経験)；"Peter looked happy." (連結表現) のようになる。Vibergは，知覚動詞を用いた例文のアンケートを作り，それを14の語族に属する53の言語に翻訳した。このアンケートを用いることによって，それぞれの言語で知覚動詞が多義的でありうるのか，また，どのように多義的意味を成しているのかの多言語のデータを収集し

た。例えば，英語の場合には，どんな言語も感覚モダリティを超えて多義的ではあり得ないが，イベントのタイプのほうは，look のように2つのタイプ，feel, taste, smell のように3つのタイプにまたがって多義的であると言える（表1）。

表1　Viberg による知覚動詞に関する体系表
(Evans and Wilkins 2000: 554; Viberg 1983: 128)

(STATE)	ACTIVITY (CONTROLLED)	EXPERIENCE (NONCONTROLLED)	SOURCE-BASED COPULATIVE
sight	look at	see	look
hearing	listen to	hear	sound
touch	$feel_1$	$feel_2$	$feel_3$
taste	$taste_1$	$taste_2$	$taste_3$
smell	$smell_1$	$smell_2$	$smell_3$

Viberg はこのように，多言語間の感覚モダリティ同士の意味拡張の仕方を調べることにより，もともとある高次の感覚モダリティに関わる意味をもつ知覚動詞が，より低次の感覚モダリティについて表すように意味が拡張するということを発見した。知覚動詞間の拡張関係は複雑で，線状に表せるものではなく，図2に示すように階層的な関係になっていることを明らかにした。

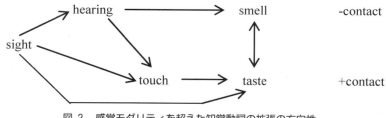

図2　感覚モダリティを超えた知覚動詞の拡張の方向性
(Viberg 1983: 147)

上記のような，Williams や Viberg による研究は，規則性を見出すという意味で，知覚・感覚語彙が特異的にもつ意味拡張の特徴を明らかにしたという意味で，非常に重要であり，現在に至るまでよく取り上げられている。

また別のいくつかの研究では，知覚・感覚語彙の意味に関し，感覚モダリティ相互間の意味拡張ではなく，知覚・感覚領域から抽象領域への意味拡張に関し規則性があることを明らかにした。その最もよく取り上げられる研究がSweetser (1990) のものである。Sweetserは，身体の知覚に関する語彙が，内的な自己に関する語彙と体系的メタファー的関連性があると結論付けた。すなわち下記に示すようなものである。

vision → knowledge, intellection
hearing: "listen" → "heed" → "obey"
taste → personal likes and dislikes
smell → (fewer and shallower metaphorical connections)
touch → emotional feeling

特に視覚と知性の間の関連性に関しては，もともと視覚を表す動詞が一様に，精神的活動の意味を抽象的に発展させていることを詳細に分析している。

(a) Physical sight => knowledge, intellection.
This metaphor has its basis in vision's primary status as a source of data; not only does English have expressions like "I saw it with my own eyes" to indicate certainty, but studies of evidentials in many languages show that direct visual data is considered to be the most certain kind of knowledge.

(b) Physical vision => mental "vision."
This metaphor is probably based on the strong connection between sight and knowledge, and also on the shared structural properties of the visual and intellectual domains—our abilities to focus our mental and visual attention, to monitor stimuli mentally and visually.

((a) 物理的視覚 => 知識，思惟
このメタファーの基盤となっているのは，視覚は情報源として重要な地位を占めているということである。確信を表すのに，"I saw it with my own eyes."「この目でしかと見た。」といった表現をするのは英語にとどまらない。多くの言語の証拠表現 (evidentials) を

調べてみると，直接視覚から得られたデータは，最も確実な知識と見なされている。
(b) 物理的視覚 => 精神的「視覚」
このメタファーの基盤となっているのは，おそらくは視覚と知識との間の密接なつながりであり，また，視覚領域と知性領域に共通する構造的特徴，すなわち，私たちの精神的・視覚的注意を一点に定め，刺激を精神的・視覚的に監視する能力であろう。)

(澤田（訳）2000: 48; Sweetser 1990: 33)

これらの知覚・感覚領域の語彙に関して，知覚動詞の意味拡張は，感覚モダリティ間についても抽象領域への発展に関してもこれまで分析されている。しかし，感覚形容詞に関しては，抽象領域への意味拡張がメタファー表現の一部として扱われているだけで，あまり徹底した分析がなされてこなかった。

そこで，Shindo (2009) では，Williams が共感覚表現を調べる際に，綿密な調査を行った対象である 64 の感覚形容詞について，自然な言語使用例をコーパスの大量の言語データからすべて抽出し，言語処理の技術を用いて分析した。その分析結果を 6.3 節で概観する。

6.3　英語の感覚形容詞の抽象概念への意味拡張

語彙の意味が時間とともに変化していく様子を観察すると，ある領域の語彙に限って見た場合に，きれいな規則性を呈するということが存在する。そのような意味変化の側面を観察する研究ストラテジーとして，具体的にいくつかの手法が考えられる。まず挙げられるのは，1 個ないしは数個の語彙を丁寧に時系列に沿ってその変化を追っていくという方法である。ただし，何らかの規則性や傾向性が見出されたとしても，観察対象とした語彙以外にも，その規則性の適用が妥当か否かということは，観察対象の語彙を地道に広げていくということでしか答えられない。また，別の手法として，ある領域に属する語彙を大量に分析することによって，その変化の様子を定量的に分析するという方法がある。これならば，ある意味領域全体にわたっての分析が可能になり，その領域全体の何らかの規則性の有無を示すことができる。ただし，大量のデータを扱う場合の具体的な言語資源としては，古くからの通時的なものよりも，現代に近い範囲での共時的なものが多く提供されており，可能な方法論として，共時的な分析をまず行い，そこから通時的な

6.3 英語の感覚形容詞の抽象概念への意味拡張

意味変化を推測するということが妥当だと考えられる。

そこで，共時的な意味拡張と多義の現象を捉える1つの手段として，コーパス等の大量の言語データを言語処理の技術を用いて分析するという方法論を取ると，その1つの研究対象として，知覚・感覚領域がある。英語の知覚・感覚領域の語彙に焦点を当て，感覚形容詞の自然言語における意味の拡張の仕方を，その修飾・叙述する名詞に注目して分析する研究を紹介する。

知覚・感覚領域に起源をもつ語彙に関しては，共感覚表現がよく知られているが，現代英語の日常表現を思い浮かべると，感情や知性といった抽象的な領域の意味としても，非常に高い頻度で使われている。

（8） "Wonderful!" he exclaimed, in the familiar *warm* voice that made everybody who knew him feel welcome. (COBUILD 2001)

（9） Her reticence was in *sharp* contrast to the glamour and star status of her predecessors. (COBUILD 2001)

（10） The woman's face brightened up considerably and she gave him a *sweet* smile. (BNC: EA5 1068)

（11） The Foreign Ministry has issued a *flat* denial of any involvement. (COBUILD 2001)

（12） By all accounts Selina was a *bright* child who ended up as head girl of her secondary school in Guisborough near Middlesbrough. (BNC: CEK 3011)

（13） His contribution, which earned "*loud* applause," was forceful and dismissive of the Commission's recommendation. (BNC: FTX 138)

これらの抽象領域への意味拡張は，Sweetser (1990) の主張に従えば，視覚に関する語彙が知識や知性の領域に拡張し，触覚に関する語彙が感情や情緒の領域に拡張していることになる。しかし，各感覚モダリティの語彙は，本当にそのように発展しているのであろうか？どの語彙も，一様にそのような発展の方向性に従って，意味を広げているのであろうか？ Shindo (2009: Chapter 3) では，実際に大量のデータを分析することによって，この点を検証した。

6.3.1 感覚領域相互間の差異

ある文脈の中で形容詞がどのような意味を成しているかを判断する場合，その形容詞が修飾している名詞に注目するのが，1つの有効な方法として考えられる。例えば，英語の sharp という感覚形容詞が sharp knife, sharp pain, sharp contrast, sharp increase のように限定的に使われる場合，我々は，sharp の被修飾語の名詞によって，sharp がどのような形容詞的意味を成しているかを判断している。例えば，sharp knife の場合，knife は物を切る道具であるために，sharp は物体を描写する意味を有している。一方，sharp pain の場合，pain は身体的な感覚を指しているため，この sharp は生理的・心理的な程度を意味している。また，sharp contrast の場合，contrast は抽象的な事物の対照を示しているので，この sharp は抽象的な関係の様子を表している。このように我々は，限定用法で修飾する名詞の意味から，形容詞の意味を解釈していると考えられる。

Shindo (2009) では，形容詞の意味を解釈する場合のこのような解釈プロセスを前提として，形容詞 - 名詞の限定用法の共起関係の例文を，BNC コーパスから抽出した（詳しい抽出・分析方法は，Shindo 2009: Chapter 3 参照）。対象は，Williams (1976) が共感覚表現の方向性を分析した，64 の感覚形容詞である。そして，まず各感覚領域に含まれる感覚形容詞が共起している名詞を頻度順にリストアップした。例えば，共起している名詞の中で，恐らく拡張的に用いられているであろうと考えられる抽象名詞を挙げるならば，温度領域では，welcome, war, blood, smile，また，触覚領域では，work, time, contrast, interest, look といったものである。次に，形容詞がどのような意味で使われているかを探るためには，この共起の名詞を情緒，知性，従属等に分類しないといけないが，研究者個人の判断によると極めて恣意的になるため，WordNet 2.0 という階層的シソーラスのデータベースを用いた。WordNet 2.0 というのは，階層的なネットワーク構造をなしており，最も高次の階層には，9つのノード (node, 節) (Entity, Psychological Feature, Abstraction, State, Event, Human Action, Group, Possession, Phenomenon) があり，最も低次の階層は個々の単語そのものになっている。このシソーラス・データベースを用いて分類することにより，分析者による恣意性を排除し，個々の語彙の拡張の様を詳細に分析することを目指した。

WordNet 2.0 という階層的シソーラスは，客観的な基準に基づいて名詞を分類している。したがって，感覚形容詞の意味拡張においてよく言われるよ

うに，もし温度や触覚に原義をもつ形容詞が，感情を表すことが多かったり，視覚に原義をもつ形容詞が，知性を表す頻度が高かったりするならば，温度の形容詞は Psychological Feature（心理学的特徴）のノードの割合が，視覚の形容詞は Abstraction（抽象）のノードの割合が高くなることが予測できる。しかしながら，温度や触覚に関わる形容詞が特に高い割合で Psychological Feature の名詞を修飾していたり，視覚に関わる形容詞が，際だって Abstraction の名詞を修飾していることは観察できなかった。つまり，温度や触覚に原義をもつ形容詞が，感情を表すことが多かったり，視覚に原義をもつ形容詞が，知性を表す頻度が高かったりすることは，この階層性のノードの分類からは観察できなかった。

Ullmann (1951) の階層性においても Williams (1976) の方向性においても，感覚領域間の意味拡張の規則性については，触覚と視覚が両極に位置していた。そのため，感覚領域から抽象領域への拡張に関しても，触覚と視覚の間に明確な対照が見られるのではないかと予測できる。そこで特にこの2つの領域の差について，分析を進めた。

触覚の中でも特にはっきりとした傾向性の見られる温度感覚に焦点を当て，視覚と比べてみると，温度感覚の形容詞は，拡張した意味ではそれほど使われておらず，もともとの身体感覚の意味で主に使われていたが，視覚の形容詞は，抽象的な拡張した意味で非常に頻繁に用いられていた。

これらの修飾される名詞を見ると，抽象概念への意味拡張における温度感覚と視覚の差異を映し出している。温度感覚の場合は，抽象概念を表す名詞は welcome（warm welcome）のみであるが，視覚の場合は，idea, evidence, smile といった名詞が挙げられる。このリストにおける違いからも，我々は，視覚に関する感覚形容詞は，温度感覚に関する感覚形容詞よりも，よりよく抽象概念を表すのに用いられていると，結論付けることができる。

6.3.2 各感覚領域内の語彙相互間の差異

温度領域内の4つの感覚形容詞，hot, warm, cool, cold が拡張的な意味で用いられる場合の修飾される名詞を観察すると，hot/cold と warm/cool の間で対照的に異なることに気付く。すなわち，hot/cold の場合は修飾する名詞に Entity の比率が高く，warm/cool の場合は Abstraction の比率が高い。具体的には，hot blood, hot temper, cold blood, cold sweat, cold shoulder といったように，hot/cold は，体内の事物，特に血や汗と言った体内の液体の

温度の高さを表現することによって，その人の感情を描写しようとしている。一方，warm/cool の場合は，自分を取り巻く空気の温度が高いか低いかを表し，まるでその空気が人と人の間のコミュニケーションであるかのように描写することによって，そのコミュニケーションに関わる人の感情を示そうとしている。これをまとめると，(14) のようになる。

(14) *hot/cold* + [entity（例：blood, sweat, shoulder）]
　　→ emotional meanings
　　warm/cool + [communicative relation（例：welcome, reception, response）]
　　→ emotional meanings

一方，視覚に関わる感覚形容詞である，bright, brilliant, clear などが拡張的意味で使われる場合の修飾する名詞を観察すると，確かに知性 (intelligence) に関わるものが多いが，個々の形容詞によって大きな相違があることに気付く。例えば，bright は，boy, girl, child, pupil, scholar などの，Entity の一種である人を修飾する際に，知性の意味を表している。また brilliant は，やはり bright と同じように man, player, student, scholar などの人を修飾して，「知的な（人物）」を意味するが，それ以外に，performance, career, goal, success, job, start などの Human Action を修飾して，「価値の高い（仕事，業績）」などの意味を表している。一方，clear は，人や事物を含む Entity の比率は低く，Psychological Feature, Abstraction の比率が高い。具体的には，evidence, idea, view, distinction, indication, statement, message などの名詞が clear によって修飾され，いかに人と人の間の伝達内容が容易に理解されるのかを表すことによって，知性を表すことが多い。これをまとめると，(15) のようになる。

(15) *brilliant* + [Human action: performance] → "excellent"
　　　　　　　　+ [Entity: person] → "extremely clever"
　　bright + [Entity: person] → "clever"
　　clear + [Abstraction: communicative content] → "easy to understand"

これらの分析から，触覚から感情，視覚から知性のようなメタファーによるとされる意味拡張の方向性は，確かに緩やかに効いているが，個々の感覚形容詞は，身体感覚のもともとの意味によって特徴的に制限され，かなり独特のやり方で発展していると考えられる。

6.3.3 同意語間の差異

6.3.2節で見たように，同じ感覚領域に属する感覚形容詞が，感情や知性などへの意味拡張を同じように起こしているように見えても，個々の形容詞によってその様は異なっていることが観察できる。それならば，同意語のように見える2語でも，その使用のされ方に違いがあるのではないかと考えられる。そこで，限定用法・叙述用法両方のデータを取ることによって，1つの感覚形容詞の使われ方の全体を捉え，それを比較することによって，実際に生きた英語の例文の中で，同じ感覚領域に属し，ほぼ同じ意味を表すと考えられる形容詞がどのようにその使われ方に差異があるのかを分析する。具体的には，修飾・叙述する名詞の頻度によって，形容詞の名詞頻出の重みづけを最も典型的に表した semantic network 図を作成する。ほぼ同様の意味を表すと考えられる2つの形容詞について，この重みづけを表す2つのネットワークを比較対照し，共通のノードと差異のノードを抽出した。それを模式的に示したのが，次ページの図3である。さらに，この手法によって，通常同意語と認められる keen と eager を比較分析したのが，表2である。

keen と eager はともに「強く望む (desiring intensely)」という意味であるために，人間のグループを描写するが，keen が競い合う活動 (例：sportsman, player) やプロの活動 (例：gardener) や極端な熱情を示す主体者 (例：supporter, fan) に関わるのに対し，eager は，活動を楽しむ人 (例：audience, buyer, volunteer) や自然な欲求に従って行動する主体者 (例：dog, horse, elephant) に関わる場合が多いことがわかる。

限定用法だけでなく叙述用法も加えたデータを用いることによって，各感覚形容詞がどのような名詞を修飾・叙述しているかを包括的に捉えることができる。同じ感覚モダリティに起源をもち，ほぼ同じ意味を表す2語の使用のされ方を比較分析すると，抽象領域に意味拡張的に用いられる場合には，個々に特徴的な意味を成していることが，顕著にわかる。

182   第6章　意味拡張と多義

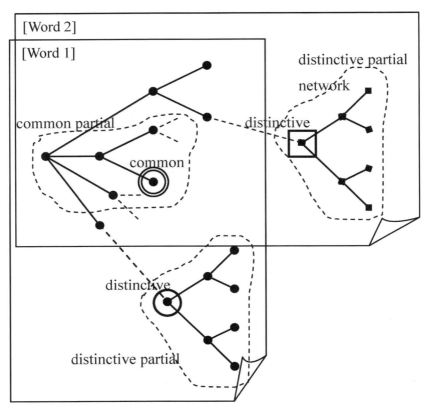

図3　意味ネットワーク図における共通・差異ノード
(Shindo 2009: 154)

表2　Keen と Eager の比較における共通ノードと差異ノード

(Shindo 2009: 158)

Common nodes and nouns included in each node

PEOPLE (keen: 2.6%, eager 3.5%)	people (keen: 28, eager: 9)
INSTITUTION (keen: 1.9%, eager 1.5%)	company (keen: 14, eager: 5)

Distinctive nodes and nouns included in each node

KEEN

CONTESTANT (4.1%)	sportsman (21), player (17), golfer (13), rival (4) etc.
EXPERT (3.4%)	gardener (33), observer (6) etc.
ADVOCATE (2.8%)	supporter (27), fan (8), enthusiast (3), admirer (2) etc.
PEER, COMPEER (1.8%)	member (16), colleague (2), participant (2) etc.
REGION (1.4%)	country (5), germany (2), russia (2) etc.

EAGER

GATHERING (3.5%)	audience (8), crowd (2) etc.
USER (2.5%)	buyer (6), customer (5), consumer (2) etc.
ANIMAL, BEAST (2.4%)	dog (4), horse (2), elephant (1) etc.
SERVICEMAN (2.4%)	volunteer (4), man (3) etc.
ENROLEE (2.4%)	student (10), pupil (3), undergraduate (1) etc.

6.4　日本語の温度に関する感覚形容詞の意味拡張

　感覚領域に起源をもつ知覚動詞・感覚形容詞は，人すべてが同じような肉体をもち，同じような五感をもっているのだから，同じような表現の仕方，使われ方をしているであろうと考えられる。また，Sweetser (1990) の説に従えば，その意味拡張の仕方も，人間すべてがもっている感覚領域にその源を発しているのだから，どの言語もおおむね同じように拡張しているのではないかということが，仮説として挙げられる。

　英語を含むインド・ヨーロッパ語族とはまったく違う語族に属し，統語構造も表記の仕方も極めて異なる日本語においても，感覚語彙の1つである，温度に関する形容詞の研究は，国語学で古くからなされてきた（服部1964,

1974; 国広 1965, 1967, 1981; 渡辺 1970; 西尾 1972; 影山 1980; 山口 1982; 細川 1985, 1986; 中村 1995。詳しくは，Shindo 2015)。

　日本語の温度に関する形容詞は，体の一部で直接皮膚で触れることによって感じる，触感を伴う温度形容詞「熱い，温かい，冷たい」と，体の全体で皮膚で触れることなく体の深部で感じ，触感を伴わない温度形容詞「暑い，暖かい，寒い」の2種類があるとされる。Shindo (2015) では，これまで2種類に分けられるとされてきた日本語の温度形容詞について，「現代日本語書き言葉均衡コーパス（国立国語研究所）」を用いることによって，バランスのとれた形で例文を大量に抽出し，2つのグループによって(1) その統語構造がどのように異なり，(2) メタファーによるとされる意味拡張がどのようになっているかを分析した。この2つの温度形容詞のグループは，身体の感じる部分が一部か全体か，皮膚で直接触れるか触れないか，快い感覚か不快な感覚か等の諸特徴をもち，一概に名付けるのは難しいが，便宜上，「熱い，温かい，冷たい」を触感温度形容詞 (Tactile Temperature Adjectives, TTA)，「暑い，暖かい，寒い」を非触感温度形容詞 (Non-tactile Temperature Adjectives, NTA) と呼ぶ。

　現代日本語書き言葉均衡コーパスから，上記の温度形容詞について，限定用法，叙述用法両方の例文をすべて抽出し，その統語構造と意味を分析することによって，以下の結論を得た。

(i) 　限定用法と叙述用法の差異
　　　統語構造において異なった傾向があり，TTA は限定用法の頻度が高く，NTA は叙述用法の頻度が高い。
(ii) 　限定用法で修飾される名詞
　　　国語学の先行研究では，TTA は固体物・液体物を描写する形容詞，NTA は気体を描写する形容詞と定義されてきた（国広 1965: 206)。しかし，コーパスデータを分析した結果，確かに TTA は，料理や食べ物，飲み物，身体の一部などの事物を描写していたが，NTA は気体や気象条件を修飾するというよりは，むしろ，知覚者，時間，場所などの状況全体を描写していた。これは，人間や時間や場所が，文の主語によって頻繁に明示的に指示されることによって，観察できる。

(iii) 叙述用法で叙述される名詞

NTAで叙述する場合にのみ，よく出現する文法構造のパターンが2つある。（1）主語が頻繁に欠落する，ということと，（2）明示的な主語がある場合，通常一人称であるということである。これは，NTAは，全身による知覚という一時的な出来事を表すものであるから，その知覚者は，明示的に主語によって指示されていなくとも，容易に類推できるからであり，もし表す場合には，一人称のみがその役割を果たし得るからだと考えられる。

(iv) メタファー表現

メタファー表現では，焦点のあたる領域がTTAとNTAで異なり，TTAでは，「熱い，温かい，冷たい」の3つの領域共によく使われているが，NTAでは，「暖かい」のみに頻度が高く焦点があてられている。これを図式的に表すと，図4のようになる。

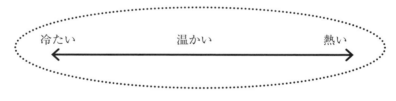

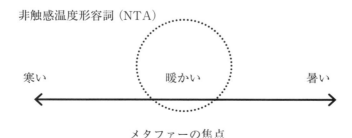

図4　触感温度形容詞と非触感温度形容詞のメタファー焦点の違い
（Shindo 2015: 662）

以上のように，インド・ヨーロッパ語族とはまったく違う語族に属する日本語において，温度に関する感覚形容詞の意味拡張の仕方を分析することにより，同じ感覚モダリティに起源をもつ感覚形容詞でも抽象領域に意味拡張的に用いられる場合には，特徴的な広がり方を成していることが，確認できる．また，言語の差異を超えた規則性があるのかどうか，更なる分析が必要になると考えられる．

6.5 結語と展望

　言語は，人々の生活そのものに密接に関係しているため，人間の生活が歴史的・社会的に変化することによって，言語も大きく変化を受ける．そのような変化は，人間の本質的な性質とはあまり関係がなく，ほぼ予測不可能である．しかし，人間の心理的・認知的性質にその原因があると考えられる場合には，人類一般に通用する一定の方向性があるのではないかと考えられる．

　このような考え方に基づいて，様々にある言語変化の中でも，それらの変化の根底にある方向性・傾向性の原因・動機づけを探ろうとする研究について，第4・5・6章では述べてきた．これらの研究は，人の営みの中に数知れない要因がある中で，言語の種類を超え，時代を超えて，ある一定の規則を示すものを求めようとする．科学的な厳密さを追究して，揺らぎのない理論を求める他の学問分野と同じように，顕著なデータ結果，論理的な説明が可能な傾向性を示そうとするとき，言語現象の中でも，扱う分野・研究手法が絞られるのではないかと考える．感覚語彙の意味の変移，内容語から機能語へという文法化の変化等はこれにあたる．これらの，データ収集，研究方法の際立った特徴をここに少しまとめてみる．

1) メタファーと語用論的推論

　社会や生活上の変化による言語への影響をひとまず横に置き，人間自身のもつ傾向性に注目すると，言葉の意味が変化する動機づけは，2つに集約できる．すなわち1つは，人間の心に備わっている認知的側面を反映した，意味と意味との類似性に基づくメタファー的変容であり，もう1つは，人間のコミュニケーションの相互作用から生まれる語用論的側面を反映した，近接性に基づくメトニミー的意味の変容である．実際の意味の変化においては，前者が必要条件，後者が十分条件となっていると考えられる．

まず，意味変化の認知的動機づけである概念メタファーは，言葉の意味が，人間とは切り離されて客観的に決まっているのではなく，言葉が，人間の認知的特徴を反映した形で新しい意味を獲得し，その新しい意味が，言語の共同体の中で定着し安定的な意味になっていく，という現象を示している。

また，意味変化の語用論的動機づけである語用論的推論は，話し手・聞き手，書き手・読み手というコミュニケーション関係の中で生まれてくる。コミュニケーション場面の中で，語彙そのものの意味の中には存在していない意味を，含意として読み込み，それが語彙や言い回しそのものの中に慣習的に定着してくると，新しい意味の獲得，意味変化が起こる。

意味の移り変わりの研究は，これらの2つの動機づけのどちらに注目するか，また，分析対象のデータを通時的に捉えるか共時的に捉えるかによって，方法論に4種類が考えられる。そして，特に意味の変容の傾向性・規則性が顕著に見出され，活発に研究されてきた分野として，文法化，及び，感覚語彙の意味の変移の分野があるが，それぞれに，これら4つの方法論が使われている。

2) 文法化

文法化という現象は，研究の方法論によって，共時的データに基づいても，通時的データに基づいても議論されてきた。例えば，古い意味が消え去らず，現代においても新しい意味とともに未だ存在しているような事例においては，双方が共存している状態が，現代の共時的データに基づいて議論され，その言わば多義的状態の分析が，意味だけでなく，意味と分かちがたい関係にある，文法的機能面・統語面においても分析されてきた。しかし，このような共時的な分析は，認知的な分析が始まった初期の研究には頻繁に見られたが，今では少ないと思われる。むしろ，文法「化」という，時とともに移り変わる言語の機能に注目するその性格上，通時的に研究される場合が非常に多い。

また，その動機づけについても，メタファーで説明づけられる場合も，語用論的推論で説明づけられる場合も両方の見方が存在する。ただし，メタファーというのは，概念やその言葉の意味が変容していくその漸次的なプロセスをあまり問題にせず，一時に起こる変換・転換を指すことから，通時的な文法化研究にはあまり馴染まないように思われる。時系列に沿った通時的

なデータに基づいて，細かいプロセスを精査するような場合には，度重なる含意の積み重ねにより意味が変容してくるとする語用論的推論の説明のつけ方が，説明妥当性（plausibility）を得やすいように思われる。その中の一プロセスとして，メタファー変換があり得るとするべきと考えられる。

3) 感覚語彙の意味の変移

　五感に関する感覚語彙は，その原義の意味が，言語・文化の違いを超えて，同じような身体構造をもつ人類一般に共通に存在すると考えられる。そのため，その変移の仕方が人間の認知・思考のプロセスを表すものとして，2つの面で，古くから注目が当たってきた。いずれも英語の共時的データを分析しての結果であるので，意味拡張研究と言える。1つは，視覚・聴覚などの感覚領域相互間の意味の修飾・被修飾関係の規則性の分析である。これは，五感を表す形容詞・動詞のそれぞれから研究され，双方において規則性が認められることが広く知られている。一方，もう1つの面は，感覚領域から抽象領域への意味の拡張である。これについてもその規則性が唱えられているが，より確かな証拠を上げる手段として，大量のコーパスデータを対象に言語処理的な分析方法を用いることにより，触覚から感情，視覚から知性のような意味拡張の方向性は確かに緩やかに効いていることが観察できる。ただし一方で，同じ感覚領域に属する語彙が，原義においてもっているような段階性を，そのまま拡張先の抽象領域においても成しているのではなく，個々の感覚語彙が，かなり特徴的に意味拡張していることがわかる。

　これらは，英語を対象にした感覚語彙の意味拡張の分析であるが，インド・ヨーロッパ語族とはまったく異なる日本語の温度表現について，古くから国語学において研究されてきた。2種類に分けられるとされてきた日本語の温度形容詞について，現代日本語のコーパスを用いることにより，統語構造や抽象領域への意味拡張など，詳細な分析が可能となった。その結果，2種類の温度形容詞の間で，温度感覚を表すもともとの意味においても，統語構造に異なった頻度傾向があり，また，修飾・叙述される名詞の種類や出現状況にも差異があることがわかった。また，抽象領域への拡張の仕方について，頻度に差があり，それぞれの種類の焦点の当たり方が異なることが明らかになった。

4) 今後の課題

「文法化」の研究において，現在最も注目されている研究の枠組みは，通時的なデータを語用論的推論の観点から分析することである。その最大の課題は，個々の意味変化が，単に単発的な偶然観察された事実ではなく，実際に一定の傾向性あるいは一方向性を伴って起こっているのかどうかということである。これを探る際に，それぞれの言語が用いられている共同体の文化，コミュニケーションスタイルが大きな影響を与えると考えられる。

例えば，実際の会話の場面で，話し手が言いたいこと，伝えようと意図していることを，聞き手は最大限に理解しようとする。だが話し手は，頭の中にある伝えたいことを，すべてそのまま表現できるとは限らない。例えば，ぴったりする言葉が思いつかない，直接的な言葉に乗せることが社会的に憚られる，あるいは，顕在的に言葉にしてしまうと，話し手と聞き手の人間関係に悪影響を及ぼす等，表現が憚られる場合も多々存在する。そこで，聞き手は，各単語・句の辞書的意味以上の言外の意味を，発話の中に読み込もうとする。この話し手の含意は，その時々にはたまたま意図される意味かもしれないが，同じような含意が同じような表現形式でたびたび起こると，その表現形式には，その含意が大抵伴っているのだという言語的慣習が発生してくる。この慣習が発生する表現形式は，単語や句の場合もあり得るし，ある一続きの統語構造を伴っている場合もあり得る。

このような語用論的推論による意味変化が生じるとき，次の2つの段階で，その言語が使われている共同体の文化やコミュニケーションスタイルが影響をもつ。1つは，発話に伴う言外の意味，すなわち含意が，発話者によって意識的にしろ無意識的にしろ，実際に表現の中に込められる段階である。この時，どれほど直接的に考えを言葉にするか，話し手と聞き手との関係をどのように保つか等に，広い意味での文化が影響すると考えられる。もう1つは，この含意が同じような状況で発生することによって次第に安定化して，その共同体の慣習として確立していく段階である。どういう含意がその共同体で一般的に認められ，定着していくかには，人と人との関わりあい方，文化的な要素が影響を及ぼす。

語用論的推論というプロセスは，多くの場合，英語を中心とした欧米のインド・ヨーロッパ語族で議論されているコミュニケーション上の動機づけである。これが言語変化の原因として一般に認められていくに伴って，日本語などのアジアの言語や他の文化をもつ言語で，同じように成り立っているの

かが議論の対象になってくる。つまり，言語を超えた汎用可能性である。この解明には，個々の言語地域の文化的要素がどれくらい関わっているのかの分析が，今後の課題となっていくと考えられる。

第7章
意味論研究における否定の諸相

7.0 意味論研究における否定

　意味論において否定は基本的かつ重要な役割を担っている。否定の意味論とそのレトリック研究は，従来の論理学では扱いきれない日常言語における否定のダイナミックな使用の側面を明らかにしてくれるものである。否定は単なる記号としてのマーカーの役割をもっているだけではなく，反転やコントラストという認知と密接に結びついており，豊かな修辞性をもっている。意味変化の過程で意味の反転は繰り返し起こっている。肯定・否定の両極に意味が振られるような変化が多言語で見られる。意味論研究の従来的枠組みでは十分に扱いきれなかったこうした意味の反転やレトリックについての諸問題を，認知言語学や語用論という分野では，認知主体の身体性を重要視し，環境との相互作用を文脈とすることで，動的な意味理解の視点から拾い上げ，分析することに成功してきている。
　単に「有る」「無い」という二極的な対比で片づけることのできないような，より豊かで多様な対比が否定の意味理解には存在している。また，「無」という概念には，単なる否定の記号操作や言語記号と捉える視点だけではなく，東洋的な「無の思想」や，英語の nothing にあたるような「無いもの（無いものが，有る）」としての視点も存在している。こうした哲学で論じられてきたような非存在，キリスト教で問われてきたような無からの創造，数学の分野におけるゼロや空集合の扱い，物理学での宇宙の起源や真空の概念といった視点が，言語使用における否定や対比の意味のメカニズムと結びつかないとは言い切れない。思想や諸学問分野における「無」の概念のもつ影響と言語使用，意味理解との関わり合いは多様な側面がある。ジョークや皮肉等に見られるレトリックに否定や対比が用いられていることはシェイクスピア等の文学作品を挙げるまでもなく，普通の人間の日常言語においても創

造的な言葉の世界が展開されている。つまり，言語使用者である人間は，日々のなにげないコミュニケーション手段としてほとんど無意識的にであっても否定や対比のメカニズムを巧みに用いているのである。

以下のセクションにおいては，まず条件的真理値の問題を取り上げ，真理条件（truth condition）によって命題の真偽を問うという視点から見た否定の位置付けを紹介する。従来の形式と意味を結びつけるという閉じた意味論の世界においては，対応物が現実世界にあるかどうかということが問題になっていた。すなわち，従来の意味論研究では形式と意味との結びつきに注目されていた。そして，あるドメインにおける意味の変化や，極の対立とその反転，レトリック等は扱わないとしてきた。しかし，真の意味の世界はそのような閉じたものではないということを示してきたのが認知言語学や語用論という分野である。現実世界における意味のレトリックとその使用方法の背景にあるメカニズムを解明することは，人間の認知基盤の一部を明らかにしてくれる。本章では，広い意味での日常言語における否定と対比というテーマに関わる問題について扱う。

7.1 否定研究の位置付け
7.1.1 否定研究の視点

言語における否定について，様々な視点が存在している。否定の音韻的特徴（一般に諸言語において否定は短い音節数であることが多い。これは，言語において否定が頻繁に用いられる基本的な要素であり，記号的マーカーであることを裏付けていると考えられる），否定の構造（否定辞を文のどの位置に置くかという問題），否定の意味（否定は単なるマーカーとしての純粋に記号的な否定の意味もあれば，レトリックとしての意味反転につながる文脈依存的な意味の弾性をもっているという側面），否定的行動（単なる言語の問題を超えた否定的態度表明・解釈というものが存在し，発話を通じた具体的な行動へとつながるような否定の語用論的側面があること）等，諸言語を対象として，音韻論，統語論，意味論，認知言語学，語用論といった様々な分野で研究が進められてきている。

また，否定表現ということであれば，諸言語における否定（否定のタイポロジー），幼児の言語発達における否定（生命維持や快不快に関わるレベルの拒絶から，高次な精神活動における否定）の習得，否定の通時的側面・否定の共時的側面，二重否定・多重否定，数量詞に対する否定，否定の関わる

語用論的側面，否定極性項目（negative polarity items，以下 NPIs）・肯定極性項目（positive polarity items，以下 PPIs），否定の認知構造，否定とメタファー等の切り口を挙げることができる。

否定研究は長い歴史的背景があるだけでなく，世界中で現在進行形の研究対象であり，様々な文献が諸言語に関して出版されている。否定研究を行うのであれば，何語を対象にするのであっても必ず手に取るべき Horn (1989) を始め，Horn and Kato (eds.) (2000)，Horn (eds.) (2011)，加藤・吉村・今仁（編）(2010) 等，論文集も数多くある。

7.1.2 否定に関する論理学の基盤

否定に関する多様な言語表現を具体的に扱う前に，論理学における否定の扱いや位置付けを知っておくことは，日常言語における否定研究の諸相の基盤を知る際の手がかりの1つとなる。

論理学では，否定命題（negation）を表すのに「¬」「〜」「¯」という論理記号を用いる。命題 p を否定する命題「p でない」は，「¬p」「〜p」「p̄」という論理記号で表現される。

命題 p を否定する命題「p でない（「¬p」「〜p」「p̄」）」の真偽は，命題 p の真偽によって定められる。そのことは，真理値表で以下のように表される。

p	¬p
真	偽
偽	真

選言（disjunction）ないし論理和（logical sum）の命題「命題 p または命題 q」は，「または」を表す「∨」や「∪」を用いて，論理記号では「p∨q」や「p∪q」と表現される。「命題 p または命題 q（p∨q）」の真偽は，命題 p，命題 q の真偽から定められる。そのことは，以下の真理値表のようにまとめられる。

p	q	p∨q
真	真	真
真	偽	真
偽	真	真
偽	偽	偽

選言・論理和の否定命題である「命題 p または命題 q でない」を，論理記号を用いて「¬(p∨q)」と表現することができるが，このことは「命題 p でない，かつ，命題 q でない」と置き換え可能である。「命題 p でない，かつ，命題 q でない」ことは，論理記号を用いて「(¬p)∧(¬q)」と表現することができるのが，選言・論理和の否定命題の性質である。

連言（conjunction）ないし論理積（logical product）の命題「命題 p かつ命題 q」は，「かつ」を表現する「∧」や「∩」という論理記号を用いて，「p∧q」や「p∩q」と表現される。連言ないし論理積の命題「命題 p かつ命題 q（「p∧q」）」の真偽は，命題 p，q の真偽から定められる。そのことは，以下の真理値表のとおりである。

p	q	p∧q
真	真	真
真	偽	偽
偽	真	偽
偽	偽	偽

連言・論理積の否定命題の性質は以下のとおりである。「『命題 p かつ命題 q』でない，すなわち ¬(p∧q) と示す」ことは，「『命題 p でない』または『命題 q でない』，すなわち (¬p)∨(¬q) と示す」へと置き換え可能である。

しかし，このような分析方法には限界もある。太田（1980: 95）では and が単なる論理記号ではなく，and then の意味になる場合について指摘している。連言ないし論理積の命題「命題 p かつ命題 q（p∧q）」の真偽は，命題 p，q の真偽から定められる。確かに，「ジョンも賢く，かつ，メアリも賢い（John is intelligent and Mary is intelligent, too.）」という文であれば，ジョンとメアリの位置を入れ替えても意味は変わらない。しかし，これで説明しきれない日常言語の使用として，「結婚して，妊娠した」という表現を挙げることができる。上記の論理学の説明では，「結婚して，妊娠した（Mary got married and got pregnant.）」も「妊娠して，結婚した（Mary got pregnant and got married.）」も置き換え可能ということになってしまう。しかし，日常言語においては，「結婚して，妊娠した」と「妊娠して，結婚した」は異なる事態を描写している。

さらに、命題「p ならば q (p⇒q または p⊃q とも表現する)」について、逆 (converse)、裏 (reverse)、対偶 (contraposition) をまとめると以下のとおりである。命題「p ならば q」の逆は「q ならば p」、裏は「p でないなら q でない」、対偶は「q でないなら p でない」である。このことは、図1のように記されるのが一般的である。

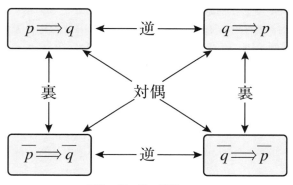

図1 逆・裏・対偶

さらに、「対等の方形 (square of opposition)」では、肯定 (affirmation)、否定 (negation)、全称 (universals)、特称 (particulars) の4項目について、図2（次ページ）のような正方形を用いて4分類して整理している。ラテン語の affirmo (肯定)、nego (否定) から名付けられ、Affirmo、affIrmo、nEgo、negO の順に、A頂点、I頂点、E頂点、O頂点はそれぞれ、全称肯定 (A)、特称肯定 (I)、全称否定 (E)、特称否定 (O) となっている。「すべての」は全称であり、「ある」は特称である。

まず、A と書かれている A頂点に注目すると、これは肯定であり全称である。つまり、「すべての X は Y である（すべての人間は死ぬ）」といった文が該当する。次に、I頂点に注目すると、これは肯定であり特称である。つまり、「ある X は Y である（ある人は黒髪である）」といった文が該当する。さらに、E頂点に注目すると、これは否定であり全称である。つまり、「どの X も Y ではない（どの人間も不死ではない）」といった文が該当する。最後に、O頂点に注目すると、これは否定であり特称である。つまり、「ある X は Y ではない（ある人は黒髪ではない）」といった文が該当する。

この4要素の間には、以下のような関係性が存在している。すなわち、矛

盾 (contradictories)，反対 (contraries)，小反対・準反対 (subcontraries) である。

　矛盾とは，I と E の関係，A と O の関係のことである。I が偽のとき E は真，I が真のとき E は偽という関係のことを矛盾という。「ある人は空を飛ぶ (I)」が偽であるとき，「どんな人でも空を飛ばない (E)」が真であることは，同じことに言及している。このことは矛盾している。

　反対とは，A と E が同時に正しくなることはないという関係である。「どんな人でも空を飛ばない (E)」に対応する A は，「すべての人は (どんな人でも) 空を飛ぶ (A)」である。そのようなこと (A のようなこと) はないのであるから，A と E が同時に正しくなることはない。

　小反対・準反対とは I と O の間の関係で，「ある人は空を飛ぶ (I)」に対して，「ある人は空を飛ばない (O)」は，少なくともどちらか一方が正しいという関係のことである。

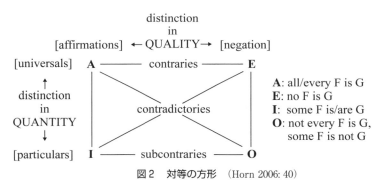

図2　対等の方形　(Horn 2006: 40)

　図2の「対等の方形 (square of opposition)」は様々な示唆に富んでいる。しかし，他の3つの頂点とは異なり，O 頂点には単一の語彙が存在しておらず，not every あるいは some not と表現するしかない。このことについて，この O 頂点の語彙化ギャップを尺度含意 (scalar implicature) によって説明できることを吉村 (2010: 343) では Horn (2006: 40) を引用しながら表1のように，説明している。

表1　O頂点の語彙化ギャップ　(Horn 2006: 40)

DETERMINERS/ QUANTIFIERS	QUANT. ADVERBS	BINARY QUANTIFIERS	CORRELATIVE CONJUNCTIONS	BINARY CONNECTIVES
A: all α, everyone	always	both (of them)	both ... and	and
I: some α, someone	sometimes	one (of them)	either ... or	or
E: no α, no one (=all ~ /~some)	never (=always ~)	neither (of them) (=both ~ /~either)	neither ... nor (=[both... and] ~)	nor (=and ~)
O: *nall α, *neveryone (=some ~ /~all)	*nalways (=~always)	*noth (of them) (=either ~ /~both)	*noth... nand (=[either... or] ~)	*nand (=and ~ /~or)

　すなわち，A頂点，I頂点，E頂点には，all α, always, both (of them), both ... and, and のような表現がそれぞれ存在しているのに対して，O頂点には，そのような語彙として確立した語は存在していないのである．

7.1.3　否定と集合論

　7.2節で，具体的な言語事例を扱っていくこととするが，認知言語学における否定の扱いにおいて，最も関連が深いものが集合論の視点である．

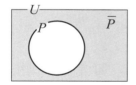 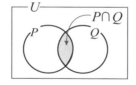 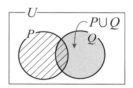

図3　集合PとP以外　　　図4　集合PかつQ　　　図5　集合PまたはQ

　図3は条件pを満たすものの集合Pと，「pでないという条件」を満たすものの集合（Pの補集合）との関係であり，Pと「Pでない」ものを表している．また，条件p, qを満たすものの集合をそれぞれP, Qとするとき，図4は「PかつQ」，図5は「PまたはQ」を表している．
　図3が示しているものが，否定の認知基盤と言える．こうした集合の認識は，具体的な境界をもつ物理的な内外の空間認知から，抽象的な境界につながるカテゴリー論，価値的評価につながる対比の基盤となっていると考えられる．
　しかし，日常言語の意味理解は，話し手と聞き手，そして発話が行われる場面，すなわち文脈次第で，常にダイナミックに変化する可能性をもってい

る。したがって，論理式による計算や，辞書に書かれた一つひとつの意味をブロックのように組み合わせるだけでは，真の意味や真の意図は伝わりきらないのである。

例えば，以下のような例は，様々な示唆を与えてくれるものである。その示唆の1つとして，論理式の特性と日常言語理解がいかに論理式から乖離しているかという点を挙げることができるだろう。野内 (2003: 40-41) は，「日常語では結合された文（複合命題）に真理値とは別に内容的関連性を求めるのでこのような文に非常な違和感を覚えてしまう」として関連性のない命題を連言記号（∧）で結合したケース（「クジラは哺乳類である，そして1＋4は5である」や「日曜日の翌日は月曜日である，そしてツバキと茶は同じツバキ科に属する植物である」）の日常言語の使用例を挙げている。そして，「条件記号も日常語の『ならば』と重ねて理解しようとすると，連言記号の場合と同様なとまどいを感じることになるだろう」と説いている。野内 (2003: 41) はこうした条件記号と日常語（「ならば」）のずれ・食い違いが「実質的含意のパラドックス」と呼び慣わされてきたことを挙げて，以下のような例が論理式としてはすべて真になることを紹介している。

(1) a. 彼が死んでいるならば，彼は生きている。
　　　［ただし，彼は生きているものと仮定する＝真なる後件］
　　b. 彼が生きているならば，彼は死んでいる。
　　　［ただし，彼は死んでいるものと仮定する＝偽なる前件］
(2) a. もし 2＋2 が10ならば，雪は黒い。［前件が偽］
　　b. もし 2＋2 が10ならば，雪は白い。［前件が偽］

p	q	p→q
真	真	真
真	偽	偽
偽	真	真
偽	偽	真

もう一段階複雑な例を挙げることもできる。「『彼は生きており，かつ彼は生きていない』という前提から『イギリスは南半球に存在している』という結論を導け」という論理式の問題を与えられた場合，論理式で計算すると，

「彼は生きている」を命題 p と置き，「イギリスは南半球に存在している」を命題 q と置く。すると，前提は p∧¬p となる。そして，「『彼は生きており，かつ彼は生きていない』のであれば『イギリスは南半球に存在している』」という文全体は (p∧¬p)→q と示すことができる。ここで以下の真理値表と照らすと，(p∧¬p)→q はトートロジー (tautology) であることがわかる。トートロジーとは，真理値表のすべての行で真となる論理式のことである（その逆の論理式が矛盾式 (contradiction) で，矛盾式の場合は真理値表のすべての行で偽となる）。

p	q	¬p	p∧¬p	(p∧¬p)→q
真	真	偽	偽	真
真	偽	偽	偽	真
偽	真	真	偽	真
偽	偽	真	偽	真

　このように古典論理式で意味を「計算」してしまうと，(p∧¬p)→q はトートロジーであるので，論理式的には，p∧¬p→q は妥当な推論ということになる。つまり，論理式上では，矛盾する前提からは任意の命題を妥当な推論として導くことができるのである。しかし，それを日常言語の使用場面に置き換えてみると，「『彼は生きており，かつ彼は生きていない』のであれば『イギリスは南半球に存在している』」という文が妥当であることになってしまい，そうしたことは日常生活では受け入れがたいので，文字通りには理解することが困難である。つまり，人間の通常の意味理解は，「イギリスは南半球に存在している」という命題を妥当な推論として理解したり納得したりするというよりも，そのような一見ほとんど意味不明な発話であっても，人間は相手の発話から何らかの意味を汲もうとするため，例えば，話し手は自分を笑わせたいのだろうか，話し手は自分に喧嘩を売っているのだろうか，話し手は自分が論理学に習熟していることを自慢したいのだろうか等，聞き手が話し手の意図を探ろうとすることが充分ありえる。

　Brinton and Traugott (2005: 20) では，語彙化 (lexicalization) の視点から否定を扱っている。特に語彙化において否定に関わる意味に注目し，Horn (2001 [1989]) や Levinson (2000) を引用しながら，その意味解釈にお

ける緩徐法 (litotes) の存在を指摘している。

> In particular, Horn (2001 [1989]) and Levinson (2000) have argued that while cross-linguistically the meanings associated with *all*, *some* and *no* (*ne*) (= 'all not') are lexicalized in the sense that they have distinct single forms, *nall (= 'not all,' which implies 'some') is not. Likewise, forms expressing *necessary*, *possible*, *impossible* (='not possible that') appear, but not *nossible (='possible that not,' which implies 'possible'). The generalization is that strong negative scalar items (*all*, *necessary*) incorporate negation morphologically, whereas weak ones (*some*, *possible*) do not. Horn and Levinson argue that because *some* and *possible* implicate *not all* and *not necessary* respectively, there is no need for a separate word meaning *nall* nor *nossible*.

つまり, *all, some* そして *no* (*ne*) は1つの語彙化された形をもっているが, *not all* を意味する *nall* という形には語彙化されていない理由として, 既に, *some* や *possible* が, *not all* や *not necessary* を含意しているからであるとしている。このスカラー含意 (scalar implicature) は言語の論理的な問題であるので, 日本語でも意味的には同様のことが言える。つまり, 「私は言語学のクラスをいくつか (ほとんど) 履修した」と言った場合には, 「全部履修したわけではない」ということが含意されている。「彼は時々 (しばしば) 遅刻する」と言った場合には「いつも遅刻するわけではない」ということが含意されている。Yule (1996: 41) では以下のような紹介がある。

(3) 　<all, most, many, some, few>
　　　<always, often, sometimes>

つまり, 尺度上のある形式が選択されると, 当該尺度において, その形式よりも上の段階にあるすべて形式の否定が含意されるのである。なぜ, 例えば英語において not all を意味する *nall* という形が存在しないのだろうかと考えることは, このように日常言語における含意と結びついているのである。形式的な論理学だけでは捉えきれない日常言語の意味の世界が実際の言

語使用の場には広がっているのである。
　こうしたことが日常言語の意味理解に関する諸問題の醍醐味の1つであり，認知言語学や語用論といった研究枠組みは，こうした意味の豊かさや曖昧さや従来のルールに記述しきれない不規則性までをも射程に含めて分析しうる道具立てなのである。

7.2　否定の諸機能，否定が関わる意味の諸相
7.2.1　否定の諸機能，明示的な否定文

　否定は否定のマーカーを伴うことによって表現され，存在物が無いことを示したり，陳述を打ち消したりする。本節では明示的な否定文，否定語を取り扱う。一般に，肯定文と否定文とは対比の関係にある。否定語を文に加えると肯定文が否定文となる。日本語の否定語としては「ない」，英語では"not," "no," "never," "nobody," "nothing," "none," "nowhere" 等が挙げられる。

（4）a.　太郎は日本人である。
　　 b.　レイは日本人ではない。
　　 c.　レイは画家ではない。
　　 d.　レイは女ではない。

　上記の (4a) のような肯定文の発話がある場面として，様々な文脈を想定できる。逆に言えば，適切な文脈がなければ，肯定文であっても否定文であっても，上記をいきなり発話することは奇異である。文脈の一例として，留学先においてアジアからの留学生が複数いる教室であれば，似たような顔をしていてもアジアのどこから来たのかという国籍に関する情報を交換することがあり得る。また，日本人らしさを強くもっているという意味になる場合もある。そうでなければ，一般に，日常生活において「誰々は何人である」ということが問われることは稀である。「太郎は男だ」といった肯定文も同様で，太郎が男であることをわざわざ述べなくても周知のことであるようなときには，この発話は単に生物的なオス・メスという情報を述べているのではなく，太郎の男らしさ（重い物を持ち上げられる，勇敢である等）といった男として社会的に緩やかに共有されていたり期待されていたりする特性が際立った場面で，人物のオス・メスという属性を超えて，評価的側面を

描写することもある。

　一方で，(4b)のような「日本人ではない」と否定文を用いた場合，そこでは，日本人でないのであれば，アメリカ人である，フランス人である，中国人である等といった様々な可能性が喚起されている。あるいは，箸が使えないであるとか，土足で家に上がったとか，通常日本人であれば知っている知識や習慣を習得していないというようなことも伝達しうる。同様のことは「画家ではない」「女ではない」についても言える。「画家ではない」のであれば，一般には職業というカテゴリーの中で，他の職業が立ち現われてくる。例えば，彫刻家，デザイナー，弁護士，庭師，水泳選手等であるかもしれないといった可能性が喚起される。または，「画家らしくない」という意味にもなりうる。もっと読み込めば，「画家ではないのだから，絵が多少下手でも許してやろうではないか」といった解釈の文脈もありえる。「女ではない」というのであれば，一般にはその対極である「男である」と解釈されるが，他の解釈もありうる。社会が女性らしい特性として一般に期待するような特性をもっていなかったり，そうした特性が少なかったり足りていなかったりすることも描写できる。女性にしては力が強い，しとやかさがない等の社会的共有知識や理想化認知モデル (Idealized Cognitive Model, ICM) に基づいた解釈可能性を含むことも考えられる。つまり「女」としてのどの側面（生物的性別・性格や性質・外見等）を否定しているか，その場面や文脈がわからなくては，その意味を定めることはできない。

　日常言語における否定について，Givón (1979) は図6（次ページ）のように示すことで，一対一，一対多という対比の種類が存在していることを指摘している。

　こうした否定文の特性は，名詞の否定の場合だけではなく，形容詞の否定であっても，動詞の否定であっても存在している。

（5）a.　彼女の髪は黒い。
　　　b.　彼女の髪は黒くない。
（6）a.　日曜日に太郎は自分の部屋で英語で手紙を書いているようだ。
　　　b.　日曜日に太郎は自分の部屋で英語で手紙を書いていないようだ。

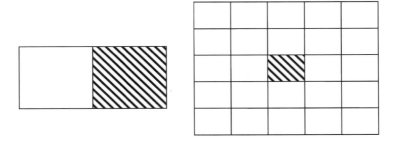

図 6　対比の種類（一対一・一対多）（Givón 1979: 132）

　それぞれ，(a) は肯定文であり，(b) は否定文であるが，否定文が何を伝達したいのかについては，肯定文に比べて，曖昧さが残る場合がある。「黒くない」のであれば，一般には「白い」のかと思う。それは，黒の反対が白であるという「白黒」の対比が存在しているだけでなく，ある人が黒髪であれば，経年変化で一般的にはその髪の色は白い方向へ変化していくという共有知識が存在しているからである。同時に，文脈によっては，茶色に染めているとか，金髪であるとか，青い髪をしているといったように，様々な多項対立も想定可能である。文脈において，何が対比されているかによって，白黒という2つの対比か，多色の中での対比であるか決まってくる。また，実際の言語使用の場ではこうした格子で分類できるような意味の対比ではなく，単に見たままの視覚情報を言語情報にして発音することを目的とするよりも，「髪が黒いから，自分の絵にぴったりなので，今回のモデルに採用しよう」とか「この人は髪が黒くなくて今回のモデルのイメージには合わないため採用を見送るので，次の応募者に面接室に入るよう呼んできてください」等というように語用論的に推論して，その場その場でその発話の意図を探ろうとすることが一般的である。もっともそれは肯定文であるか否定文であるかに関わらない問題である。

　また，「生きている」と「死んでいる」のような二項対立的な対比であれば，Givón の図示した左側の状態となる。ただし，たとえ生死の対比についてであっても「風邪をひいている」「入院している」「瀕死である」といった段階性も想定できることから，一対一，一対多というどちらの対比になるかは大いに文脈依存的であると言えそうである。さらに，「生きている」と「(単に生きているのではなく)ぴんぴんしている」といったメタ言語否定

(metalinguistic negation) も存在しうる。メタ言語否定とは Horn (1985) が指摘した否定である。Horn は論理学で定義される真理関数的 (truth-functional) な否定を「記述的否定 (descriptive negation)」として，一方で，「I object to U.（U とは発話のこと）」という先行発話のほぼあらゆる側面について反対する否定を「メタ言語否定」とした。「反対する」対象は多岐にわたっており，先行する発話について何らかの意義を唱えることを目的とする言語表現であるので，発音，アクセント，綴り，関係などをメタ的に否定する。より詳しくは，Horn (1985)，吉村 (1999) 等を参照されたい。

否定をしたときに何を否定しているのかという解釈は，否定のスコープの問題でもある。（6）において，否定辞が「日曜日に」を否定しているのであれば，他の月曜日や火曜日には手紙を書いているが，日曜日には書いていないのだという解釈も可能であるし，「太郎は」を否定しているのであれば，他の次郎や三郎や花子は書いているのだという解釈も可能であるし，「自分の部屋で」を否定しているのであれば，自分の部屋ではなくて，普段は図書館で手紙を書いているのだという解釈や，「英語で」という部分を否定しているのであれば，英語以外の言語で手紙を書いていることもあるのだといった解釈をすることも可能になってくる。

太田 (1980: 272) は，肯定文が聞き手にとってまったく新しいと思われる情報を伝えるのに用いられるのに対して，否定は，聞き手が間違った情報を信じていると思われるような場合に，それを正すために用いられるため，否定されている事柄が聞き手にとってまったく未知であるような文脈で，いきなり否定を用いることは異常である，と指摘している。そのうえで，「肯定は無標 (unmarked) で，否定は有標 (marked) である」と太田 (1980: 274) は指摘している。一般に，対立する2つの項のうち，明示的な特徴をもっているほうが有標であり，明示的な特徴をもっていないほうが無標である。以下は Givón (1984: 324) からの引用である。

(7) What's new?
    a) Oh, my wife is pregnant.   *affirmative*
    b) Oh, my wife is not pregnant.   *negative*

肯定文 (affirmative) が一般に聞き手に対して新情報を知らせるために用いられるのに対して，否定文 (negative) は聞き手が既に知っていると想定

される内容を打ち消して否定するために用いられることがわかる。Givón (1984) は以下のように整理している。

Affirmative Declarative: The hearer does not know and the speaker knows.
Negative Declarative: The hearer knows wrong and the speaker knows better.

つまり，否定文は前述の内容を否定するために用いられるので，話し手が「妻は妊娠していません」と述べることは，話し手が「聞き手は，自分の妻が妊娠していると思っているだろう」ということを示しているのと同じなのである。したがって，予備情報や共有知識がない初対面の人に，"My wife is not pregnant." と発話するのは奇妙である。また，否定文には様々な含意が生じることから，「妊娠している vs. 妊娠していない」という否定文による二項対立だけでなく，例えば，"She is not pregnant, just a bit fat." のような「妊娠しているのではなく，Xなのだ」という多項的な訂正もありうる。

一方で，Horn (1989: 199) では，Grice (1967: lecture 1, 17ff.) を引用しながら，肯定文で始まることが奇妙な場合があることが指摘されている。そして，それに類するものとして，(8b) 以下を紹介している。

(8) a. The man at the next table is not lighting his cigarette with a $20 bill.　　　　　　　　　　　　　　　(Grice: *ibid.*)
 b. I went to the meeting of my own free will.　　(*ibid.*)
 c. I remember my own name.　　　　　　　　　(*ibid.*)
 d. Your wife is faithful.　　　　　　　　　　　(*ibid.*)
 e. The 1988 presidential election will be held.　(Horn 1985: 199)
 f. The dean is breathing.　　　　　　　　　　　(*ibid.*)

これらは肯定文であるが，あまりにも当たり前なことであるので，通常の解釈であれば情報がなさすぎて，特別な文脈が与えられなければ，要領を得ない無意味な発話か奇妙な発話になってしまう。一般には，否定文で与える情報は何らかの前提（聞き手側における信念）を必要とし，もし，そうした

前提がないのであれば，否定文が伝達できる情報はごく曖昧なものになってしまうことから（例えば，「レイは画家ではない」と言われても，画家ではなく寿司職人やピアニストという職業を指すのか，絵が下手だと言いたいのか，文脈がなくては情報が定まらず，何を伝えたいのかわからない）肯定文が選択されるのである。しかし，日常生活において当然とされていることを肯定文で述べることは，かえってまた奇妙であり，情報量がまったくないと捉えられるか，その他の仄めかしが暗示されかねない（例えば，「あなたの妻は貞淑だ（浮気をしない）」のは社会的に当たり前なことであるので，わざわざ貞淑であると述べるときには，実は浮気をしているとか，「息をしている」とわざわざ述べるのであれば，さっきまで実は死んだかと思っていたが突然息を吹き返した等の特別な読み込みが必要になる）のである。こうした事例から，必ずしも常に否定文が二次的なのではなく，描写される対象の側の無標・有標の性質が，社会的に否定性を支える基盤として存在することがわかる。

7.2.2　否定の諸機能，明示的な否定語

　文レベルの否定だけではなく，語レベルの否定も存在している。日本語では，「不」「無」「非」「未」等がある。久保（2017）は「日本語接辞にみられる否定の意味的多様性とその体系的分類」と題して，「不」「無」「非」「未」のような代表的な日本語の否定接辞だけでなく，より周辺的で拡張的な準否定接辞まで射程に含めて分析を行っている。久保は「脱」「元」「前」の他，「偽」「似非」「擬似」そして，接尾辞では「〜もどき」「〜まがい」を扱っている。日本語では漢字を用いて，新しい表現を創造していくこともできることから，久保が挙げている以外にも，「反」「誤」「離」「破」等も類例として考えられる。また，基準から外れることや，形あるものが壊れることが否定に通じるのとともに，新旧の変化（「現在」ではないことが仄めかされる）等もまた否定的意味と結びつくことがある。

　英語では，"un-," "in-," "non-," "dis-," "dys-," "di-," "a-," "ab-," "anti-," "contra-," "counter-," "mis-" 等の否定接頭辞を用いて，語の打消しを行い，否定を表現できる。"un-" はゲルマン語系の単語に，"in-" や "dis-" はラテン語系の単語につくというように，後続する語によって否定接頭辞が異なる。品詞に注目すれば，"un-" は形容詞・動詞（unhappy［形容詞］, unlock［動詞］），"in-" は形容詞（inconvenient），"dis-" は動詞（dislike）につく。また，

これらの意味は広く否定という点では共通しているが細かく見れば，"un-" や "in-" は打消しや反対，"non-" は欠如 (non-alcohol)，"anti-" は反対 (anti-war) を表すように，一言に否定と言ってもその中で否定の意味が異なる。

　Mazzon (2004: 111-112) は否定接辞について扱っており，多様な例を挙げている。接尾辞 -ful vs. -less について，Quirk et al. (1985: 1553) を引用し，antonymic pair (対義語的ペア，例：useful-useless) と non-antonymic pairs (非対義語的ペア，例：helpful-helpless, pitiful-pitiless) として分類している (日本語訳は筆者による)。また，"a-" (ギリシア語の接頭辞から借用，例：moral-amoral) や，"dis-" (名詞，動詞，副詞，例：order-disorder)，"in-/il-/im-/ir-" (例：illegible, impossible) はラテン語やフランス語の起源をもつ形容詞につくこと，"un-" は生産性があり，矛盾関係の否定も，反対関係の否定も表すことができ，ゲルマン語の起源をもつ形容詞に用いることができる点などを紹介している。さらに，"non-" はラテン語起源の語についていたが，Mazzon (2004) によると，他の否定接頭辞とは異なり，二項対立的な (矛盾関係の) 否定であり，「段階性の終点」における対比というよりも，「段階性をもたない」対比において用いられる。

　また，Mazzon (2004) は scientific-unscientific ≠ non-scientific であることを挙げている。"non-" と "un-" の違いについて日本語で補足すれば，例えば，a nonmetal であれば「非金属」と訳される。しかし，「非科学的」には unscientific と nonscientific の2つの形が存在する (以下の日本語訳は『プログレッシブ和英中辞典』(小学館) より)。しかし，微細な意味の違いではあるが，「科学的ではない」というのが unscientific であり，「科学と関係がない」のが nonscientific である。つまり，"un-" の方には段階性が含意されている。"non-" は存在するか存在しないかという二項対立的な有無が含意されている。同様に，non-standard であれば，「非標準の，非標準的な，標準外の，基準外の，規格外の」ということになるが，substandard であれば「標準 [基準] 以下の [を満たしていない]，低水準の」という意味になる。つまり，"sub-" の方には段階性が含意されているのである。

　さらに，Mazzon (2004) は，現代英語において，non- は蔑称的なあるいは皮肉的な調子，あるいは婉曲的な意図 (with a pejorative or ironic overtone, or with a euphemistic intention) で用いられることを Quirk et al. (1985: 1540-1541; Algeo 1971) の non-sense, non-entity, nonstandard の例を挙げながら指摘しているが，non-entity は「実在しないもの，非実在」だけでなく

「取るに足りない [つまらない] こと [もの・状態・人]，影の薄い存在」のことでもある。さらに，mal-, mis- という軽蔑的接頭辞 (pejorative prefixes) を挙げたうえで，接頭辞 de- の意味を，reversative（反対の意味になる）: decentralize, defrost と privative（欠如を表す）: decapitate, denude に 2 分類して紹介している。un- の多義については，Adams (1973: 22) を挙げ，an unlocked door が 'that is unlocked' の意味と 'that has been unlocked' の意味とで曖昧になることに触れ，こうした問題が分詞形容詞 (participial adjective) のときに起こるようであるが，an undone task vs. an undone plait（未完成の課題 vs. ほどけたひだ・プリーツ・髪の毛の 3 つ編み）のように文脈から違いが明らかであることにも言及している（和訳は筆者）。そして，dis- の多義については Quirk et al. (1985: 1541) を挙げて，reversative（反対の意味になる）: disconnect, disown, untie, unpack と，privative（欠如を表す）: discoloured, disinterested, unhorse, unmask とを紹介している。

さらに，こうした否定接頭辞に関して，「〜ない」の使用と照らし合わせ，従来から，否定の強弱に差があることが指摘されている。

(9) a. 彼女は既婚だ。
　　b. 彼女は未婚だ。
　　c. 彼女は未婚ではない。
(10) a. 彼女は有名だ。
　　 b. 彼女は無名だ。
　　 c. 彼女は有名ではない。
(11) a. 彼女は幸せだ。　　　　　　　　　　　　（山梨 2000: 134-135）
　　 b. 彼女は不幸せだ。
　　 c. 彼女は幸せではない。

「未婚」と「既婚」は正反対の意味で対立しており，「未婚」と「既婚ではない」はほぼ言い換え可能である。しかし，「未熟」とは言うが「既熟」とは言わないような事例があることからも，「未読 vs. 既読」のように，必ずしも「未」と「既」との両方が存在するわけではない。また，「既婚ではない」ことが必ずしも「未婚」を指すかというと，unmarried と divorced は必ずしも同じではなく，「人生において一度も結婚したことがない」ことと，「一度（あるいは複数回）結婚したが，今はたまたま結婚状態にない」という

ことは，現在だけに注目すれば同じかもしれないが，過去の背景まで含めれば違いが存在している。

また，「有名」と「無名」は正反対の意味で対立している。しかし，「無名」と「有名ではない」は否定の意味の強弱の点で異なる。さらに，「有識者」とは言うが「無識者」とは言わないような事例があることからも，必ずしも「有」と「無」との両方が存在するわけではなさそうである。山梨(2000)が指摘してきたように，「幸せだ」に対する否定として，「不幸せだ」と「幸せではない」は言い換え可能とは言えない。「不幸せだ」の方が「幸せではない」よりも否定が強い。こうした相違の一部は単に否定接頭辞が異なるというだけでなく，「既婚か未婚かのどちらかにしかならない二項対立」や「名声の有無と程度問題」や「幸不幸という程度問題」という性質の違いにも基づく。

さらに，語の要素を下のように分析することによって，語の中に含まれている内在的な否定性を表すことも可能である。

(12) He is unmarried. (He is not yet married. He is a bachelor.)
　　　bachelor [+human, +male, -married]
　　　spinster [+human, -male, -married, -young]

英語の "bachelor" という語は日本語の「独身・未婚者」と異なり，[+male]という要素も含んでいる。しかし，こうした潜在的な否定性は，字義レベルには現れない。こうした語彙における意味の素性をプラスとマイナスで二分していくことが意味を構成している要素の一側面を扱っていることは確かだが，コミュニケーションのレベルにおいては，そのアプローチによる限界もある。

明示的に現れている英語の否定接頭辞そのものに関する最近の研究では，浜田 (2014: 17-22) を挙げることができる。ここでは，否定接頭辞 "un-" に関する①形容詞や現在分詞を基体に取り「否定」を表す "un-" と，②動詞を基体に取り「逆」を表す "un-" の存在について，両者の曖昧性が明らかにされようとしている。例えば，"unwrappable" という形容詞は，[un- + 動詞 + -able] という構造をもっているが，否定がどこにかかるのかという違いで，2つのまったく異なる解釈がありえる。つまり，「包むことができない。でこぼこしていたり，大きすぎたりしていて，包装できない」という意味と，「解くことができない。包装を開いて，包みを取り外すことができない」

という意味がありえる。一方，"unwrapped" は同じ状態を指示する表現として解釈できる（浜田 2014: 19）こと等が指摘されており，このことを blocking（ある表現がそれと同じ言語形式を有した別の表現の出現を阻止する）という視点から説明を試みている。また，萩澤（2017）は，un-sad の類が空白である（存在しない）ことを扱っている研究である。例えば，happy という語基に対して unhappy という否定接頭辞 "un-" を加えた派生語が存在するのに対して，sad という語基に対して unsad という語は存在しない。同様に，unclean, unhealthy, untrue, unwell, unwise 等が存在するのに対して，?un-dirty, ?un-sick, ?un-false, ?un-ill, ?un-foolish 等は不自然とされる。Jespersen (1917: 144) はこの制約として，以下のような説明を挙げている。

> [M]ost adjectives with *un-* or *in-* have a depreciatory sense: we have *unworthy, undue, imperfect*, etc., but it is not possible to form similar adjectives from *wicked, foolish,* or *terrible*.

つまり，一般に un- や in- という否定接頭辞がつく場合は，低評価の意味の語になるのである。例えば，「価値がない」「不当な，過度の」「不完全」のような語である。そのため，元から低評価を表す「ひどく悪い，不道徳な」「馬鹿な」「ひどい」などの語には un- や in- といった否定接頭辞がつかないと説かれている。しかし，unusual, uneaten, undifferentiated（中立的）や unblemished, unimpeachable, unerring（高評価）等の反例が存在している。それに対して，Zimmer (1964: 15, 36, 85) や Bauer et al. (2013: 382–384) 等によって「生産的な形（un-X-ed 等）は除外する」「良し悪しや望ましさの評価尺度上の否定的価値は否定できない」等の修正が加えられてきている。西川（2006: 142）や五十嵐（2008: 70）等が語形成過程上の阻止（blocking）現象との関連で説明していることを踏まえながら，萩澤（2017: 50-56）では，この理由を参照点構造の導入により説明しようとしている。こうした否定に関わる諸問題は Cooper and Ross (1975) でも扱われている。Cooper and Ross は World Order（世界の秩序）と名付けた論文の中で，word order（固定された語順）に反映されている人間の世界に対する認知の仕方を論じている。例えば，一般に，肯定的な要素が前に来て，否定的な要素は後ろに続く（good and bad/ ?bad and good）ことが多いが，ladies and gentlemen（gentlemen and ladies は一般的でない）や you and I（I and you は一般的

ではない) のように対人配慮に関わる社会的基盤に根差した固定された語順も数多見つかるのである。

このように否定接頭辞がどのような場合に加えられるか，あるいは加えられないかというメカニズムや，日常言語の語順に人間の認知のどのような基盤が反映されているかという問題を明らかにしていくことからも，人間が世界や対象をどのように認知し，言語化しているかがわかる。日常言語における否定とは，単なる論理計算による「打消しをすること」や「逆にすること」なのではなく，言語の様々なレベルに影響を与え，先に見たような論理学における記号操作を超えた複合的要素をもつものなのである。

7.2.3 否定極性項目の認可

否定極性項目 (NPIs) について多くの研究が通時的，共時的に存在している。このことは，後述する Negative Cycle (否定のサイクル) という言語変化のメカニズムの1つとも密接な関係がある。

一般に，NPIs は，否定文に現れることができ，肯定文では現れることができない項目である。NPIs について，van der Wouden (1994: 5) は以下のように定義している。

Definition: Negative polarity items (NPIs) are expressions which can only appear felicitously in negative contexts.
Definition: Positive polarity items (PPIs) are expressions which cannot felicitously appear in negative contexts.

Mazzon (2003: 109) では，NPIs は英語にだけ見られるものではないことを踏まえたうえで，NPIs について This is also called 'negative intensification', and is used to lend more emphasis, or 'emotive intensification', to negatives. と説明しており，つまり，NPIs とは否定を強調するものであり，感情的な強調を加えるものなのである。Mazzon は Quirk et al. (1985: 288-289) からの用例を以下のように挙げている。

(13) a. You have *no* excuse whatever.
  b. We left *not* a single bottle behind.
  c. She did*n't* blink an eyelid.

d.　He did*n't* move a muscle.

　これらの例で下線部がNPIsである。明示的否定は斜体で表されている。そして，否定自体はNPIsがなくても伝達される。しかし，NPIsが加わることでいっそう否定が強調されている。Mazzon (2003: 109) はその他の a thing, a word, a drop, an inch, a soul を紹介しているが，どのような組み合わせでも使ってよいわけではなく，特定の動詞と特定のNPIsが結びつくことを指摘している。例えば，neverという否定副詞であれば，in (all) my life のようなNPIsを伴うことで，否定の意味を強めることができる。

　日本語のNPIsについては，否定辞と呼応する陳述副詞として川端 (1983: 25) が「つゆさえ，全然，少しも，ちっとも，めったに，ほとんど」等を挙げている。英語では，"at all" 等と比較することができる。

(14) a.　彼は［決して，少しも，ちっとも］食べない。
　　　b.　*彼は［決して，少しも，ちっとも］食べる。
　　　c.　I don't know it at all.
　　　b.　*I know it at all.

　他に英語のNPIsとしては，"ever," "any," "a bit," "a red cent," "a damn thing," "a single bite," "bat an eyelash," "budge an inch," "care a hoot," "drink a drop," "lift a finger," "say a word" などが挙げられる。これらの表現にはバリエーションもあり，たとえば，"care a hoot (not care a hoot で「ちっとも気にしない」意)" であれば，"hoot" の代わりに，a [bit, bean, brass farthing, button, cent, chip, curse, cuss, darn, dime, doit, dump, fiddlestick, feather, groat, hoot, jot, louse, nut, pin, rap, rush, snap, stiver, straw, tinker's damn, whit, whoop] 等を入れることができる。これらは，つまらないものや取るに足らないものであることが共通している。他にも a hair (髪), a shred (断片), an iota (イオタはギリシア文字で一番小さいことから the least, a very small の意) 等が挙げられる。少ない方向へ近づき，ゼロになる手前の「たった1つも」という意味合いの極小の単位に関連した内容が多く見られることも特徴である。

　否定文の中で用いることが適切な用法として必須である強いNPIsと，必ずしも否定文の中で用いなくてもよい弱いNPIsがある。強いNPIsは，否

定文にしか現れることができず，弱い NPIs は，疑問文や仮定法，比較 (than)，too 〜 to 構文，疑い，意外・予想外，限定 (only, few) 等の条件があれば否定文ではない文の中でも現れることがある。Linebarger (1981) は NPIs が使用されるためには否定のスコープの中でなくてはいけないことに気づいたが，それだけではなく，他の If 節，比較節，疑問文，because 節，そして，surprised, hard, before, too, not enough 等の語で表される非断定的文脈 (non-assertive contexts) で用いられることを指摘した。Mazzon (2003: 110) では，NPIs が implied negation（含意的否定）や従属節における raising（繰り上げ）の環境で用いられる例を挙げている。

(15) a. She *refused* to lift a finger.
　　 b. He did*n't* see any point in saying a (single) word.
　　 c. I *doubt* that he would move a muscle in that circumstance.

また，否定極性項目の使用場面は，日英語が必ずしもパラレルになるわけではないことを示してくれる。

(16) a. 　今日は全然雨が降らなかった。
　　 b. 　It didn't rain at all today.
(17) a. 　*今日は全然雨が降った。
　　 b. 　*It rained at all today.

通常，上記のように「全然」も "at all" も否定文での使用が自然であるが，日本語の「全然」の用例は英語の "at all" より多彩で，明示的否定辞がなくても用いることができている。しかし，どのような肯定文でも「全然」が用いられて良いわけではない。

(18) a. 　全然できない。/b.　全然進まない。/c.　全然足りない。/
　　 d. 　全然違う。
　　 e. 　全然ダメだ。/f.　全然大丈夫。全然平気。/g.　*全然二時だ。
　　 h. 　*全然四角だ。

こうした例について，工藤 (2000: 114–115) が指摘しているように，陳述

副詞と「不可能,困難,欠如・消滅,不一致,負の評価,気にしない」といった語彙的否定形式が共起しやすい傾向がある.歴史的には,日本語で「全然＋肯定」という用法が見つかる.

(19) a.　全然埋没している.　　　　　　　　　　　（夏目漱石「三四郎」）
　　　b.　It is totally embedded.

こうした否定性の通時的変化は,7.4 節で扱う否定・肯定と変化する否定のサイクル（Negative Cycle）の存在によって裏付けられるかもしれない.諸言語で Negative Cycle の存在が確認される.さらに口語的な例を挙げることもできる.

(20) a.　全然おもしろかった.
　　　b.　It was very interesting.

相手が予測している「あなたはきっとおもしろくなかったでしょう」という心理を先取りした場合,「いえ,そのようなことはなく,あなたの予測とは異なって,おもしろかった」という意味で上記のような日本語を述べることは自然である.また,相手の予測の打消しという意図がなくともこうした例を用いる話し手も存在する.それでもなお,「全然」に比べて "at all" は強い NPI であると言えるだろう（有光 2011）.「全然」と "at all" は共に日本語と英語の NPIs の1つで否定的文脈を必要とする点において共通しているが,NPI の性質には違いがあるという興味深い比較事例である.なお,肯定極性項目（PPIs）もある.PPIs の例として日英語では「必ず」や "somewhat" 等を挙げることができる.

7.2.4　否定の諸機能,語用論的側面

否定接頭辞と対象となる語の組み合わせでできる表現における否定の強弱だけでなく,日常言語には,態度表明レベルでも否定の強弱が存在している.

(21) a.　I don't know.
　　　b.　I'm not sure.
　　　c.　I have no idea.

英語で「わかりません」と返事をしたい場面でも，"I don't know." よりも，"I'm not sure." は弱い否定の態度表明であり，"I have no idea." は強い否定の態度表明となる。他にも，"It's incomprehensible." "I don't see the point." "I don't get it." "I have no clue." "I'm clueless." "It's over my head." "I can't make any headway." "I have no way of telling." "You got me beat." 等の伝え方が可能であるが，なぜそれが「わかりません」という意味として解釈されるのか，その意味基盤は多様である。

日本語でも，否定的態度の表現には強弱がある。

(22) a. 全然わかりません。
　　 b. 少しわかりづらいです。
　　 c. ちょっとアレですね。

こうした問題は，語用論とも関わっており，否定は単なる打消しだけではなく，否定的態度とも結びついているのである。禁止命令，拒絶，皮肉，ジョークなどの諸問題は，否定と切り離すことはできない。また，こうした語用論的否定は，非明示的なメッセージを伴うことがあり，イントネーションや表情等によっても否定性が補われて伝達されることとなる。

また，「否定の語用論」に関わる問題として緩徐法 (litotes) については，Mazzon (2004: 112-113) は Bolinger (1972: 115-125) を取り上げ，以下のように引用して言及している。

(23) a. He was not quite unkind. [= not totally, not extremely unkind]
　　 b. He was not a bit unkind. [=not at all unkind = he was civil]
　　 c. He was not a little unkind. [= quite unkind/ rather rude]

同様の問題について，日本語については，山梨 (2016b: 19-23) が「否定と緩徐法の論理」のセクションの中で指摘しているとおりである。緩徐法の基本的な機能について，山梨は「否定的な表現をさらに否定することにより，婉曲性，間接性，迂回性といった含みのある修辞的な効果を示す点にある」(山梨 2016: 19) としている。以下は抜粋である。

(24) a. まずくはない。

b. 悪くはない。
　　c. 嫌いではない。

上記は婉曲的な表現の一種である。つまり，上記は「それほどまずいというわけではない，食べられないというわけではない」という解釈である。同時に，緩徐法には，以下のように強調の意味を間接的に伝える機能もあることを山梨 (2016) は指摘している。

　(25) a. まずい訳がない！
　　 b. 悪いはずがない！
　　 c. 嫌いな訳がない！

さらに，上記の表現が修辞的には以下を間接的に意味していることを示している。

　(26) a. うまい！
　　 b. 良い！／いい！
　　 c. 好き！

山梨 (2016: 20-21) はさらに日英語の複数の例を挙げて，二重否定の表現の中にも強意的な肯定を修辞的に含意する表現があることを指摘している。以下は抜粋である。

　(27) a. 彼の名を知らない人はいない。
　　　　（修辞的に含意されている強意的な肯定の意味：彼の名は誰でも知っている。）
　　 b. There is nobody who doesn't know his name.
　　　　（修辞的に含意されている強意的な肯定の意味：Everybody knows his name.）

このように否定とレトリックは密接に結びついている。特に二重否定の表現は，否定を否定して最終的に否定的な意味になっているのか，否定を否定することで否定が反転して強い肯定的な意味になっているのか興味深い点で

ある。

7.3 認知言語学と否定研究の接点
7.3.1 否定の認知図式
　否定と空間認知の関係について,多くの先行研究が存在している。物理的世界におけるモノの有無という対比は,外界認知の基盤の1つとなっている。肯定と否定という対比を考えるときに,Johnson (1987: 40) はカテゴリーを抽象的容器として捉えている。

> We understand our experience as broken up according to basic categories (of objects, events, states, properties, relations, etc.). We understand these categories as abstract containers, so that whatever is within the category is in the appropriate container. Thus, a negation of some type (or category) of experience is understood as characterizing what is outside the category.

　確かに人間は日常生活の中で物理的なモノをカテゴリー化することによって分類しているだけでなく,より抽象的な対象についてもカテゴリー化を行う。否定の一部は,こうしたカテゴリー化の能力に根差していると考える視点である。つまり,ある経験の否定について,「カテゴリーの外側にあること」と理解することができる。

　Langacker (1991: 134) も否定についてJohnsonに通じることを空間認知の視点から述べている。Langackerは認知文法を用いてメンタルスペースを通して否定を捉えていることを以下に紹介する。

> The missing entity is a process in the case of clausal negation, but that is not the only possibility; for example, when *no* is used to ground a nominal (as in *no cat* or *no luck*), the entity absent from M is a thing. By the analysis adopted here, NEG profiles the missing entity, as opposed to the relationship it bears to M. The result of combining *no* with *cat* is therefore a nominal not a stative relation (such as *absent* or *missing*), and the processual nature of a finite clause is unaltered by *not*. This suggests that NEG should be considered an

epistemic predication, or at least a close cousin—recall that the hallmark of such a predication is that it profiles the grounded entity rather than the grounding relationship.

　Langacker の認知図式では，否定が２つのメンタルスペースによって示されている（図7）。
　認知文法では「認知ベース上のプロファイル」によって意味が示される。否定については，「無い」ということを表現することで否定を表している。まず，下の破線によって描かれた四角で前概念を表現している。メンタルスペースである楕円 (M) の中では，プロファイルされた（太い線になっている）四角がある。これが，上のメンタルスペースでは消えて，無くなっている。つまり，"I have a pen." という概念構造が下にあって，それに対して，"I don't have a pen." といった否定が上の楕円で表現されていると考えられる。Heine and Kuteva (2003: 217-218, 2007: 79) では，モノの非存在を表す動詞が否定辞へと文法化していることが諸言語で見られると指摘されている。また，Croft (1991) でも否定辞の文法化の過程が扱われている。こうした Langacker の認知図式に関する日本語の事例を含めた解釈，Verhagen (2005, 2007) による間主観性に基づく否定の分析，間主観性の高いトートロジー構文（「勝ちは勝ち」等）について，中村 (2010: 424-442) に紹介されている。

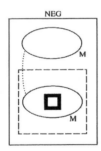

図7　否定の図式

　Langacker はより詳細な否定の認知構造を認知図式化できることを紹介している。例えば「メタ的な間違い」とその訂正のようなメタ言語否定 (meta-linguistic negation; Horn 1985) の一例である。メタ言語否定の具体事例は以下のとおりである。

(28) a.　I didn't manage to trap two monGEESE—I managed to trap two monGOOSES.　　　　　　　　　(Horn 1989: 371)
　　 b.　Grandma isn't feeling loosy, Johnny, she is indisposed.
　　　　　　　　　　　　　　　　　　　　　　　(Horn 1985: 133)
　　 c.　The king of France isn't bald—there ISN'T any king of France.
　　　　　　　　　　　　　　　　　　　　　　　(Horn 1985: 125)

    d. I'm not his daughter—he's my father.
    (Horn 1985: 133/ cf. Wilson 1975: 152)
    e. We don't like coffee, we love it.　　　　(Horn 1985: 139)
(29) 彼は馬鹿ではありません。大馬鹿です。　　　　　　（有光 2011）
(30) It's not a car, it's a Volkswagen.　（フォルクスワーゲン車の広告）
(31) It's not just coffee. It's Starbucks.
（スターバックスコーヒーの広告）

前文に対して何らかの異議を唱える否定であればメタ言語否定であると言える。そして，It's not just coffee. It's Starbucks. のように just をレジスターとして加えると一層メタ言語否定としての使用であることが明らかである。

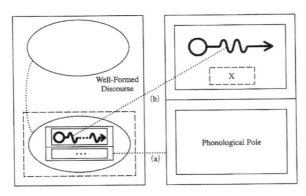

図8　音韻極と意味極

　Langacker は The king of France didn't lose any hair. という例文を挙げながら図8を用いている。フランス王は現実世界には存在しないが，「フランス王」と発音することはできる。それが左の四角の下段である。しかし，一方で，そのような適切な存在は，存在していないのであるから，そのことを左の四角の上段に描かれた楕円で示している。上段に描かれた楕円の中は空であり，「無」が示されている。右の四角の上段では意味極（意味構造）が描かれている。ここにある破線の四角で囲まれた X は，前提的意味等関連する意味を指している。右の四角の下段では音韻極（音韻構造）が描かれている。
　図7において，"I have a pen." という肯定文に対する否定文は，"I don't have a pen." だけなのかという疑問も残った。つまり，私ではなく彼が持っ

ているのかもしれないし、私はペンではなく鉛筆を持っているのかもしれない。または、今はペンを持っていないが、過去にはペンを持っていたのかもしれない。こうした表現を上記の「有無」の空間認知だけでは表現しきれていない。より精緻な否定の作用域 (negative scope) を認知図式で表現することができる。Langacker は、My cousin doesn't like any music. という例文を図 9 のように表現している。

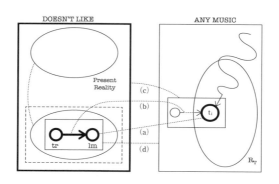

図 9　My cousin doesn't like any music. の否定の作用域

　ここにおいて、否定の作用域は「いとこは、どのような音楽の種類であっても好きでない（存在命題）」であるか「どのような音楽についても、いとこが好まない性質が認められる（全称命題）」であるかという問題である。詳しい説明は中村 (2010: 428-430) を参照されたいが、まず、左の四角が DOESN'T LIKE の意味構造である。ここでは、下段の楕円に like が表され、上段の楕円に「無」が表されている。矢印を用いながら like は、誰が何を好きなのかという関係を表している。「誰が」にあたるものは主語参与体であり、trajector (tr) と記されている。「何を」にあたるものは目的語参与体であり、landmark (lm) と記されている。この太くプロファイルされたものによって「誰かが何かを好き」という関係を表している。つまり、ここでは、My cousin likes music. ということである。右側の四角は ANY MUSIC の意味構造を示している。t_i は、具体例を示している。ここでは、世の中にいろいろある音楽の中での、ある特定の音楽を指す。R_T は referential mass を指し、指示対象として指すことのできる対象の全体であるから、この例文であれば世の中の音楽すべてである。t_i に対して大きく蛇

行している矢印が向かっているのは，t_i が任意選択されるもの（any）であることを示している。次に，左の四角と右の四角がどのように対応しているか，(a) (b) (c) (d) の点線を観察する。(a) は lm と t_i を結んでいる。このことから，好きな対象が t_i であることがわかる。(b) は右側の実線矢印と左側の中点矢印を結んでいる。このことから，t_i を好きであるという具体的事態がわかる。(c) は「いとこは，どのような音楽の種類であっても好きでない」を表し，(d) は「どのような音楽についても，いとこが好まない性質が認められる」を表す。

他にも Langacker は，Everyone didn't understand. の曖昧性（ambiguity）について，図10を挙げて分析している。この場合は右側の四角が否定を担っていることがわかる。いずれにしても，こうした「存在しないこと（非存在・無があること）」が否定とつながるという視点は，現実の言語使用の感覚と矛盾しない。否定とは，対象がある空間から外に出されたものであると考えられる。「冷蔵庫の中にビールがある」「冷蔵庫の中にビールがない」といった物理的な肯定と否定の対比を空間の内外という概念で示すだけでなく，文レベルにおいても，このような統合方法が可能である。否定の基本概念が存在と非存在の対比によって構成されている。有無の対比の認識が，否定の一部に関する基盤であることがわかる。

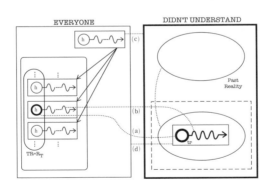

図10　Everyone didn't understand. の曖昧性

7.3.2 否定と否定的価値の違い

否定と対比が密接な関係にあることは，7.2.1 節で見たとおりである。対比に関しては様々な表現方法が存在しており，先に見た集合論のベン図（Venn diagram）だけでなく，ルビンの杯（Rubin's Vase）等でも表現される。

図 11 ルビンの杯　　　図 12 ラビットダック　　　図 13 馬と魚

ルビンの杯のほかにも，若い女と老婆，ラビットダック（rabbit duck），その他，Escher による魚－馬（「空と水」）や，向き合った鳥の絵（「昼と夜」）等，図地反転のイメージ図は様々に存在している。北岡（2010）は多様な錯視を紹介し，幾何学的錯視（ものの大きさや傾きが変わって見える錯覚），明るさの錯視（ものの明るさが変わって見える錯覚），色の錯視（ものの色が変わって見える錯覚），動く錯視（静止画が動いて見える錯覚），視覚的補完（ないものが見えてくる錯覚），消える錯視（あるものが見えなくなる錯覚），立体視と空間視（ものに奥行きがあるように見える錯覚），隠し絵（ものが見えにくくなる錯覚），顔の錯視（顔に特有と考えられる錯覚）を扱っている。中でも，図地反転に関わる代表的な錯視の 1 つは，「明るさの錯視」だろう。明るさの錯視の具体事例として，以下のような錯視を挙げることができる。

> 明るさの対比（ブリュッケ 1865），縞誘導（マッコート 1982），ヘルマン格子錯視（ヘルマン 1870），ホワイト効果（ホワイト 1979），明るさの同化（フォン・ベーツォルト 1874），T ジャンクションによる明るさの対比（北岡 2005），明瞭な明暗対比（ギルクリスト, 他 1999），バーゲン錯視（バーゲン 1985），ホワイトのドット・明るさ錯視（ホワイト 1982），ダンジョン錯視（ブレッサン 2001），輝度による明るさの対比（北岡 2005），コフカの環（コフカ 1935），エーデルソンの環（エーデルソン 2000），スチュアートの環（アンスティス 2005），ホンとシェヴェルの環（ホンとシェヴェル

2004),チェッカーシャドー錯視(エーデルソン 1995),モンドリアン図形(エーデルソン 1993),スネーク錯視(エーデルソン 2000),エーデルソンの錯視(エーデルソン 1993),ログヴィネンコの錯視(ログヴィネンコ 1999),マッハバンド(マッハ 1865),シュブルール錯視(コーンスイート 1970),クレイク・オブライエン・コーンスイート効果(コーンスイート 1970),墨絵効果(高島 2008),無彩色の水彩錯視(ピナ,他 2001)
(「明るさの錯視:カタログ」(2008)より抜粋。北岡明佳 立命館大学 2008年12月8日[マーク・マッコート教授の講演参考資料として作成],Copyright Akiyoshi Kitaoka 2009)。

図14 明るさの対比

図15 チェッカーシャドー錯視

これらの図地反転のイメージ図,明るさの対比等は,我々の認知が動的に変化しうるものであり,どのように対象を認知するかによって,対象の見え方が異なってくることを示唆している。上では,「明るさの対比」と「チェッカーシャドー錯視」を示した。どちらも背景色によって,同じ色のはずであ

るものが，濃かったり薄かったり見える。明るさの対比では，背景が暗い領域である方が，灰色領域が明るく見え，背景が白く明るい領域に囲まれた灰色は暗く見えるのであるが，実際の灰色はどちらも同じ色なのである。また，チェッカーシャドー錯視では円柱が存在しているために，それが盤に影を投げかけていると勝手に解釈してしまうのである。そのために，等輝度であるはずなのに，円柱の影に入っていない左上の格子（A）のほうが，影の中の格子（B）よりも暗く見えている。図と地の双方にとって不可欠であり，両方の要素があって影響を与え合って初めて図として成立している。このことは対比という概念の根源において言語でも類似のことがいえそうである。言語における対比表現もこうした人間の認知基盤と結びついていると考えられる。

　Givón (1979) は，否定とそれに相当する肯定の関係について，図と地の関係を指摘した。何の変化も起こらない状態や，何の特徴も存在しないという状態は，知覚的には地である。変化が起こったり，出来事が起こったり，ある特徴の存在が認められた状態が図である。山梨 (1995: 14) は，言語表現の認知的側面の違いと，図と地の区分との関係を次のように指摘している。

(i)　　新情報を構成する部分は図，旧情報を構成する部分は地
(ii)　　断定されている部分は図，前提とされている部分は地
(iii)　　ある存在の位置づけにかかわる場所ないし空間は地，そこに位置づけられる存在は図
(iv)　　移動する存在を表現する部分は図，その背景になる部分は地
(v)　　省略されている部分は地，記号化されている部分は図

　図と地の関係，前景と背景の関係は，ことばの理解と関わっている。ことばの意味は，ことばが使用されるその文脈環境によって動的に変化する。
　さらに，Langacker は base と profile との区別について次のように述べている。

> Various dimensions of imagery (i.e. construal) must be recognized, the most significant being the profile/base distinction. The base for a linguistic predication is its domain, i.e. the cognitive structures it presupposes; its profile is a substructure of the base that is elevated

>   to a distinctive level of prominence as the entity which the expression designates.　　　　　　　　　　　　　　　(Langacker 1991: 61)

上記によれば，imagery のレベルで最も重要なのは，base と profile の区別である。そして，base は言語表現のドメイン，profile は base の中で言語表現が指示するものとしてプロミネンスが置かれた部分である。肯定性に対する否定性の関係を理解するのには，背景の存在が重要である。Langacker は他に other dimensions of imagery として，図と地，背景的仮説や期待の違い，主観的な方向といった要素を指摘している。

　本節で取り上げるのは，機能としての否定というよりも対比に根差した意味的な否定性である。否定では，まず，論理学的な記号操作による否定のマーカーの有無，マーカーの置かれる文中での位置，否定のスコープがどこまでになるかといった問題が焦点となるが，日常生活の否定性は，そうした否定の記号操作的な側面を超えて，より価値的評価を含んだものであることも少なくない。

　否定的な価値的評価の根源には，対比が存在している。非明示的否定性は明示的否定のマーカーがなくても否定的価値評価を表すことができる。そこでは多様な対比の認知が基盤となっている。

　Lakoff and Johnson (1980) は，新しいメタファー観を提唱した革命的な書であるが，ここには多様な対比が紹介されている。空間認知に関する orientational metaphors（方向づけのメタファー）では，上下などの身体性に根差した対比表現が，文化的・社会的に多様性をもちながらも価値評価と結びつくことが指摘されている。そこには物理的描写から抽象的・価値的描写への比喩の基盤が存在している。

　Johnson (1987: 122) で，MORE IS UP メタファーは，SCALE schema に基づくと指摘されている。

>   The MORE IS UP metaphor is based on, or is an instance of, what I shall call the SCALE schema. The SCALE schema is basic to both the quantitative and qualitative aspects of our experience. With respect to the quantitative aspect, we experience our world as populated with discrete objects that we can group in various ways and substances whose amount we can increase and decrease.

Fillmoreのフレーム意味論は，言語を文脈から切り離された独立のものとして扱うのではなく，言語の意味を場面と結びつけて論じた。フレームとは，構造化された知識の枠組みであり，言語の意味を全体的な場面の中に位置づけて捉えることができる。フレーム意味論は，言語はフレームと相対的に理解されるとした。肯定と否定という二元的な対比の他にも，日常言語における多様な対比概念において，認知主体が何をフレームとして設定するかによって何が対比概念となりうるかが決まるのである。

7.3.3 空間認知と非明示的否定性

日英語であれば，「内外」「前後」「先後」「上下」「真偽」「善悪」等，"in-/ex- (in/out),""inter-/intra-,""extra-/contra-,""ant-,""de-,""an-,""re-,""ab-,""ob-,""pre-/post-,""retro-,""prim-,""pro-,""mis-,""down-,""over- (super-, ultra-),""sub-,""under-,""by-,""semi-,""half-,""pseudo-,""mal-,"といった空間認知や価値的評価に関わる対比が，間接的に非明示的な否定性を表すことがある。

日常言語には空間概念が人間の身体性に根ざした認知基盤の1つであることが反映されている。内外，上下，遠近等を中心とする空間認知に関する対比の概念は，日本語でも英語でも否定の概念と結びついている。否定辞を用いた明示的否定文が表すのと類似の意味が，否定辞を用いることのない非明示的否定文でも表すことができる。例えば，「権力外」「枠を超えている」「程遠い」「浅い議論」「低いレベル」等の表現である。さらに「伏」「脱」「覆」「壊」「滅」「割」「破」「漏」等も意味的な非明示的否定性をもち，「ない」のような明示的否定語を伴う明示的否定とは区別される必要がある。

図16 容器のイメージスキーマ

山梨 (2012: 84-88) では上の図16をはじめ豊富な例が指摘されている。最も基本的な容器の空間認知が関係しているのは次のような事例である。「虚」「実」という対比において，容器の中にモノが入っているか，入っていない

かということについて，対比が存在している。図16は「容器のイメージスキーマ」である。このような否定性は「冷蔵庫にビールが入っている・入っていない」というような物理的対象について言えるだけではなく，「常識が有る・無い」といった抽象的表現についても同様なのである。

(32) a. それは問題外だ。
　　 b. Out of doubt, he is not guilty.
(33) a. この物語は人間の理解を越えている。
　　 b. The lecture is beyond my understanding.
(34) a. それは真実から程遠い。
　　 b. That is far from true.
(35) a. 彼は常識に欠けている。
　　 b. He is lacking in common sense.　　　　（山梨 2012: 84-85）

山梨は，上記の他にも否定性に関するパラフレーズ可能な事例を多数挙げている。

図17　〜の外　　　　図18　超えている　　　　図19　中心・周辺

上記は，それぞれ「〜の外（図17）」「超えている（図18）」「中心・周辺（図19）」を表す図式である（山梨 2012: 160-161）。つまり，「〜の外」「超えている」「中心・周辺」といった空間認知は言語化されたときに非明示的な否定性を表現することができるのである。これらをまとめると以下のように図示できる。

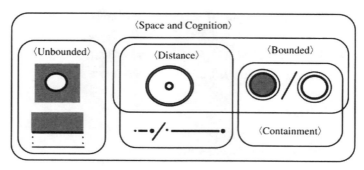

図20　空間認知に関わる対比

これは Yamanashi (2002: 143) による認知図式であり，上記の4タイプの非明示的否定を統合している。また，他にも「高低（可能性が高い・低い）」「深浅（理解が深い・浅い）」「広狭（心が広い・狭い）」「濃淡（可能性が濃い，淡い期待）」のような空間認知に関わる対比も非明示的否定性を伝達できる。この種の比喩拡張において非対称性が見られることを山梨（2012: 89-94) では具体事例を挙げながら指摘している。

(36) a. 大きい顔をするな！
　　 b. 彼は顔が広い。
　　 c. 長い目で見て下さい。
　　 d. あの男は態度が大きい。
　　 e. 彼女は気位が高い。
　　 f. 親として鼻が高い。
　　 g. お目が高い！　　　　　　　　　　　　　　　（山梨 2012: 90）

山梨はこれらが「文字通りに顔，目，態度等を叙述しているのではなく，人間の態度，対人関係的な情報，心理状態，等を比喩的に叙述している」（山梨 2012: 90) と述べている。そして，大・小，広・狭，長・短，等が，「大きい家／小さい家」のような文字通りの叙述であれば対称的に使用可能であるのに対して，以下のような比喩的な叙述においては非対称的になることを明らかにしている。

(37)*a. 小さい顔をするな！

*b. 彼は顔が狭い。
*c. 短い目で見て下さい。
*d. あの男は態度が小さい。
*e. 彼女は気位が低い。
*f. 親として鼻が低い。
*g. お目が低い！　　　　　　　　　　　　　　　（山梨 2012: 91）

そして「大・小，広・狭，長・短，等において，無標（unmarked）な次元（大，広，長，高）の比喩的な叙述は可能であるが，有標（marked）な次元（低，狭，短，低）の比喩的な叙述は不可能である」(山梨 2012: 91) としている。しかし，反例として「肩身が狭い／*肩身が広い」のような例を挙げ，必ずしも無標の次元であれば良いというわけではないことを示している。そして，これらの比喩的表現が修飾する名詞の修辞的な機能がメトニミー的（例えば，顔→態度，目→眼識，鼻→プライド）であることをつきとめ，「「親として鼻が高い」の場合，『鼻』はメトニミーとしてプライドを意味し，これを修飾している『高い』はメタファーとしてプライドの程度を叙述している」(山梨 2012: 92) と説明している。つまり，「なぜこのような表現があるのか。なぜこのような言い方はしないのか」という疑問が生じる背景には，慣用表現だからということでは片づけられない，修辞機能の複合性の問題が存在している場合があることを山梨は示している。

7.3.4　メタファーと対比

　鍋島 (2011) は，多様な日本語のメタファーを紹介しており，そこでも対比はメタファーを意味づける重要な概念となっている。鍋島 (2011) では，「イメージ・メタファー（形状など感覚的類似性に基づいた同感覚内（視覚から視覚など）のメタファーのこと）」「水のメタファー」「擬人のメタファー」「線と移動のメタファー」「因果のメタファー」「現実のメタファー」「可能性のメタファー」「希望のメタファー」「問題のメタファー」「善悪のメタファー」「評価性を基盤とするメタファー」「関係のメタファー」「ことわざのメタファー」等を取り上げている。非明示的否定性と密接に関わっているのは，「可能性のメタファー」「善悪のメタファー」「評価性を基盤とするメタファー」と考えられる。

　また，鍋島 (2003) は，軸同士の対応関係（線状性をもった二者の軸の対

応) をアラインメント (整列対応) と呼び, さらに, 鍋島 (2011: 47) で以下の図にまとめている。

図21　上下軸と抽象概念のアラインメント

なお,「未来」の対応については「現実のメタファー」の章で論じられている。上下の空間認知とそれに関わる用語は, いろいろな抽象領域に借用されることができることがわかる。Lakoff and Johnson (1980) の紹介している方向性のメタファーは数多くあるが, その中からいくつかを以下に抜粋する (Lakoff and Johnson 1980: 15–17, 渡部・楠瀬・下谷 (訳) 1986: 19–26)。

(38)　HAPPY IS UP; SAD IS DOWN《楽しきは上・悲しきは下》
　　　a.　I'm feeling *up*. (気分は上々だ)
　　　b.　That *boosted* my spirits.
　　　　　(それが私の元気を押し上げてくれた＝元気をかきたててくれた)
　　　c.　My spirits *rose*. (元気が立ち昇ってきた＝元気が出てきた)
　　　d.　You're in *high* spirits. (上機嫌だね)
　　　e.　Thinking about her always gives me a *lift*.
　　　　　(彼女のことを考えるといつも胸が高鳴る)
　　　f.　I'm feeling *down*. (気持ちが沈んでいる)
　　　g.　I'm *depressed*. (落胆している)
　　　h.　He's really *low* these days. (彼は最近本当に沈んでいる)
　　　i.　I *fell* into a depression. (気持ちが落ち込んでしまった)
　　　j.　My spirits *sank*. (気持ちが沈みこんだ)

(39)　CONSCIOUS IS UP; UNCONSCIOUS IS DOWN《意識は上・無意識は下》
　　　a.　Get *up*. (起きろ)
　　　b.　*Wake up*. (起きろ)
　　　c.　I'm *up* already. (もう起きています)
　　　d.　He *rises* early in the morning. (朝早く起きる)

  e. He *fell* asleep.（彼は眠りに<u>おちた</u>）
  f. He *dropped* off to sleep.（眠りに<u>おちた</u>）
  g. He's *under* hypnosis.（催眠状態の<u>下</u>にある）
  h. He *sank* into a coma.（彼は昏睡状態に<u>陥った</u>）

　他にも，HEALTH AND LIFE ARE UP; SICKNESS AND DEATH ARE DOWN《健康と生命は上・病気と死は下》，HAVING CONTROL OF FORCE IS UP; BEING SUBJECT TO CONTROL OF FORCE IS DOWN《支配力や力があることは上・支配されたり力に服従することは下》，MORE IS UP; LESS IS DOWN《より多きは上・より少なきは下》，FORESEEABLE FUTURE EVENTS ARE UP (and AHEAD)《予知できる未来のことは上（かつ前方)》，HIGH STATUS IS UP; LOW STATUS IS DOWN《高い位は上・低い位は下》，GOOD IS UP; BAD IS DOWN《良いことは上・悪いことは下》，VIRTURE IS UP; DEPRAVITY IS DOWN《徳行は上・悪行は下》，RATIONAL IS UP; EMOTIONAL IS DOWN《理性的であることは上・感情的であることは下》などがあり，それぞれのメタファー的表現において，単なる物理的な上下ではなく，抽象的な意味を表す。
　堀田（2016）は「同〇異△（語）」について4分類を提示し，整理している。以下に堀田（2016: 123-126）の内容を要約する。

  同音異綴（語）（homophony; homophones）：発音は同じだが綴字が異
   なる語どうしの関係。例：son「息子」，sun「太陽」
  同綴異音（語）（homography; homographs）：綴字は同じだが発音が異
   なる語どうしの関係。例：bow [bəʊ]「弓」，bow [baʊ]「お辞儀」
  同音同綴異義（語）（homonymy; homonyms）：発音も綴じも同じだが，
   意味が異なる語どうしの関係。例：last「最後の」，last「持続する」
  多義（語）（polysemy; polysemic words）：1つの語が，互いに関連す
   る複数の意味をもっている状態。例：crane「鶴」「起重機」

そして，堀田（2016）はこれら4つの関係を以下のように図示している。

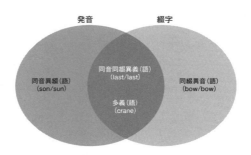

図 22　同音同綴異義・多義の関係　（堀田 2016: 124）

そのうえで，同音同綴異義と多義の区別が曖昧であるとし，そのために同音同綴異義衝突と多義衝突の区別も曖昧であることを指摘している。堀田は light weight と light blue における形容詞 light の例を挙げ，「歴史的・語源的に区別されるべきであり，同音同綴異義と呼ぶべき関係である。しかし，共時的には『軽い，薄い，淡い』という意味上の共通点でまとめられるのではないかという主張も可能であり，この場合には多義の関係であるといえる」（堀田 2016: 124）としている。さらに「light（軽い）と light（色が薄い）は語源学者にとっては別々の語であり，同音同綴異義の話題となるが，話者が意味のつながりを感じるのであれば，その話者にとっては多義の話題となる」（堀田 2016: 125）と述べられており，ここに語源学といわゆる認知言語学における Lakoff and Johnson らが提唱してきたメタファー観との接点が存在していると考えられる。

7.3.5　意味反転と否定的価値
7.3.5.1　dead の意味変化

有光（2011）は half, dead 等の多義や意味反転を紹介している。また，有光（2013）では，fat/slim という対比を取り上げ，そこに存在する意味反転の非対称性を指摘している。これらは否定性が有標であり，意味を強め，ひいては否定ではなく，強意語となることと関係している。

強意語（intensifier）の意味変化のメカニズムについては，Paradis（1997, 2000a, b, 2001, 2003），Traugott（2006），Shindo（2008）等の先行研究を挙げることができる。生物的な死を表す dead であるが，まず反意語となる alive を観察してみたい。Horn（1989: 268-273）は対比を二分類した。

矛盾関係：二項対立的で中間段階をもたない対比関係（contradictory opposition）（例）男女，奇数偶数，等。
反対関係：多項対立的で中間段階をもつ対比関係（contrary opposition）（例）遠近，難易，等。

　身近な対比の1つである dead と alive（生死）は中間段階をもたないことから，矛盾関係の対比である。Jing-Schmidt（2007: 417）は生命の維持に関わる恐怖等の否定的感情表現が，感情的な強意語になることを多言語において指摘している。

> …the parallel between a higher sensitivity to potentially threatening events at the neural level and a predominance of emotive intensifiers based on the threat-relevant negative emotions at the linguistic level provides further evidence of the embodiment of linguistic conceptualization.

諸言語で awful, horrible, terrible 等の生命の維持に関わる恐怖等の否定的感情表現は，強意語の中の maximizers（completely 等）にはならず，boosters（very much 等）になる。しかし，dead には maximizers と boosters の両方の用例が存在する。このことは awfully, horribly, terribly と dead は，「生命の維持に関わる恐怖等の否定的感情表現」ということでは類似しているが，実は終点（endpoint）の有無に違いがあり，そのことに意味変化の基盤があると考えられる。

7.3.5.2　dead に関する具体事例

　生物的な死を表す dead であるが，強意語となる用法は以下のとおりである。このような意味変化と後続する要素が否定的でも肯定的でも容認されるような生産的で柔軟な用例は alive には見つけられない。ただし，"any man alive"（生きている人であれば誰でも）のような字義通りの意味だけではなく，"Man alive!" という用法において「驚いた！」「信じられない！」という強い感情を示す。"the happiest man alive" のように「生きている人の中で（最も〜な）人」という用法があることから最上級の強意的な意味が生じているようであり，そこからの語用論的強化によって "Man alive!" という短

い形のみで驚きや予想外を意味するようになったと考えられる．しかし，最上級の強意的な意味は「生きている人の中で」という限定的な用法であり，実際，発話者が地球上に生きている人全員を一人一人見た結果「最も幸せな人だ」と結論を出したとは到底考えられないことから用例が制限された慣用的な誇張表現となっているのである．したがって，alive にたとえ最上級の強意的な意味が感じられたとしても，以下で述べる dead のようなダイナミックな生産性はないのである．

(40) a. My mother's dead; she died in 1987. （OALD7）
　　 b. You're dead right! （OALD7）
　　 c. The instructions are dead easy to follow. （OALD7）
　　 d. You were dead lucky to get that job. （OALD7）

このように，生物的な死，正誤という二項対立的矛盾関係の対比の肯定的要素を強める強意，難易という反対関係の対比の肯定的要素を強める強意，幸運・不運という反対関係であるとともに価値的対立である対比の肯定的要素を強める強意が存在している．Endpoint をもつことが基盤となり，「全く」の意味で，right/wrong 等の正誤判断と結びつく．これらは，utterly, entirely, absolutely, quite 等の意味であり，動きや生命の究極的な「無」が強意語として「全く，完全に」という意味を導くことがわかる．また，死のもつ有標的な強烈な印象が基盤となり，「とても」の意味で，boring や disappointed 等の否定的価値を強めることも，smart, interesting, lucky 等と結びつく肯定的価値を強めることもある．Dead は「とても」の意味にもなり，「全く」の意味にもなるということである．

一方，alive にはこのような多様な用例はなく，"There is no assignable cause; man alive cannot tell a reason why." (OED2) のように any man alive の「いかなる人でも」は決まりきった表現で，dead のような生産性はないのである．

なお，「恐ろしく」等の endpoint をもたない否定的感情表現には以下のような表現のバリエーションがあるが，否定的感情表現の他は，「とても」の意味のみである．

(41) a. The Admiral was awfully upset. （BNC CFJ 101）

b. It became terribly hard in the winter.　　　(BNC B34 205)
　　　c. But that was not the end of this sad story, nor of the nanny and child who died so horribly.　　　(BNC CE9 1302)
(42) a. I'm awfully glad you think I can be funny.　　(BNC CA6 1057)
　　　b. She's terribly good at it, isn't she?　　　(BNC A0L 2085)
　　　c. I'm horribly rich 一; it seems such a waste...';　(BNC HH9 2728)

　こうした意味変化は，生命の有無と直結している dead や，生命維持の危険を知らせる否定的感情表現 awfully, horribly, terribly 等の分類に該当しているが，他にも価値的否定性がそうした否定的意味を薄め，単なる強意語となる変化が見られる。例えば，fat/slim のような対比においても，社会的な否定的価値を基盤として，"a fat chance" は見込みが全然ないことを表すような強い否定を表現する。"a slim chance" がわずかながらに可能性があることに焦点を当てるのに対して，"a fat chance (Fat chance!)" は全然無いことを示す。それは "fat" が 7.3.3 で見た「高低」の「高」，「深浅」の「深」のように，単なる量の多さを示すのではなく，そこに否定的価値が潜在しているからであると考えられる。

7.4　Negative Cycle について

　Jespersen (1917: 4) は，言語の変化のパターンについて以下のように述べている。

> The history of negative expressions in various languages makes us witness the following curious fluctuation: the original negative adverb is first weakened, then found insufficient and therefore strengthened, generally through some additional word, and this in its turn may be felt as the negative proper and may then in course of time be subject to the same development as the original word.

　つまり，もともとの否定の副詞は，まずその力が弱くなり，そして，不十分であると感じられるようになり，そのため，強めようとする。このときに何らかの別の表現を加えることによって強めようとする。そして今度は，このあとから加えられた語が本来の否定辞だと感じられるようになる。そし

て，時間の流れの中で，このあとから加えられた語も同じ経過をたどることになる，ということである。また，Horn (1989: 457) では，このサイクルの動機付けについて Jespersen を引用し，次のように述べている。

> But if word order is not a crucial factor (or at least not the crucial factor) in motivating Jespersen's cycle, what is? Jespersen's answer is clear from his description of the cycle: an unstressed monosyllabic syllable consisting of nasal + neutral vowel is simply too weak to serve as the conduit for the vital function with which it has been entrusted, that of differentiating a positive statement from its contradictory:
>> The negative notion, which is logically very important, is ... made to be accentually subordinate to some other notion; and as this happens constantly, the negative gradually becomes a mere proclitic syllable (or even less than a syllable) prefixed to some other word. The incongruity between the notional importance and the formal insignificance of the negative may then cause the speaker to add something to make the sense perfectly clear to the hearer.　　　　　　　　　　　　　　　(Jespersen 1917: 5)

このサイクル（プロセス）には複数の呼び名があり，Negative Cycle, Jespersen's cycle, Jespersen cycle として知られている。Dahl が著書 *Typology of Sentence Negation* (1979) の中でこの呼び名をつけた。以来，いろいろな言語においてこの変化が観察されており，言語によってサイクルのどの変化段階にあるのかは異なる。ステージの分類については諸説があるが，Hopper and Traugott (1993: 65-66, 日野（訳）2003: 74-75) では，以下のように Hock (1991 [1986]: 194), Schwegler (1988) を引用しながら説明している（以下，Hopper and Traugott の対訳は日野を引用）。

I. Negation was accomplished by placing the negative particle *ne* before the verb. （否定文では，否定の助辞 ne が動詞の前に来た。）

II. A verb of motion negated by *ne* could optionally be reinforced by the pseudo-object noun *pas* 'step' in the context of verbs of movement（ne によって否定される，動作を表す動詞には，形式的な目的語 pas（一歩）がついて，補強されることがあった。）：

(43) Il ne va (pas).
He not goes (step)
'He doesn't go (a step).'

III. The word *pas* was reanalyzed as a negator particle in a structure of the type *ne Vmovement* (*pas*).（「ne 動作性動詞 (pas)」という構文で，pas という語が否定の助辞として再分析された。）

IV. *Pas* was extended analogically to new verbs having nothing to do with movement; i.e., the structure was now *ne V* (*pas*)（ne と pas の間の動詞が，類推によって，動作性動詞以外の動詞にまで広がる。つまり，構文は「ne 動詞 pas」となった。）：

(44) Il ne sait pas.
He not knows not
'He doesn't know.'

V. The particle *pas* was reanalyzed as an obligatory concomitant of *ne* for general negation: *ne V pas*（助辞 pas が一般的否定構文「ne 動詞 pas」の必須の要素として再分析された。）

VI. In the spoken vernacular *pas* came to replace *ne* via two stages: (*ne*) *V pas* (reanalysis of *ne* as optional), *V pas* (reanalysis by loss of *ne*), resulting in（地方の話し言葉で，次の２つの段階を経て pas が ne に置き換えられた。「(ne) 動詞 pas」（再分析によって ne があってもなくてもよくなった）。「動詞 pas」（再分析によって ne がなくなった）。その結果次のような否定構文ができあがった。）：

(45) Il sait pas.
He knows not
'He doesn't know.'

つまり，「彼は行く」対「彼は行かない」という動詞の肯定・否定の対比において，もともとフランス語で「行かない」という否定表現は，否定辞 ne を動詞に加えることで表現されていたが，その否定の意味を強調する目的

で,「一歩も行かない」というように「一歩」にあたる pas が加えられたのである。しかし,それが「行く」というような動作性動詞だけではなく,「知っている」のような動作とは関係のない動詞の否定であってもその否定の意味を強調するために,「一歩」にあたる pas が加えられるように変化していった。そのうちに,フランス語では否定構文「ne 動詞 pas」というように,ne と pas が共に必須の要素となった後,現在の口語では「(ne) 動詞 pas」のように pas だけが残り,ne があってもなくてもよいという否定表現に変化しているのである。そしてこれは周期的に起こる変化であると説かれている。

英語でも同じような変化が報告されている (Horn 1989: 455)。

Old English: Ic ne secge.
Middle English: Ic ne seye not.
Early Modern English: I say not.

古英語 (Old English, OE：8 世紀初頭から 1066 年にノルマン人がイギリスを征服するあたりまでの英語),中英語 (Middle English, ME：1100 年頃から印刷術が導入された 1500 年頃までの英語) における否定の概略について,近藤・藤原 (1993: 71-72) は「OE で最も普通であった ne は ME でも使われているが,15 世紀ごろから衰退していく。この ne に代わって not が現われる」と説いている。これをより具体的に抜粋すると以下のとおりである。

[...] OE から使われていた ne は主語と(助)動詞の間に置かれ,強勢が無かったため,否定の意味が弱くなり,それを補強するために (助) 動詞の直後に別の否定語 not が添えられた。この形が ME の一般的な否定構造である。

(46)　He *ne* may *nat* wel deme (=he may not judge well)
　　　　　　　　　　　　　　Chaucer　*The Tale of Melibee* 1125

[...] その後 ne が省かれて not だけが否定構造に用いられるようになる。

(47)　And gyll, my wife, rose *nott* (= and Gill, my wife, did not rise)
　　　　　　　　　　　　　　　　　　　　　　　　Towneley Plays 133/519

7.4 Negative Cycle について

[...] 否定の意味を強める場合，not を付加する方法だけでなく次の例のように文彩的否定（figurative negation）と呼ばれる方法がある。この方法は動植物や身の回りのものの名詞と否定辞を組み合わせて否定を強める表現で，ME からよく使われている。

(48) I sette *nat a straw* by thy dremynges, (=I don't care a straw for your dreams)　　Chaucer　*The Nun's Priest's Tale* 3090

ME では 3 つ以上の否定辞が用いられている例も見られる。このような否定を累加否定（cumulative negation）と呼ぶ。

(49) He *nevere* yet *no* vileynye *ne* sayde
　　In al his lyf unto *no* maner wight. (=He never yet said anything villainous all his life, to any kind of person.)
　　　　　　　　　　　　　　Chaucer　*General Prolgue* 70-1
　　　　　　　　　　　　　（近藤・藤原 1993: 71-72 例文 (1) - (4)）

上記は，7.2.3 で取り上げた「否定のサイクル」の歴史を描写していると言える。また，否定が使われていくうちに否定の意味が弱まっていき，否定の意味を強めるために，他の要素を加えていくという変化が確認できる。

このようなサイクル的変化が起こることについて，Jespersen はまず "Such reinforcement also serves "to increase the phonetic bulk" of negative" (Jespersen 1917: 14) と述べ，こうした強調が否定の音韻的なカサを増すという目的を果たす点を指摘している。さらに，"to make the negative more impressive as being more vivid or picturesque, generally through an exaggeration, as when substantives meaning something very small are used as subjuncts." (*ibid*.: 15) と続けて，否定をより印象深く，いきいきとしたものにするのに役立つと述べている。そして，通常，加えられる名詞句が極小のモノを意味する何かであり，誇張表現となることを通して，強調が行われると述べている。

こうした否定から肯定，そして，また新しい否定というサイクルは，意味変化や意味反転の基盤の 1 つとなっていると考えられる。Hopper and Traugott (1993: 21, 日野 (訳) 2003: 28) は，Antoine Meillet（アントワーヌ・

メイエ）について，「最初に「文法化（grammaticalization）」という語を用いた人であり，文法化についての特別な研究をささげた最初の言語学者であった」としているが，Meillet は「いかにして単語は意味を変えるか」というセクションで，（フランス語の）否定に関わる以下のようなことを指摘している。

> たとえば，共通言語では *très*（「非常に，とても」）で示すことを，*terriblement*（「ひどく」）という副詞で表現し始めた集団では，機会があれば，*effroyablement*（「ひどく，ものすごく」），*redoutablement*（「恐ろしく」）など，だいたいの類義語，あるいは同じ種類のあらゆる副詞を使うようになる。フランス語の *pas, point, mie* という否定形の起源は，おそらくこの種の同義性にある。これらの語のうちの 1 つが否定的な意味を持つようになったときから，他の語が排除された。*Mie* はフランス語では全く使われなくなり，*point* は話し言葉からは消え，*pas* だけが残された。*Pas* は，否定の限定ではなくなり，フランス語の話し言葉では，これだけで慣用の否定語となった。
> （Meillet 1982: 230–271, 松本（編訳）2007: 78）

本来の否定辞である ne に加えられる補いの助詞 pas に注目し，Hopper and Traugott（1993: 21, 日野（訳）2003: 138–140）では，上記の Meillet の視点を踏まえたうえで，さらに以下のような説明を加えている。

> この *ne* はラテン語と古代フランス語の前接語 *non* から来たものであった。古代フランス語では，最少の量（least quantity）を示唆する副詞的に使われたさまざまな名詞が，弱まった否定を補強するために動詞の後に置かれた。次のような形式がそれである。
>
> pas（一歩），point（点），mie（パンくず），goutte（一滴），amende（アーモンド），areste（魚の骨），beloce（リンボクの実），eschalope（エンドウ豆のさや）
>
> しかし，16 世紀までには否定のために使われたのは，pas, point, mie, goutte だけになったが，それらは使われなくなったもの（amende,

areste, beloce, eschalope) よりもより一般的な語である。16世紀において *pas* と *point* が支配的になり，現代ではこの二つだけ使われている。
　　　　　(Hopper and Traugott 1993: 117-118, 日野（訳）2003: 138-139)

Hopper and Traugott はこれを言語変化の中でも専門化 (specialization) の例として紹介し，そもそもこれらの語が特に談話で否定語と結びついたときに，否定を強めるものとしての意味を帯びる点に注目している。そして，次のようにこのセクションを締めくくっている。

However much in retrospect we see semantic commonalities in the ways in which forms evolve, it is important to keep in mind that ultimately their roots and motivations are in real speech and real collocation, and that the study of how forms are distributed in discourse is indispensable in understanding grammaticalization.
形式が発展するとき，どんなに意味的共通点が見つかったとしても，文法化の源や動機は究極的には実際の会話や実際の結びつきにあるのであって，談話の中で形式がどのように使われているかを研究することが文法化の理解に不可欠である。
　　　　　(Hopper and Traugott 1993: 118, 日野（訳）2003: 140-141)

つまり，否定サイクルの問題は文法化の代表的な一事例であり，また，文法化の研究はこのように実際の使用場面，談話の中での表現の結びつきを重要視するものである。このことは認知言語学や語用論が研究射程に入れることを不可欠とするポイントとまさに一致するのである。

7.5　非現実性と否定

　非現実性と否定は Langacker の認知図式からも明らかなように密接な関係にある。Langacker は心的空間（メンタルスペース）に対象となる事象が存在していないことが否定であると論じている。起こっていないことや実現していないこと，すなわち非現実を表現することで，否定性を表すことができる。Sweetser (2000)，柏野 (2012)，平沢 (2012, 2014)，八木 (2015) 等を踏まえ，廣田 (2017) は No more A than B 構文の下位構文として一般に知られている「クジラ構文」を取り上げ，「後行命題が偽であるのと同様，先

行命題も偽である」という通常の「クジラ構文」の意味理解の手続きでは理解できない，あるいは解釈に齟齬が生じるような新しいタイプのクジラ構文の存在をも射程に入れて，包括的代案を提示しようとしている。「クジラ構文」に関わる個別の議論の詳細は各研究を参照されたいが，ここでは基本的な「クジラ構文」にかかわる諸問題の一部を紹介する。

(50)　A whale is no more a fish than a horse is.
　　　（馬が魚類でないのと同様，クジラも魚類でない。）

この「クジラ構文」に対して対偶的解釈を行うと，以下のような認識条件文（If..., then... の形）でパラフレーズすることができる。

(51)　If a whale were a fish, then a horse would be a fish.
　　　（クジラが魚類だとしたら，馬も魚類ということになる。）

No more A than B という「クジラ構文」は，If..., then... という認識条件文でパラフレーズできることは，以下の Arimitsu (2013) の主張ともつながる。

(52)　Alice: Will you take me to Paris?
　　　John: If the sun rises/rose/were to rise in the west.
　　　　　　　　　　　　　　　　　　　　　　　　　　（Arimitsu 2013）
(52)　Bert: Do vegetarians eat hamburgers?
　　　Ernie: Do chickens have lips?　　　　　　（Yule 1999: 43-44）

「パリに連れて行ってくれるか？」という疑問文に対する返答が「もし，太陽が西から昇ったら（パリに連れて行こう）」というような条件文だった場合，それは否定・拒否を表している。この条件文は「もし，昇給したら（パリに連れて行こう）」という条件文とは文の形式上の構造が同じであったとしても，非現実性の有無という意味の点において性質が異なるものである。将来的に昇給することはありうるかもしれないのに対して，太陽が西から昇ることは現実世界において絶対にありえない。つまり，非現実性を用いた仮定表現は否定性を表現することとつながっている。また，非現実性を表現するのは疑問文でもよく，上記のように「鶏にくちびるがあるのか？（も

ちろん，ない。鶏にあるのはくちばし)」という非現実を疑問文で表現することで，先行する疑問に対する婉曲的な否定・打消しの答えとなっている。これは，英語と日本語にのみ見られることではない。例えば，フランス語では "quand les poules auront des dents（もし鶏に歯が生えたら)" という決して起こらない条件（現実世界において鶏に歯が生えることはない）を描写している非現実表現を用いることで，「決して起こらない出来事，永遠にないこと」を意味する。これが「パリに連れて行ってくれるか？」という疑問文に対する返答であれば，否定・拒否を表していることになる。

7.6　現在の否定研究に関する今後の課題と展望

言語における否定に関する研究は，世界中で行われている。諸言語における，否定の諸相が論じられてきていることは，これまでに見たとおりである。

国際学会でも否定関連セッションやワークショップが設けられることも珍しくない。最近の一例としては，Pierre Larrivée と Chungmin Lee による2013年のスイス（ジュネーブ大学）で行われた第19回 International Congress of Linguists の一環として開催されたワークショップ Negation and Polarity: Interfaces and Cognition 等が挙げられる。

ここでは，Revisiting the licensing question: Some negative (and positive) results (Laurence Horn), Another Look at NPIs in Definite Descriptions (Jon Gajewski), Negative polarity and domain widening: A learnability perspective (Lyn Tieu), Affect and Affectivity: Informative Value at the Heart of Polarity Sensitivity (Michael Israel) といった否定認可 (licensing) の問題や否定極性項目 (NPIs) の問題がまず取り上げられた。

また，"Smart as a fox": Scalar negation and comparative constructions in Brazilian Portuguese (Patricia Amarel) のような否定と段階性の問題，Metalinguistically Negated vs Descriptively Negated Adverbials (Chungmin Lee) のようなメタ言語的問題，The syntax of preverbal en in (West) Flemish (Liliane Haegeman) のような統語論的問題，Pragmatically marked 'emphatic' negation and its contribution to the Middle English Jespersen Cycle (Phillip Wallage) のような語用論的有標性の問題，Prosody and metalinguistic Double Negation in Catalan and Spanish (Susagna Tubau et al.) のようなプロソディー（韻律）まで射程に含めた問題等が取り

上げられた。

　さらに，When and How is Concord preferred? An experimental approach (Viviane Déprez et al.) のように呼応の問題，Diachronic and structural aspects of sign language negation (Roland Pfau) のように手話における否定の問題，A multimodal approach to children's first negative constructions (Pauline Beaupoil et al.) のような子供の言語発達と否定獲得の問題，さらに，ポスター発表として，A note on pseudo-conditional sentences, and denial: A cross-lingual comparison (Benjamin Tsou) のような擬似条件文と否定の問題，Negation and Irreal Modality in Mayan Languages (Igor Vinogradov), Irreality, negative meanings and intensifiers (Nami Arimitsu) のような非現実性と否定の問題，Eye movements reveal causes of delay in negative sentence processing (Ye Tian et al.) のような眼球運動測定による否定文の処理過程の研究などが紹介された。

　今後，否定に関するより実験的な手法による否定の認知基盤を明らかにしていくような科学的裏付けが進んでいくと考えられる。同時に，従来の記述的分析も重要な取り組みであり，言語学の中での研究の深化とともに，言語習得，言語発達，人工知能，認知科学，脳科学，その他関連分野との接点における積み重ねから新しい枠組みが提案されていくことが国際的展望として広がっている。

　例えば，「日経 BP 社 IT ニュース PRO (2012 年 6 月 27 日)」には，「Google, 大規模人工ニューロンネットワークを用いた研究成果を紹介」というタイトルで，以下のような記事が紹介されている。

　　米 Google は現地時間 2012 年 6 月 26 日，同社研究チームの機械学習技術に関する研究成果を紹介した。脳をシミュレーションする大規模ネットワークを用いた新たな手法により，コンピューターが猫を認識する能力を自ら身につけることに成功したという。
　　現在，機械学習技術を新用途に適用させるにはたいへんな作業を必要とし，例えば車とバイクの写真を区別できるシステムを構築しようとする場合，標準的な手法ではまず「車」あるいは「バイク」のラベルを付けた多数の写真を集めなければならない。そしてこれらラベル付けしたデータを使ってシステムをトレーニングする。
　　しかし Google は，Web 上や「YouTube」ビデオから無作為に画像

を収集し，人間の脳などの神経回路網の学習プロセスをシミュレーションする人工ニューラルネットワークを構築してトレーニングした。

 Googleによれば，機械学習に使われているほとんどの人工ニューラルネットワークは，接続ポイントが100万～1000万ほどだ。Googleの人工ニューラルネットワークは，演算能力を1万6000個のCPUコアに拡大し，10億以上の接続ポイントを設けた。

 1週間にわたりYouTubeビデオを同ネットワークに見せたところ，ネットワークは猫の写真を識別することを学習した。事前に猫をネットワークに教えたわけでも，「猫」のラベル付けをした画像を与えたわけでもなかった。つまり，ネットワーク自身が，YouTubeの画像から猫がどういうものかを知ったことになる。これは機械学習における「self-taught learning（自己教示学習）」と呼ばれるものだという。

 またGoogleは，同社の大規模ニューラルネットワークでは基本的な画像分類テストの精度が70％向上したとしている。その際，ラベル付けしたデータではなく，Web上から集めた大量のラベル付けしていないデータを使用した。

 同社研究チームは，さらに大規模なネットワークの学習システム構築に取り組んでいる。成人男性の脳の神経経路は約100兆個の接続があるとされており，「まだ拡大の余地は大きい」とGoogleは述べている。
 (http://itpro.nikkeibp.co.jp/article/NEWS/20120627/405501/?rt=nocnt)[1]

この記事の示すところは，コンピューターが「猫」という言語を介さずに「猫そのもの」を認識することに成功したということであり，今後，言語を超えた認識にますます注目が集まることが予測される。この記事は機械がトレーニングとしてYouTubeから抽出された1,000万のイメージを見せられただけで，あとは独習・独学ができるようになったという点でも興味をひかれるものであり，人工知能の先駆けであったAlan Turingが目指したuniversal machineの訪れを予感させるものである。

 しかし，言語学の立場としては，かつてJohn Searleが指摘したように「中国語の部屋」の問題を胸に留めることも重要である。「中国語の部屋」と

---

[1] オリジナルの記事：N.B. Official Google blog (June 26, 2012)：
 https://googleblog.blogspot.jp/2012/06/using-large-scale-brain-simulations-for.html

は，ある小部屋の中にアルファベットしか理解できない人を閉じこめる想定から始まる思考実験である。その小部屋には外部と紙きれのやりとりをするための小さい穴が1つある。その穴から小部屋内部の人に1枚の紙きれが差し入れられる。その紙きれには小部屋内部の人がこれまで見たことのない文字たちが書かれている。その文字たちとは漢字（中国語）が並んでいるのである。しかし，小部屋内部の人には意味不明な記号が並んでいるとしか見えない。小部屋内部の人は届いた記号の列に対して，新たな記号を書き加えた後に，紙きれを外に返す。書き加え方は小部屋内部に置かれた1冊のマニュアルの中に書かれてある。この作業を繰り返す。すると，あたかも，これは「質問」と「回答」のやりとりが連続しているかのように見える。したがって，小部屋の外にいる人は「小部屋内部の人は中国語を理解している」と考える。しかし，小部屋内部の人は実はまったく漢字は読めておらず，作業の意味も理解しておらず，マニュアルどおりの作業を繰り返しているだけである。けれども，外から見ると，中国語による対話が成立しているのである。Searleは，この状態について，中国語を理解しているとはいえないと論じた。

コンピューターの猫認識は，Searleの「中国語の部屋」の議論に対して新しい波紋を呼んでいると考えられる。真の（意味）理解や認識とはどのような状態を指すのか，今後も議論が続いていくと予測される。言語は目的に応じて柔軟に変化する思考の道具でもあり，言語なしにどこまで意味理解や思考や認識が可能になるのかということは，今後の興味深い点である。上記の記事は，具体的な「猫」という生き物であるが，「議論」や「愛」といった抽象度が高まった対象であってもコンピューターによる認識は可能になってくるのか，また，その中でも「否定」という非常に抽象度が高く，それでいて言語に不可欠な基盤である要素については，どのようにコンピューターによる認識が可能になってくるのか，今後のコンピューターのディープラーニングのテーマにおいても「否定」という対象への取り組みは魅力的な挑戦となっていくだろう。

あとがき

意味研究の課題と展望

　まず，認知意味論，あるいは広く認知言語学一般の課題としては，2つのことに触れておきたい。1つは，現行の認知言語学は，認知心理学はじめ認知諸科学を必ずしも踏まえていないということである。例えば，認知心理学は情報論的な道具立てを使う認知情報理論であるが，認知言語学は認知情報理論ではない。この状況は，かつてアメリカ構造主義の時代にブルームフィールドが，ワトソンの刺激と反応図式に言及したものの行動主義心理学に基づいて理論を立てたのではなく，つまみ食い的に扱ったのみであったことを思い起こさせる。更なる理論的発展のためには認知心理学・認知諸科学（及び関連諸科学）をきちんと踏まえることが必要であろうし，またそうすることでそれら諸科学とは異なる言語学の特質もより明らかになるものと思われる。

　もう1つは，認知言語学は直観的に理解しやすい理論であるが，そこは逆に落とし穴になる可能性もあるということである。認知言語学は言語の様々な様相を明らかにすることに成功したが，反面，現行の方法論は厳密性に欠ける面もある。また，認知言語学は，言語の生成論的な接近法と異なり，言語を通じての認識，言語によって表現されたものの解釈を中心に据えた，少なくとも相対的にはより解釈論的な言語への接近法と言えるであろう。

　言語に対する2つの異なる接近法は，物理学における超弦理論と場の量子論の標準理論を想起させる。前者は抽象的・理論的であり，後者はより具体的・機能的で経験主義的である。物理学においてこの2つの理論はいまだ統一されていないが，（相対論がニュートン力学を特殊ケースとして組み込んだように）両者は統合されるのか，あるいは一方が拡張して他方を呑み込むのか，現時点では不明である。しかし，言語学に関しては，生成文法が言語の実態を捉えていないのは明らかであり（特に意味に関してはまったく的外れと言わざるを得ない），今後も残っていくとは思われない。本書の著者は，

認知言語学が他の諸理論と比して，より言語の実相に迫っていると考えるものであるが，認知言語学（その中心は意味論である）の更なる発展のためには，より厳密な方法論の開発が課題となると思われる。

一方，今後の展望としては，多くの方向への発展可能性が考えられるが，第 1 章 1.2.5 節で取り上げた認知言語学の根本命題に立ち返って考えるべきである。すなわち，「言語の基本的機能はカテゴリー化である」とするものである。そして，そのことは言語のすべてのレベルや相において現われていると想定することができる。本書で扱った命名や色彩語，意味変化，否定のいずれの問題も，カテゴリー化と深く関わるものである。

さらに，言語の研究としては，色彩語などの特定の領域のカテゴリー化のみならず言語全体としての世界のカテゴリー化がどうなっているのかを明らかにすることが必要である。言語による世界の把握の仕方の異なり方は，世界の解釈，世界への意味の付与の差異と関わるもので意味論的に考究すべき重要な課題である。特に個別言語による事態把握（construal）の共通性・異同性は，まさに認知意味論（及び認知言語学）にとって好個の研究テーマであると言えよう。

ここでは，個別言語のそれぞれを包括的な概念で特徴付ける「個別言語志向的」な類型論（池上 2000）の性質をもった対照言語学研究の例として，英独仏対照言語学を取り上げて考察してみたい。英語・ドイツ語・フランス語は，近代以降の西洋の学問を先導してきた諸国の言語であり，系統的にも歴史的・文化的にも相互に深い関係性をもちながら，それぞれが他の 2 言語とは区別される特徴的な性質を有しており，かつその言語的特徴は，後述するように，これらの言語を使って成される思考（さらに行動）と相当の相関性を示すことが観察される。また，このような個別言語全体の対比的な特徴付けは，一般に言語と思考・行動の関係を探究するうえでも有効な指針を提供することが期待されるのである。それぞれの言語で記された作品の他言語への（諸）翻訳を相互に比較対照することによって得られる英語・ドイツ語・フランス語の特質は，概略以下のようにまとめることができよう[1]。

英語は，個別具体の事態を〈物理的〉（空間的・時間的）に捉え，刻一刻変わる状態に対応するもので，〈経験的・実証的〉であるとともに〈実践的〉（特にアメリカ英語において）であり，目的の追求を前面に押し出しその実

---

[1] 大月（2011, 2012）を踏まえている。日英対照に関しては篠崎（2010, 2011）を参照。

現のために必要な手段・時間・労力等を示すものである。内容的に事実を精密・詳細に記述する一方，形式的には簡潔である。経験的にも実践的にも意味のないことは言わない[2]。観察可能な具体的事実を記述（全体像を明示）するものであり，矛盾するものも含めて，全体を無理に理念的にまとめあげようとはしない。

対してドイツ語は，〈観念的・理論的〉で〈認識的〉（根拠追求型・命題化）である。抽象的な範疇や順序性・時間性・前後関係・因果関係で，経験を捉え直すものであり，目的を意識しながらもさらに認識として広い範囲に因果関係を設定する。その重要な機能として観念の構築があり，徹底性による壮大な体系化がその大きな特徴である。

一方，フランス語は，経験や観念などの一方を徹底的に追求するというのではなく，対象を要素・部分に分析してそれらを明確に区別しつつ関係性を捉えるという意味において〈合理的〉である。明確に〈二元論的〉であり，対立する二項（具体／抽象，偶然／必然，実践／認識，感性／知性）間のバランスを志向し，項間の関係付け・要素間関係の明示における二項対立を見据えての均衡美を示している。〈演繹的〉（定理導出型）であるとともに〈制作的〉である。また，〈機械論的〉である一方，〈感覚的〉であり，かつ人間関係への配慮を踏まえ〈外交的〉である。

以上の特徴づけは，多数の事例の分析を踏まえたうえで1つの「予想（conjecture）」[3]として提示したものであるが，厳密な「証明」が完了しているわけではない。事例としては，スペースの関係もあり一例のみを挙げておく。ここで取り上げるのは，池田理代子の代表作『ベルサイユのばら』中の一場面で，王太子妃が落馬して怪我を負い，アンドレが国王ルイ15世に責任を問われる場面の日本語原文と3言語の訳文である。

(c1) 日本語原文：
「もしも…もしもどうしてもアンドレをおとがめになるならば……」
「ジャルジェ家の名において正式の裁判を要求いたします！」

---

2 場に依存し，したがって基本的に1通りしかない，日本語の定型句と異なり，相手との関係により何通りにも表現が用意され使い分けされる。
3 数学における「予想」は，ポアンカレ予想のように既に解決されているものもあれば，リーマン予想のように未解決のものも少なくない。未解決の場合であっても，それによって多くの研究を触発し，また新たな問題の発見に繋がるという意味で学問の発展に大いに寄与しうるものである。

「さもなくば……アンドレの責任は主人であるわたしの責任……」
「まずここでこのオスカル・フランソワの命をたってからにされるがよい！」

・下線部，オスカルの台詞の各国語訳

(c2) 　英訳：TAKE MY LIFE <u>NOW</u>!!
　　　　直訳：「私の命を<u>今</u>，取り去ってください！」

(c3) 　仏訳：C'EST <u>MA VIE</u> ET <u>NON LA SIENNE</u> QUE VOUS DEVEZ PRENDRE!
　　　　直訳：「あなたが取る［奪う］べきは，<u>私の命</u>であって<u>彼の（命）</u>ではありません！」

(c4) 　独訳：Ihr solltet <u>eher</u> mich <u>als</u> ihn zum Tode verurteilen!
　　　　直訳：「あなたは<u>彼よりもむしろ私</u>を死刑にすべきです！」

　以上の訳文では，どの言語においても下線部分に見られるように，原文にない表現が使われている（原文にない表現の存在は，対照研究においてとりわけ重要である。そのような表現は基本的により自然な表現とすべく付加されているものであり，そこに各言語の特質が図らずも現われているからである）。英語が時間を指定しているのは，この言語らしいところである[4]。また，英語は，他の言語とは対照的に，（物理的な）一元論になっている[5]。フランス語では，他の言語訳にはない，「私の命」と「彼の命」との対立があり，フランス語に典型的な二元論・二分法が観られる（これは明晰性とも関わるものである）。そして，ドイツ語では，〈AよりもB〉という比較が成されており，相対論的であると言えよう（一方，〈AかBか〉は絶対論である）[6]。

---

[4] 同様の事態を英語が時間的に表現し，フランス語が空間的に表現する（これは，集合化と関わる）ことは，しばしば観察されることである。

[5] 英語は，実際に則するので，（ある程度）場面にも依存する（いわゆる「場の脈絡」）。その点で，表現の自立性は，比較的小さいと言える。一方，ドイツ語は，表現の自立性が非常に高い。

[6] ここにおける事例だけからは，一元論・二元論に関して，ドイツ語の特性が直接に導かれるわけではないが，他の事例などから総合すると，ドイツ語は，三元論的な志向性が見られる。同時に，一元化，例えば体系化など，1つにまとめようとする志向性があると言えると考えられる。一方，ロシア語は，これら西欧の言語に対して反定立的（antithetical）である（その典型事例は，Ohtsuki (2018a) で示した）。ここで扱おうとしている諸言語における概念的差異の研究は，「概念的類型論（conceptual typology）」とでも呼ぶべきものである。なお，類型論一般に関しては，堀江・パルデシ（2009），中村・佐々木・野瀬（2015）を参照。

1つのケースの提示だけでは，都合のいい例を恣意的に取り出したのではないかという疑問も予想されるが，上で述べた各言語の志向性は，芥川龍之介の『羅生門』の日本語原文と英独仏訳を相互に対照した結果（大月 2015b），作品全体を通して確認できるものである。また，各翻訳者が「たまたま」そのように訳出しただけではないか，一翻訳者という個人による表現の選択が当該言語の特質を反映しているとは限らないのではないか，といった疑念も当然予想はされる。しかし，異なる訳者による異なる原文からの異なる翻訳がいずれもある一定の方向性を示しているならば，他の原因・要因の関与が想定されない限り，それらは決して偶然の産物などではない。各言語の特質を映し出すものとして，反証可能性のある作業仮説として暫定的に採用し，さらに検討を進めていくことが，研究の実質的進展のためにも必要であると言えよう。そして実際，個々の作品や訳者に関わらず全体的な方向性・志向性が明らかに観察されるのである。

　分析の中で使用したいくつかの区別，すなわち，〈物理的であるか否か〉，〈一元論か二元論か〉，〈絶対論か相対論か〉といった区別は，英語・ドイツ語・フランス語に限らず，他の言語の特質を規定するうえでも有用な概念と考えられる（例えば，二者択一を迫る中国語は，絶対論的であるというように[7]）。言語による事態把握の差異は，要するにそれぞれの言語が「経験」をいかに捉えるか，加工するかという違いである。このような研究は，（例えば Wierzbicka などが行っている意味的な「元素」の一覧を探る試みとは別のレベルにおいて，）言語を使った思考の構成法を解明するうえで鍵となる知見を得ることができるものと考えられる。

　最後に，上で概略的に述べた各言語の特性と，それぞれの言語を使った思考との親和性について検討してみよう。ここでは，言語と数学的思考との親和性に関して，いくつかの典型例を挙げて両者の関連性を示唆したい。

　いわゆる「微積分（calculus）」の方法は，17世紀にニュートン Newton とライプニッツ Leibniz によって独立に発見され，よく知られているようにプライオリティーを巡って争いになったわけであるが，同様の問題を扱って

---

[7] 中国語でよく使われる「A 不 A」形式の疑問文は，論理的には「A OR NOT A」であり，「A OR B」よりも旗幟鮮明な態度表明を要求しており，明確な二者択一である。もっとも，例えば中国語の「要不要？」は，日本語の「要るのか，要らないのか？」ほどの強い響きはもたない。しかし，少なくとも言語表現としては，肯定と否定のうちのいずれかの選択を求めていることは否定できない。白か黒かの明確な態度表明の要求は，政治と密接に関わることでもある。

いても，ニュートンとライプニッツが異なる接近法を採ったことは興味深い。Cajori (1896; 小倉（補訳) 1997: 348) によると，同じく微積分の問題を扱っていても，「ニュートンが運動の問題から微積分を考えたのに対して，ライプニッツは，幾何学の問題から出発した。彼は，曲線に接線を引く問題と直線が与えられたとき，それを接線とする曲線を見つける問題との関係を調べ，後者は前者の逆であることに目をつけ，これを解くことを考えた」。つまり，ニュートンが運動の問題を観察から経験的に扱い，目的のための方法（流率法 Method of Fluxions）を開発したのに対して，ライプニッツは，幾何学の問題から出発し，問題の関係性を観念的・概念的に問い，問題の解決へと至ったのである。

一方，フランスでは微積分自体に相当するものは考案されなかったが，同時代のフランスの代表的な数学者デカルト Descartes は，座標概念を導入し，幾何学・代数学という異質の二者を直線による正負数の幾何学的表現により統一した。そこにはまさに二元論的思考が見て取れる（なお，解析幾何学，すなわちデカルト幾何学は，静的であり，そこに運動の視点はない。この点，運動の問題から出発したニュートンとは，大きく異なっている）。

また，今，各言語圏の代表的数学者とその業績を見てみると，ドイツのヒルベルト David Hilbert は，ユークリッド幾何学の完全な公理系など，体系化（つまり，一元化）を図ったのに対して，フランスの数学者集団であるブルバキ Bourbaki の数学は，極めて明晰であるとともに，基本的に「集合」とその上に働く「機能」という二元論を採っている[8]。一方，イギリスの数学の特徴は，物理学の補助科学であると言えよう。例えば，ハミルトン Hamilton の演算子は，物理にそのまま適用可能な経験的なものであるし，チューリング Turing は，コンピュータの理論モデルを提示し，極めて実際的な数学を作り上げているのである（日本数学会 2007）。

上記は，比較的少数の事例であり，これをもって大きく一般化することには慎重でなければならないであろうが，言語（圏）による明らかな差異・傾向性を見て取ることができることは否めないと思われる。従来このような関連性は，逸話的に言及されることは散発的にはあったとしても，少なくとも概念的・体系的に探究されることはなかったが，今後大いに発展性の期待される課題であると考えられる。

---

8 ソシュールの「所記／能記」，「通時／共時」といった二分法も，優れてフランス語的な思考に基づくものであると言えよう。

言語と思考の関係について，一点，留保を付け加えておけば，ある言語を使用することが必ずある思考や特定の方向性を導き出したり決定したりするわけではなく，他の思考の可能性もあるということである。その言語にどっぷり浸っていては，その思考様式から抜け出すことは困難であろうが，絶対に出られないというものでは決してない。思考の自由性・意識化というものがあるわけで，日本語を使っていても英語的な発想は（訓練によって）可能である。特にメタ的な（対象を少なくとも1つ上の次元で捉える）観点を取るならば，その言語の思考から解放されることも，無論あり得るのである。その意味で，メルロ・ポンティ Merleau-Ponty は，二者択一的な思考に対して，2つの項の間に浸食・越境などのあることを示したが，フランス語の二元論的思考法を超克しようとしていたとも言えよう。

　言語の志向性の違いは，思考・行動など言語文化のあらゆる面において現われている。言語芸術の華である文学作品・詩歌はもちろんのこと，ジョーク，小噺などの広義の「笑い」においても言語文化による差異が現われているが，背景となる言語の特質と明らかに関係性をもっている[9]。

　ここで扱った（広い意味での）個別言語志向的な対照研究は，一般に言語と思考・行動との連関性の解明に繋がり，認知意味論的にも多くの発見が予想されるものであるが，そのためのより厳密な方法論の開発が求められるところである。いずれにせよ，「言語の基本的機能はカテゴリー化である」とする認知言語学の根本命題からは，（命題自体の解釈の問題も念頭に置きつつ）多くの定理及び系（corollary）が導かれると考えられるが，その可能性の追究の中での新たな問題の発見と解決が更なる認知言語学の発展をもたらすことが期待される。本書がそのような発展に少しでも寄与することができたなら望外の喜びである。

9　一般に，ある言語に典型的なジョークは，当該言語の特質（思考の型）を活用するが，その特質（思考の型）に関する反省を促すものでもある。また，同じジョークが当該言語の思考の型を使いつつ，同時に反省を促す場合もある。例えば，フランスの典型的なジョークの型の一つでは二元論を活用するのに対して，ロシアのジョークでは二元論に対していわゆる「角の間をすり抜ける」論法を使用している。さらにユダヤのジョークは「前提の転覆」が特徴であるが，同時にその思考の反省を促すこともある。ジョークの研究は，言語がいかに大きく思考に影響を与えるかの証左ともなる。大月 (2018)，Ohtsuki (2018b) を参照。

参考文献

Adams, Valerie. 1973. *An Introduction to Modern English Word-Formation*. London: Longman.
Altman, Stuart A. 1967. "The Structure of Primate Social Communication," in Stuart A. Altman (ed.), *Social Communication among Primates*, 325–362. Chicago: University of Chicago Press.
Apelt, Otto. 1918. *Platons Dialog "Cratylus."* Phil. Bibl. 174, Leipzig.
Ariel, Mira. 2008. *Pragmatics and Grammar*. Cambridge: Cambridge University Press.
Arimitsu, Nami. 2013. "Irreality, Negative Meanings and Intensifiers," *19th ICL papers*, a poster presentation in workshop: 120 Negation and polarity: interfaces and cognition (Pierre LARRIVÉE & Chungmin LEE), International Congress of Linguists, published and distributed by: Département de Linguistique de l'Université de Genève, Rue de Candolle 2, CH-1205 Genève, Switzerland Editor: Département de Linguistique de l'Université de Genève. Switzerland ISBN: 978-2-8399-1580-9 (website).
Armstrong, Sharon L., Lila R. Gleitman and Henry Gleitman 1983. "What Some Concepts might not be," *Cognition* 13: 263–308.
Arnauld, Antoine et Pierre Nicole. 1662. *La Logique, ou, L'art de Penser*. 2014. édition critique par Dominique Descotes. Paris: H. Champion.
Austin, John L. 1962. *How to Do Things with Words*. Oxford: Oxford University Press.
Bailey, Charles-James N., and Roger W. Shuy (eds.) 1973. *New Ways of Analysing Variation in English*. Washington, DC: Georgetown University Press.
Barlow, Michael, and Suzanne Kemmer (eds.) 2000. *Usage-Based Models of Language*. Stanford, CA: CSLI.
Barsalow, Lawrence W. 1983. "Ad-Hoc Categories," *Memory and Cognition* 11(3): 211–227.
Barsalow, Lawrence W. 1985. "Ideals, Central Tendency, and Frequency of Instantiation," *Journal of Experimental Psychology: Learning, Memory and Cognition* 11: 629–654.
Bartholomaeus Anglicus. 1250 [1582]. "De Coloribus," *Batman vppon Bartholome, his booke, De Proprietaribus Rerum, newly corrected, enlarged and amended: With such Additions as are requisite vnto euery seuerall Booke: Taken foorth of the most approved Authors, the like heretofore not translated in English. Profitable for all Estates as well for the Benefite of the Mind as the Bodie*. Original ed. London: Thomas East. Lvs.: 387–396.
Bates, Elizabeth, Virginia Marchman, Donna Thal, Larry Fenson, Philip Dale, J. Steven Reznick, Judy Reilly, and Jeff Hartung. 1994. "Developmental and Stylistic Variation in the Composition of Early Vocabulary," *Journal of Child Language* 21: 85–123.
Batlay, Jenny H. 1976. *Jean-Jacques Rousseau, compositeur de chansons*. Paris: Editions de L'Athanor.
Bauer, Laurie, Rochelle Lieber, and Ingo Plag. 2013. *The Oxford Reference Guide to English Morphology*. Oxford: Oxford University Press.
Benczes, Réka, and Erzsébet Tóth-Czifra. 2014. "The Hungarian Colour Terms Piros

and Vörös," *Acta Linguistica Hungarica* 61(2): 123–152.
Benveniste, Émile. 1966. *Problèmes de Linguisqitue Générale 1*. Paris: Gallimard.
Bergemann, Fritz (ed.) 1836. *Gespräche mit Goethe*. (Orig. Eckermann, Johann Peter. 1963. *Gespräche Mit Goethe in den Letzten Jahren Seines Lebens*. Frankfurt am Main: Insel-Verlag.)
Berlin, Brent, and Paul Kay. 1969. *Basic Color Terms: Their Universality and Evolution*. Berkeley: University of California Press.
Bermúdez, José Luis. 2003. *Thinking Without Words*. Oxford: Oxford University Press.
Bickerton, Derek. 1981. *Roots of Language*. Ann Arbor: Karoma Publishers.
Bickerton, Derek. 1990. *Language and Species*. Chicago: University of Chicago Press.
Biggam, Carole. P. 2012. *The Semantics of Colour: A Historical Approach*. Cambridge: Cambridge University Press.
Biggam, Carole P., Carole A. Hough, Christian J. Kay, and David R. Simmons (eds.) 2011. *New Directions in Colour Studies*. Amsterdam/Philadelphia: John Benjamins.
Blank, Andreas. 1999. "Why Do New Meanings Occur?: A Cognitive Typology of the Motivations for Lexical Semantic Change," in Andreas Blank and Peter Koch (eds.), *Historical Semantics and Cognition*, 61–89. Berlin/New York: Mouton de Gruyter.
Block, Marcelline. (ed. and introd.) 2015. *Fan Phenomena: Marilyn Monroe*. Bristol, UK: Intellect, Ltd./Chicago: University of Chicago Press.
Bloomfield, Leonard. 1933. *Language*. New York: Holt, Rinehart and Winston.
Bolinger, Dwight. 1977. *Meaning and Form*. London: Longman.
Bréal, Michel. 1897. *Essai de Sémantique: Science des Significations*. Paris: Librarie Hachette.
Brinton, Laurel J. and Elizabeth C. Traugott. 2005. *Lexicalization and Language Change*. Cambridge: Cambridge University Press.
Bühler, Karl. 1933. "Die Axiomatik der Sprachwissenschaften," *Kant-Studien* 38: 19–90. Berlin.
Bühler, Karl. 1934. *Sprachtheorie. Die Darstellungsfunktion der Sprache*. Jena: Verlag von Gustav Fischer.
Bybee, Joan L., and William Pagliuca. 1987. "The Evolution of Future Meaning," in Anna Giacalone Ramat, Onofrio Carruba, and Giuliano Bernini (eds.), *Papers from the 7th International Conference on Historical Linguistics*, 109–122. Amsterdam: John Benjamins.
Bybee, Joan, Revere Perkins, and William Pagliuca. 1994. *The Evolution of Grammar: Tense, Aspect, and Modality in the Languages of the World*. Chicago: University of Chicago Press.
Bybee, Joan, William Pagliuca, and Revere Perkins. 1991. "Back to the Future," in Elizabeth Closs Traugott and Bernd Heine (eds.), *Approaches to Grammaticalization 2: Focus on Types of Grammatical Markers*, 17–58. Amsterdam: John Benjamins.
Cajori, Florian. 1896. *A History of Elementary Mathematics*. New York: MacMillan. [小倉金之助（補訳）. 1997. 『復刻版 カジョリ 初等数学史』東京：共立出版.]
Carnap, Rudolf. 1952. "Meaning Postulates," *Philosophical Studies: An International Journal for Philosophy in the Analytic Tradition* 3(5): 65–73. [In 1956. *Meaning and Necessity* (2nd ed.). Chicago: University of Chicago Press.]
Chamberlain, Basil Hall. 1882. *Translation of the 'Ko-ji-ki', or Records of Ancient Matters. Transactions of the Asiatic Society of Japan*. 10, suppl. Yokohama. [Rep.

1932 (2nd ed.) Kobe: J.L. Thompson & Co. Ltd.]
Chomsky, Noam. 1957. *Syntactic Structures*. The Hague: Mouton.
Chomsky, Noam. 1964. "The Logical Basis of Linguistic Theory," in Lunt, Horace G. (ed.), *Proceedings of the Ninth International Congress of Linguists*, 914-972. The Hague: Mouton.
Chomsky, Noam. 1965. *Aspects of the Theory of Syntax*. Cambridge, MA: The MIT Press.
Collins COBUILD English Dictionary for Advanced Learners. 2001. Harper Collins Publishers.
Conklin, Harold G. 1955. "Hanunóo Colour Categories," *Southwestern Journal of Anthropology* 11(4): 339-344. [Rpt. in Hymes, Dell H. (ed.) 1964. *Language in Culture and Society* 189-192. New York: Harper and Row.]
Conklin, Harold G. 1973. "Color Categorization," Rev. of *Basic Color Terms: Their Universality and Evolution*, by 21wq 75: 931-942.
Cooper, William, and John Robert Ross. 1975. "World Order," in Robin E. Grossman and L. James San (eds.), *Paper from the Parasession on Functionalism*, 63-111. Chicago: Chicago Linguistic Society.
Cornford, Francis Macdonald. 1952. *Plato's Cosmology*. London: Routledge and Kegan Paul.
Croft, William. 1991. "The Evolution of Negation," *Journal of Linguistics* 27: 1-27.
Croft, William, and D. Alan Cruse. 2004. *Cognitive Linguistics*. Cambridge: Cambridge University Press.
Dahl, Östen. 1979. "Typology of Sentence Negation," *Linguistics* 17: 79-106.
Darmesteter, Arsène. 1895. *Cours de Grammaire Historique de la Langue Française. -Troisième Partie: Formation des Mots et vie des Mots*. Paris: Librairie Ch. Delagrave.
Davidson, Donald, and Gilbert Harman (eds.) 1972. (second ed.) *Semantics of Natural Language*. Dordrech, Holland: Reidel.
Dennett, Daniel. 1998. *Brainchildren, Essays on Designing Minds*. Cambridge, MA: MIT Press and Penguin.
Derrida, Jacques. 1972. *Marges de la Philosophie*. Paris: Minuit.
Evans, Nicholas, and David Wilkins. 2000. "In the Mind's Ear: The Semantic Extensions of Perception Verbs in Australian Languages," *Language* 76(3): 546-592.
Fallon, Breann. 2014. "A(blue)nt: Beyond the Symbology of the Colour Blue," *Literature & Aesthetics* 24(2): 21-38.
Fauconnier, Gilles. 1985. *Mental Spaces: Aspects of Meaning Construction in Natural Language*. Cambridge, MA: The MIT Press.
Fauconnier, Gilles, and Mark Turner. 2001. *The Way We Think: Conceptual Blending and the Mind's Hidden Complexities*. New York: Basic Books.
Fillmore, Charles J. 1968. "The Case for Case," in Emmon Bach and Robert T. Harms (eds.), *Universals in Linguistic Theory* 1(88). New York: Holt, Rinehart and Winston.
Fillmore, Charles J. 1971. "Verbs of Judging: An Exercise in Semantic Description," in Charles J. Fillmore and D. Terence Langendoen(eds.), *Studies in Linguistic Semantics* 273-289. New York: Holt, Rinehart and Winston.
Fillmore, Charles J. 1975. "An Alternative to Checklist Theories of Meaning," *Berkeley Linguistics Society* 1: 123-131.

Fillmore, Carles J. 1977. "Scenes-and-Frames Semantics," in Antonio Zampolli (ed.), *Linguistic Structures Processing*, 55-81. Amsterdam: North-Holland.

Fillmore, Charles J. 1982. "Frame Semantics," in The Linguistic Society of Korea (ed.), *Linguistics in the Morning Calm*, 111-138. Seoul: Hanshin Publishing.

Fillmore, Charles J. 1985. "Frames and the Semantics of Understanding," *Quaderni di Semantica* 6(2): 222-254.

Frazer, James G. 1890. *The Golden Bough: A Study in Magic and Religion*. [Rp. 1951. New York: Macmillan.]

Frege, Gottlob. 1884. *Grundlagen der Arithmetik* (*The Foundations of Arithmetic*). (Translated from the German by J. L. Austin, 1953. Oxford: Blackwell.)

Frege, Gottlob. 1892. "Über Sinn und Bedeutung," *Zeitschrift für Philosophie und Philosophische Kritik*, NF 100, Leipzig, 25-50.

Freud, Sigmund. 1900. *Die Traumdeutung*. Leibzig und Wien: Franz Deuticke.

Geeraerts, Dirk. 1997. *Diachronic Prototype Semantics: A Contribution to Historical Lexicology*. Oxford: Clarendon Press.

Geeraerts, Dirk. 1999. "Diachronic Prototype Semantics. A Digest," in Andreas Blank and Peter Koch (eds.), *Historical Semantics and Cognition*, 91-107. Berlin/New York: Mouton de Gruyter.

Geeraerts, Dirk, and Hubert Cuyckens. 2007. "Introducing Cognitive Linguistics," in Geeraerts and Cuyckens (eds.), *The Oxford Handbook of Cognitive Linguistics*, 3-21. Oxford: Oxford University Press.

Geiger, Lazarus. 1872. [1880]. *Ursprung und Entwickelung der menschlichen Sprache und Vernunft*. Stuttgart: Verlag der J. G. Cotta'schen Buchhandlung. [*Contributions to the History of the Development of the Human Race*. (trans. from the second German edition by David Asher) London: Tübner & Co.]

Gibson, James J. 1979. *The Ecological Approach to Visual Perception*. Boston: Houghton Mifflin Co.

Givón, Talmy. 1979. *On Understanding Grammar*. New York: Academic Press.

Givón, Talmy. 1984. *Syntax: A Functional-Typological Introduction 1*. Amsterdam: John Benjamins.

Givón, Talmy. (ed.) 1979. *Discourse and Syntax*. Academic Press.

Gladstone, William E. 1858. "Homer's Perceptions and Use of Colour," *Studies on Homer and the Homeric Age* 3: 457-499. Oxford: Oxford University Press.

Gleason, H. A. 1955. *An Introduction to Descriptive Linguistics*. New York: Holt, Rinehart and Winston.

Goethe, Johann Wolfgang von. 1810a. "Konfession des Verfassers," *in Materialien zur Geschichte der Farbenlehre*. Ed. D. Kuhn. *Die Schriften zur Naturwissenschaft*. (eds.) Rupprecht Matthaei, Wilhelmtroll und K. Lotharwolf. Weimar: Böhlau. Pt I, Vol. 6, 1947. 412-429.

Goethe, Johann Wolfgang von. 1810b. "Zur Farbenlehre," [1893-1897] in *Goethes Werke*. Band XIII. *Naturwissenschaftliche Schriften I. München*: C. H. Beck, 1981: 314-523. Weimar: Hermann Böhlaus Nachfolger. [Rpt. 1975. Tokyo: Sansyusya.]

Goodenough, Ward H. 1965. "Personal Names and Modes of Address in Two Oceanic Societies," in Spiro, Melford E. (ed.), *Context and Meaning in Cultural Anthropology*. New York: Free Press.

Gordon, David, and George Lakoff. 1975. "Conversational Postulates," *CLS* 5: 63-84.

Grice, H. Paul. 1969. "Utterer's Meaning and Intentions," *The Philosophical Review* 78. [Reprinted as Ch. 5 of Grice 1989, 86-116.]

Grice, H. Paul. 1975. "Logic and Conversation," in Cole, Peter and Jerry L. Morgan (eds.), *Speech Acts*, 41–58. Academic Press. [Reprinted as Ch. 2 of Grice 1989, 22–40.]
Grice, H. Paul. 1989. *Studies in the Way of Words*. Cambridge, MA: Harvard University Press.
Gruber, Jeffrey S. 1965. *Studies in Lexical Relations*. Unpublished Ph. D. dissertation, MIT. Reproduced by the Indiana University Linguistics Club.
Gruber, Jeffrey S. 1967. *Functions of the Lexicon in Formal Descriptive Grammars*. Tecechnical Memorandum TM-3770/000/00. Santa Monica, Cal.: System Development Corporation.
Gruber, Jeffrey S. 1976. [=1965 & 1967] *Lexical Structures in Syntax and Semantics*. Amsterdam: North-Holland.
Gumperz, and Levinson. 1991. "Rethinking Linguistic Relativity," *Current Anthropolpgy* 32(5): 613–623.
Haiman, John. 1980. "The Iconicity of Grammar: Isomorphism and Motivation," *Language*, 56(3): 515–540.
Haiman, John. 1985. *Natural Syntax: Iconicity and Erosion*. Cambridge: Cambridge University Press.
Hegel, Friedrich. 1807. *Die Phänomenologie des Geistes*. Bamberg und Würzburg: Bey Joseph Anton Goebbardt.
Heine, Bernd. 2003. "Grammaticalization," in Brian D. Joseph and Richard D. Janda (eds.), *The Handbook of Historical Linguistics*, 575–601. Oxford: Blackwell.
Heine, Bernd, and Tania Kuteva. 2002. *World Lexicon of Grammaticalization*. Cambridge: Cambridge University Press.
Heine, Bernd, and Tania Kuteva. 2007. *The Genesis of Grammar: A Reconstruction*. Oxford: Oxford Univerisity Press.
Heine, Bernd, Ulrike Claudi, and Friederike Hünnemeyer. 1991a. "From Cognition to Grammar—Evidence from African Languages," in Elizabeth Closs Traugott, and Bernd Heine (eds.), *Approaches to Grammaticalization 1: Focus on Theoretical and Methodological Issues*, 149–187. Amsterdam: John Benjamins.
Heine, Bernd, Ulrike Claudi, and Friederike Hünnemeyer. 1991b. *Grammaticalization: A Conceptual Framework*. Chicago: University of Chicago Press.
Heisenberg, Welner. 1941. "Die Goethesche und die Newtonsche Farbenlehre im Lichte der Modernen Physik," *Geist der Zeit* 19, H. 5S., 261–275.
Herman, Louis M., and Douglas G. Richards. 1984. "Comprehension of Sentences by Bottlenosed Dolphins," *Cognition* 16: 129–219.
Hett, Walter S. 1936. *Aristotle Minor Works*. London: William Heineman.
Hickerson, Nancy P. 1971. "Rev. of Basic Color Terms: Their Universality and Evolution, by Brent Berlin and Paul Kay," *International Journal of American Linguistics* 37(4): 257–270.
Hinde, Robert A. (ed.) 1972. *Non-Verbal Communication*. Cambridge: Cambridge University Press.
Hjelmslev, Louis. 1943. *Omkring Sprogteoriens Grundlæggelse*. København: Ejnar Munksgaard.
Hock, Hans Henrich. 1991 [1996]. *Principles of Historical Linguistics* (2nd ed.). Berlin: Mouton de Gruyter.
Hoekstra, Teun, Harry van der Hulst, and Michael Moortgat (eds.) 1980. *Lexical Grammar*. Dordrecht: Foris Publications.

Hofmann, Thomas R. 1989. "Problems and Hopes in Quantification," Second Congress of the Linguistic Society of Hokuriku, University of Toyama.
Hopper, Paul J. 1979. "Aspect and Foregrounding in Discourse," in Talmy Givón (ed.), *Discourse and Syntax*, 213-241. New York: Academic Press.
Hopper, Paul J. 1991. "On Some Principles of Grammaticalization," in Elizabeth Closs Traugott, and Bernd Heine (eds.), *Approaches to Grammaticalization 1: Focus on Theoretical and Methodological Issues*, 17-35. Amsterdam: John Benjamins.
Hopper, Paul J. (ed.) 1982. *Tense-Aspect: Between Semantics and Pragmatics*. Amsterdam: John Benjamins.
Hopper, Paul J., and Elizabeth Closs Traugott. 1993. *Grammaticalization*. Cambridge: Cambridge University Press.［日野資成（訳）　2003.『文法化』福岡：九州大学出版会.］
Horn, Laurence R. 1985. "Metalinguistic Negation and Pragmatic Ambiguity," *Language* 61: 121-174.
Horn, Laurence R. 1989. *A Natural History of Negation*. Chicago: University of Chicago Press.［河上誓作（監訳）・濱本秀樹・吉村あき子・加藤泰彦（訳）　2018.『否定の博物誌』東京：ひつじ書房.］
Horn, Laurence R., and Yasuhiko Kato (eds.) 2000. *Negation and Polarity*. Oxford: Oxford University Press.
Hurford, James R. 2007. *The Origins of Meaning: Language in the Light of Evolution*. Oxford: Oxford University Press.
Husserl, Edmund. 1900. *Logische Untersuchungen. Erster Teil: Prolegomena zur reinen Logik*. Halle: Max Niemeyer.
Husserl, Edmund. 1901. *Logische Untersuchungen. Zweiter Teil: Untersuchungen zur Phänomenologie und Theorie der Erkenntnis*. Halle: Max Niemeyer.
Husserl, Edmund. 1913. *Ideen zu Einer Reinen Phänomenologie und Phänomenologischen Philosophie. Erstes Buch: Allgemeine Einführung in die Reine Phänomenologie*. Halle: Max Niemeyer.
Ikeda, Riyoko. 1981. *The Rose of Versailles 1*. [Translated by Frederik Schodt] Tokyo: Sanyusha.
Ikeda, Riyoko. 1993 (Maggio). *Lady Oscar* in *Manga Hero N. 27*. Bologna: Granata Press Traduzione: Tadashi Nitaguchi.
Ikeda, Riyoko. 2003. *Die Abenteur von Lady Oscar Die Rosen von Versailles II*. Hamburg: Carlsen Verlag GmbH [Aus dem Japanischen von Hirofumi Yamada und Cora Tscherner].
Ikeda, Riyoko. 2011. *La rose de Versailles, Tome 1*. Traduit et adapté en français par Misato Raillard. Bruxelles: KANA [DARGAUD-LOMBARD s.a.].
Jakobson, Roman. 1960. "Linguistics and Poetics," in Sebeok, Thomas A. (ed.), *Style in Language*, 350-377. Cambridge, Mass.: The MIT Press.
Jespersen, Otto. 1917. *Negation in English and Other Languages*. Copenhagen: Host. *Reprinted in Selected Writings of Otto Jespersen*. 1959. Tokyo: Senjo.
Jespersen, Otto. 1924. *The Philosophy of Grammar*. Chicago: University of Chicago Press.［半田一郎（訳）. 1958.『文法の原理』東京：岩波書店］
Jing-Schmidt, Zhuo. 2007. "Negativity Bias in Language: A Cognitive-Affective Model of Emotive Intensifiers," *Cognitive Linguistics* 18(3): 417-433.
Johnson, Mark. 1987. *The Body in the Mind: The Bodily Basis of Meaning, Imagination, and Reason*. Chicago: University of Chicago Press.
Jones, Steven. 2002. *Antonymy, A Corpus-Based Perspective*. London: Routledge.

Jones, William Jervis. 2013. *German Colour Terms*. Amsterdam/Philadelphia: John Benjamins Publishing Company.
Kant, Immanuel. 1781. [1794: 4. Aufl.] *Critik der Reinen Vernunft*. Riga: bey J. F. Hartknoch.
Kasner, Edward, and James R. Newman 1940. *Mathematics and the Imagination*. New York: Simon and Schuster.
Katz, Jerrold J., and Paul Martin Postal. 1964. *An Integrated Theory of Linguistic Descriptions*. Cambridge, Mass: Massachusetts Institute of Technology.
Kawakami, Seisaku. 1996. "Metaphor and Metonymy in Japanese Nicknames," *Poetica* 46: 77-88.
Kay, Paul. 1975. "Synchronic Variability and Diachronic Change in Basic Color Terms," *Language in Society* 4: 257-270.
Kay, Paul, and Chad K. McDaniel. 1978. "The Linguistic Significance of The Meanings of Basic Color Terms," *Language* 54(3): 610-646.
Kay, Paul, and Luisa Maffi. 1999. "Color Appearance and the Emergence and Evolution of Basic Color Lexicons," *American Anthropologist* 101(4): 743-760.
Kay, Paul, Brent Berlin, Luisa Maffi, William Merrifield, and Richard Cook. 2009. *The World Color Survey. CSLI Lecture Notes 159*. Stanford, CA: CSLI.
Keynes, John Maynard. 1947. "Newton, the Man," *Proceedings of the Royal Society Newton Tercentenary Celebrations*, 15-19, *July* 1946. Cambridge: Cambridge University Press, 27-34.
Kiplinger Washington Editors, Inc. (April 1962). "The Story Behind Kodak Trademark," *Kiplinger's Personal Finance*.
Kripke, Saul A. 1980. *Naming and Necessity*. Cambridge, Mass.: Harvard University Press.
Kuryłowics, Jerzy. 1965 [1975]. "The Evolution of Grammatical Categories," *Esquisses Linguistiques II*, 38-54. Munich: Fink.
Labov, William. 1973. "The Boundaries of Words and their Meanings," in Bailey and Shuy (eds.) , 340-373.
Lakoff, George. 1971a. "The Role of Deduction in Grammar," in Fillmore, Charles J. and D. Terence Langeondeon (eds.), *Studies in Linguistic Semantics*. New York: Holt, Rinehart and Winston.
Lakoff, George. 1971b. "On Generative Semantics," in Steinberg and Jakobovits (eds.), 232-296.
Lakoff, George. 1972a. "Linguistics and Natural Logic," in Davidson and Harman (eds.), 545-665.
Lakoff, George. 1972b. "The Arbitrary Basis of Transformational Grammar," *Language* 48(1): 76-87.
Lakoff, George. 1972c. "Hedges: A Study in Meaning Criteria and the Logic of Fuzzy Concepts," *CLS* 8: 183-228.
Lakoff, George. 1973. "Fuzzy Grammar and the Perfonnance/Competence Terminology Game," *CLS* 9: 271-291.
Lakoff, George. 1977. "Linguistic Gestalts," *Chicago Linguistic Society* 13: 236-287.
Lakoff, George. 1987. *Women, Fire and Dangerous Things*. Chicago: University of Chicago Press.
Lakoff, George, and Mark Johnson. 1980. *Metaphors We Live by*. Chicago: University of Chicago Press. [渡部昇一・楠瀬淳三・下谷和幸（訳）．1986.『レトリックと人

生』東京：大修館書店.］
Lakoff, George, and Mark Johnson. 1999. *Philosophy in the Flesh*. New York: Basic Books.［計見一雄（訳）. 2004.『肉中の哲学―肉体を具有したマインドが西洋の思考に挑戦する』東京：哲学書房.］
Lakoff, Robin. 1972. "Language in Context," *Language* 48(4): 7-927.
Lakoff, Robin. 1973. "The Logic of Politeness; Or, Minding Your P's and Q's," in Claudia Corum, T. Cedric Smith-Stark, A. Weiser (eds.), *Papers from the Ninth Regional Meeting of the Chicago Linguistics Society*, 292-305. Chicago: Department of Linguistics, University of Chicago.
Langacker, Ronald W. 1987a. *Foundations of Cognitive Grammar. (Vol. I) Theoretical Prspective*. Stanford: Stanford University Press.
Langacker, Ronald W. 1987b. "Nouns and Verbs," *Language* 63: 53-94.
Langacker, Ronald W. 1990. *Concept, Image, and Symbol: The Cognitive Basis of Grammar*. Berlin/New York: Mouton de Gruyter.
Langacker, Ronald W. 1991. *Foundations of Cognitive Grammar 2*. Stanford: Stanford University Press.
Langacker, Ronald W. 1993. "Reference-Point Constructions," *Cognitive Linguistics* 4 (1): 1-38.
Langacker, Ronald W. 1999. *Grammar and Conceptualization*. Berlin/New York: Mouton de Gruyter.
Langacker, Ronald W. 2000. "A Dynamic Usage-Based Model," in Barlow and Kemmer (eds.), 1-63.
Lauterbach, Jacob Z. 1970. "The Naming of Children in Jewish Folklore, Ritual and Practice," in Bernard J. Bamberger (ed.), *Studies in Jewish Law, Custom and Folklore*. New York: KTAV Publishing House.
Leech, Geoffrey. 1969. *A Linguistic Guide to English Poetry*. London: Longman.
Leech, Geoffrey. 1971. *Meaning and the English Verb*. London: Longman.［国広哲弥（訳）. 1976.『意味と英語動詞』東京：研究社.］
Leech, Geoffrey. 1974. *Semantics: The Study of Meaning*. London: Penguin books.
Lehrer, Adrienne. 1992. "Names and Naming: Why We Need Fields and Frames," in Adrienne Lehrer and Eva Feder Kittay (eds.), *Frames, Fields, and Contrasts*, 123-142. New Jersey: Lawrence Erlbaum Associates, Inc., Publishers.
Lestel, Dominique. 2005. "Comportement Animal, Communication Animale et Langage," in Jean-Marie Hombert (dir.), *Aux Origines des Langues et du Langage*, 74-101. Brosmac: Librarie Arthème Fayard.
Lévi-Strauss, Claude. 1958. *Anthropologie Structurale*. Paris: Librairie Plon.
Lévi-Strauss, Claude. 1962. *La Pensée Sauvage*. Paris: Librairie Plon.
Levinson, Stephen C. 1983. *Pragmatics*. Cambridge: Cambridge University Press.
Levinson, Stephen C. 2000. *Presumptive Meanings: the Theory of Generalized Conversational Implicature*. Cambridge, MA: MIT Press, Bradford.
Levinson, Stephen C. 2003. *Space in Language and Cognition*. Cambridge: Cambridge University Press.
Lewandowska-Tomaszczyk, Barbara (ed.) 2016. *Conceptualizations of Time*. Amsterdam: John Benjamins.
Linebarger Marcia. C. 1981. *The Grammar of Negative Polarity*. Bloomington: Indiana University Linguistics Club.
Locke, John. 1690. *An Essay Concerning Humane Understanding*.［Rpt. 1975. Ed. by

Peter H. Nidditch. Oxford: Clarendon Press.]
MacLaury, Robert E. 1997. *Color and Cognition in Mesoamerica: Constructing Categories as Vantages*. Austin: University of Texas Press.
MacLaury, Robert E. 2002. "Introducing Vantage Theory," *Language Sciences* 24 (5-6): 493-536.
Magnus, Hugo. 1880. *Untersuchungen über den Farbesinn der Naturvölker*. Jena: Fischer.
Mathesius, Vilém. 1975. *A Functional Analysis of Present Day English on a General Linguistic Basis*. The Hague: Mouton.
Matoré, Georges. 1951. *Le Vocabulaire et la Societé sous Louis-Philipe*. Genève: Droz.
Matoré, Georges. 1953. *La Méthode en Lexicologie*. Paris: Didier.
Mazzon Gabriella. 2003. *A History of English Negation*. Harlow: Pearson Education Limited, Longman.
McCawley, James D. 1972. "A Program for Logic," in Davidson and Harman (eds.), 498-544.
McNeill, Nobuko B. 1972. "Colour and Colour Terminology," *Journal of Linguistics* 8: 21-33.
Meillet, Antoine. 1982. "Comment les Mots Changent de Sens," *Linguistique Historique et Linguistique Générale. Collection Lnguistique publiée par la Société de Linguistique de Paris. —VIII*, 230-271. Genève: Slatkine & Paris: Champion. ［松本明子（編訳）．2007.『いかにして言語は変わるか―アントワーヌ・メイエ文法化論集―』第3章．東京：ひつじ書房．］
Merleau-Ponty, Maurice. 1945. *La Phénoménologie de la Perception*. Paris: Gallimard.
Mill, John Stuart. 1843. *A System of Logic, Ratiocinative and Inductive: Being a Connected View of the Principles of Evidence and the Methods of Scientific Investigation*. [1919] London: Longman.
Minsky, Marvin. 1974. "A Framewortk for Representing Knowledge," *Artificial Intelligence Memo* 306. M. I. T. Artificial Intelligence Laboratory.
Molino, Jean. 1971. "La Connotation," *La Linguistique* (Presses Universitaires de France) 7, Fasc. 1, 5-30.
Morris, Charles W. 1938. "Foundations of the Theory of Signs," in Otto Neurath (ed.), *International Encyclopedia of Unified Science* 1(2). Chicago: University of Chicago Press. [Rpt. Chicago: University of Chicago Press, 1970-1971. Rpt. in Charles Morris, *Writings on the General Theory of Signs*, 13-71. The Hague: Mouton, 1971.]
Murphy, Gregory L., and Douglas L. Medin. 1985. "The Role of Theories in Conceptual Coherence," *Psychological Review* 82: 289-316.
Negi, Hidehiko. 2016. *Sematic Extension from the Bodily Part Domain into the Spatial and Temporal Domains: A Contrastive Study of English, Japanese and Spanish*. Unpublished Doctoral Dissertation. Daito Bunka University.
Neisser, Ulric. 1987. "From Direct Perception to Conceptual Structure," in Ulric Neisser (ed.), *Concepts and coceptual development: Ecological and Intellectual Factors in Categorization*, 11-24. Cambridge: Cambridge University Press.
Nelson, Katherine. 1973. "Some Evidence for the Cognitive Primacy of Categorization and its Functional Basis," *Merill-Palmer Quarterly* 19: 21-39.
Newton, Sir Isaac. 1671-1672. "New Theory about Light and Colours," *Philosophical Transactions of the Royal Society* 80: 3077-3087.
Newton, Sir Isaac. 1730. Opticks. Rpt. as "Optics" *Great Books of the Western World*

32 *Newton · Huygens*. 1952. Chicago: Encyclopaedia Britannica, Inc.
Nöth, Winfried. 1990. *Handbook of Semiotics*. Bloomingtion & Indianapolis: Indiana University Press.
Ogden, Charles Kay, and Ivor Armstrong Richards. 1923. *The Meaning of Meaning*. New York: Harcourt, Brace and World.
Ohtsuki, Minoru. 1989. "Forme et sens dans les proverbes conjonctifs," *Sophia Linguistica* 27: 173-179.
Ohtsuki, Minoru. 1997a. "Semantic Accumulation: The Historical Development of Symbolic Meanings," *Bulletin of the Edward Sapir Society of Japan* 11: 17-89.
Ohtsuki, Minoru. 1997b. "Categorization in Color Symbolism: Arbor Symbolica," in Masatomo Ukaji (et al. eds.) *Studies in English Linguistics: a Festschrift for Akira Ota on the occasion of his eightieth birthday*. Tokyo: Taishukan. 792-805.
Ohtsuki, Minoru. 2000. *A Cognitive-Linguistic Study of Colour Symbolism*. Institute for the Research and Education of Language.
Ohtsuki, Minoru. 2009. "Design Features of Human Language, Thought and Communication," Language Evolution and Computation, University of Edinburgh.
Ohtsuki, Minoru. 2016. "Language and Linguistic Variation," Keynote address, American Society of Geolinguistics, Baruch, City University of New York.
Ohtsuki, Minoru. 2017. "Evolution of Writing Systems: From their Origins to their Development in the Computer Age," Keynote address, American Society of Geolinguistics, Baruch, City University of New York.
Ohtsuki, Minoru. 2018a. "Language and Thinking: Contrastive Characterization of English, French, German and Russian, with its Application to Language Pedagogy," International Symposium on Language Education, Polyglottery and Geolinguistics, Moscow University for the Humanities.
Ohtsuki, Minoru. 2018b. "Linguistic Variations of Jokes, with Special Reference to their Relationship to Thought Patterns," American Society of Geolinguistics, Baruch, City University of New York.
Ohtsuki, Minoru. 2018c. "Markedness and Oscillation in the Evolution of Colour Terms: With Special Reference to their Historical Development in Japanese," in Dorota Gonigroszek (ed.), *Discourses on Colour*, 2-13. Słowackiego: Jan Kochanowski University.
Onodera, Noriko. 1995. "Diachronic Analysis of Japanese Discourse Markers," in Andreas H. Jucker (ed.), *Historical Pragmatics: Pragmatic Developments in the History of English*, 393-437. Amsterdam: John Benjamins.
Onodera, Noriko. 2004. *Japanese Discourse Markers: Synchronic and Diachronic Discourse Analysis*. Amsterdam: John Benjamins.
Osgood, Charles. 1980. "What is a Language?" in Irmengard Rauch and Gerald F. Carr (eds.), *The Sygnifying Animal: The Grammar of Language and Experience*, 9-50. Bloomington: Indiana University Press.
Osgood Charles E., George. J. Suci, and Percy H. Tannenbaum. 1957. *The Measurement of Meaning*. Urbana: University of Illinois Press.
Paradis, Carita. 1997. *Degree Modifiers of Adjectives in Spoken British English*. Lund: Lund University Press.
Paradis, Carita. 2000a. "It's Well Weird. Degree Modifiers of Adjectives Revisited: The Nineties," in John Kirk (ed.), *Copora Galore: Analyses and Techniques in Describing English*, 147-160. Amsterdam/Atlanta: Rodopi.
Paradis, Carita. 2000b. "Reinforcing Adjectives: A Cognitive Semantic Perspective on Grammaticalization," in Ricardo Bermudez-Otero, David Denison, Richard M. Hogg, and C. B. McCully (eds.), *Generative Theory and Corpus Studies*, 233-258. Berlin: Morton de Gruyter.

Paradis, Carita. 2001. "Adjectives and Boundedness," *Cognitive Linguistics* 12: 47–65.
Paradis, Carita. 2003. "Between Epistemic Modality and Degree: The Case of Really," in Roberta Facchinetti, Manfred Krug, and Frank Palmer (eds.), *Modality in Contemporary English*, 191–220. Berlin: Morton de Gruyter.
Peirce, Charles Sanders. 1931–1958. *Collected Papers*. Vols. 1–6. Ed. by Charles Hartshorne and Paul Weiss; Vols. 7–8. Ed. by Arthur W. Burks. Cambridge, MA: Harvard University Press.
Peirce, Charles Sanders. 1932. *Collected Papers of Charles Sanders Peirce 2 (Elements of Logic)*. Ed. by Charles Hartshorne and Paul Weiss. Cambridge, MA: Harvard University Press.
Pepperberg, Irene Maxine. 1999. *The Alex Studies: Cognitive and Communicative Abilities of Grey Parrots*. Cambridge, MA: Harvard University Press.
Proust, Marcel. 1913. [1954] *A la Recherche du Temps Perdu I*. Paris: Gallimard. [井上究一郎 (訳). 1984. 『プルースト全集 1 失われた時を求めて 第一遍 スワン家の方へ』東京：筑摩書房.]
Quirk, Randolph, Sidney Greenbaum, Geoffrey Leech and Jan Svartvik. 1985. *A Comprehensive Grammar of the English Language*. London: Longman.
Roberson, Davies, and Davidoff. 2000. "Color Categories are not Universal: Replications and New Evidence from a Stone-Age Culture," *Journal of Experimental Psychology: General* 129(3): 369–398.
Robins, R. H. 1967. *A Short History of Linguistics*. Bloomington and London: Indiana University Press.
Robinson, Richard. 1955. "The Theory of Names in Plato's 'Cratylus'," *Revue Internationale de Philosophie* 9: 221–236.
Roderick A. Jacobs, and Peter S. Rosenbaum (eds.) 1970. *Readings in English Transformational Grammar*. Waltham, Mass.: Ginn and Company.
Rosch, Eleanor H. 1972a. "Probabilities, Sampling, and Ethnographic Method: The Case of Dani Colour Names, " *Man* 7(3): 448–466.
Rosch, Eleanor H. 1972b. "Universals in Color Naming and Memory," *Journal of Experimental Psychology* 93(1): 10–20.
Rosch, Eleanor H. 1973. "On the Internal Structure of Perceptual and Semantic Categories," in Timothy E. Moore (ed.), *Cognitive Development and the Acquisition of Language*. New York: Academic Press.
Rosch, Eleanor H. 1975. "Family Resemblances: Studies in the Internal Structure of Categories," *Cognitive Psychology* 7: 573–605.
Rosch, Eleanor H. 1978. "Principles of Categorization," in Eleanor Rosch and Barbara B. Lloyd (eds.), *Cognition and Categorization*, 27–48. Hillsdale, NJ.: Laurence Erlbaum Associates.
Rosch, Eleanor H. et al. 1976. "Basic Objects in Natural Categories," *Cognitive Psychology* 8: 382–439.
Ross, John R. 1970. "On Declarative Sentences," in Roderick A. Jacobs and Peter S. Rosenbaum (eds.), *Readings in English Transformational Grammar*, 222–277. Waltham, MA: Ginn and Company.
Ross, John R. 1972. "The Category Squish," *Papers from the Eighth Regional Meeting of Chicago Linguistic Society*, 316–328.
Russell, Bertrand. 1905. "On Denoting," *Mind, New Series* 14(56): 479–493.
Sadock, Jerrold M. 1974. *Toward a Linguistic Theory of Speech Acts*. New York: Academic Press.

Sapir, Edward. 1921. *Language: An Introduction to the Study of Speech*. New York: Harcourt, Brace and Company.

Saunders, Barbara. 1992. *The Invention of Basic Colour Terms*. Utrecht: Rjksuniversiteit te Utrecht-ISOR.

Saunders, Barbara, and J. van Brakel. 1988. "Re-Evaluating Basic Colour Terms," *Cultural Dynamics* 1: 359-378.

Saussure, Ferdinand de. 1916. *Cours de Linguistique Générale*, ed. by Charles Bally and Albert Sechehaye. Paris: Payot.

Savage-Rumbaugh, E. Sue, Jeannine Murphy, Rose A. Sevcik, Karen E. Brakke, Shelly L. Williams, Duane M. Rumbaugh, and Elizabeth Bates. 1993. "Language Comprehension in Ape and Child," *Monographs of the Society for Research in Child Development* 58 (3/4): 1-222.

Schwegler, Armin. 1988. "Word-Order Changes in Predicate Negation Strategies in Romance Languages," *Diachronica* 5: 21-58.

Searle, John R. 1969. *Speech Acts: An Essays in the Philosophy of Language*. Cambridge: Cambridge University Press.［坂本百大・土屋俊（訳）．1986．『言語行為』東京：勁草書房．］

Sebeok, Thomas A. 1976 [1985]. *Contributions to the Doctrine of Signs*. Lanham, MD.: University Press of America.

Sebeok, Thomas A. (ed.) 1960. *Style in Language*. Cambridge, Mass.: The MIT Press.

Shannon, Claude E., and Warren Weaver. 1949. *The Mathematical Theory of Communication*. Urbana: University of Illinois Press.

Shindo, Mika. 2008. "Semantic Extension of Sensory Adjectives in English and Japanese: From Perception to Modality,"『日本認知言語学会論文集』8: 578-581.

Shindo, Mika. 2009. *Semantic Extension, Subjectification, and Verbalization*. Lanham, MD: University Press of America.

Shindo, Mika. 2015. "Subdomains of Temperature Concepts in Japanese," in Maria Koptjevskaja-Tamm (ed.), *The Linguistics of Temperature*, 639-665. Amsterdam: John Benjamins.

Simpson, John A., and Edmund S. C. Weiner. 1989. *The Oxford English Dictionary* (2nd ed.). Oxford: Clarendon Press.

Skard, Sigmund. 1946. "The Use of Colour in Literature. A Survey of Research," *Proceedings of the American Philosophical Society* 90: 163-249.

Sperber, Dan and Deirdre Wilson. 1986. *Relevance: Communication and Cognition*. Oxford: Blackwell.

Sperber, Dan and Deirdre Wilson. 1995. *Relevance: Communication and Cognition* (2nd ed.). Oxford: Blackwell.

Spiro, Melford E. (ed.) 1965. *Context and Meaning in Cultural Anthropology*. New York: Free Press.

Stanlaw, James. 2007. "Japanese Color Terms, from 400 CE to the Present: Literature, Orthography, and Language Contact in Light of Current Cognitive Theory," in MacLaurey, Robert E., Paramei, Galina, Dedrick, Don (eds.), *The Anthropology of Color: Interdisciplinary Multilevel Modeling*, 295-318. Amsterdam/Philadelphia: John Benjamins.

Stanlaw, James. 2010. "Language, Contact, and Vantage: Fifteen Hundred Years of Japanese Color Terms," *Language Sciences* 32: 196-224.

Steinberg, Danny D., and Leon A. Jakobovits (eds.) 1971. *Semantics: An Interdiscilpilnary Reader in Philosophy, Linguistics and Psychology*. London: Cambridge University

Press.
Steiner, Rudolf. 1921. *Das Wesen der Farben: Drei Vorträge, Dornach 1921, Neun Vorträge 1914-1924*. Dornach/Schweiz: Rudolf Steiner Verlag.
Steiner, Rudolf. 1929. *Über das Wesen der Farben*. Dornach: Philosophisch-Anthroposophischer Verlag.
Stern, Gustaf. 1931. *Meaning and Change of Meaning: With Special Reference to the English Language*. Göteborg: Erlanders boktryckeri; repr. 1965. Bloomington: Indiana University Press.
Strawson, P. F. 1950. "On Referring," *Mind* 59: 320-344.
Suzuki, Ryoko. 1998. "From a Lexical Noun to an Utterance-Final Pragmatic Particle: *Wake*," in Toshio Ohori (ed.), *Studies in Japanese Grammaticalization: Cognitive and Discourse Perspectives*, 67-92. Tokyo: Kurosio Publishers.
Swadesh, Morris. 1971. *The Origin and Diversification of Language*. New York: Aldine.
Sweetser, Eve E. 1988. "Grammaticalization and Semantic Bleaching," *Proceedings of the Fourteenth Annual Meeting of the Berkeley Linguistics Society*, 389-405. Berkeley: Berkeley Linguistic Society.
Sweetser, Eve E. 1990. *From Etymology to Pragmatics*. Cambridge: Cambridge University Press.［澤田治美（訳）．2000．『認知意味論の展開―語源学から語用論まで』東京：研究社.］
Talmy, Leonard. 1988. "Force Dynamics in Language and Cognition," *Cognitive Science* 12(1): 49-100.
Talmy, Leonard. 2003. *Toward a Cognitive Semantics 1*. Massachusetts: The MIT Press.
Taylor, John R. 2003. *Linguistic Categorization* (3rd ed.). Oxford: Oxford University Press.
Todorov, Tzvetan. 1977. *Théories du Symbole*. Paris: Editions du Seuil.
Traugott, Elizabeth C. 1982. "From Propositional Textual and Expressive Meanings: Some Semantic-Pragmatic Aspects of Grammaticalization," in Winfred P. Lehman and Yakov Malkiel (eds.), *Perspectives on Historical Linguistics*, 245-271. Amsterdam/ Philadelphia: John Benjamins.
Traugott, Elizabeth C. 1988. "Pragmatic Strengthening and Grammaticalization," *Proceedings of the Fourteenth Annual Meeting of the Berkeley Linguistics Society*, 406-416. Berkeley: Berkeley Linguistic Society.
Traugott, Elizabeth C. 1989. "On the Rise of Epistemic Meanings in English: An Example of Subjectification in Semantic Change," *Language* 65(1): 31-55.
Traugott, Elizabeth C. 2006. "The Semantic Development of Scalar Focus Modiferes," in Ans can Kemenade and Bettelou Los(eds.), *The Handbook of the History of English*, 335-359. Oxford: Blackwell.
Traugott, Elizabeth C., and Richard B. Dasher. 2002. *Regularity in Semantic Change*. Cambridge: Cambridge University Press.
Trier, Jost. 1931. *Der Deutsche Wortschatz im Sinnbezirk des Verstandes: Die Geschichte Eines Sprachlichen Feldes*. Bd. I. Von den Anfängen bis zum Beginn des 13. Jahrhunderts. Heidelberg: Carl Winter.
Turner, Victor W. 1967. *The Forest of Symbols: Aspects of Ndembu Ritual*. Ithaca: Cornell University Press.
Ullmann, Stephen. 1951. *The Principles of Semantics*. Glasgow: Jackson, Son and Company.

Ullmann, Stephen. 1962. *Semantics: An Introduction to the Science of Meaning.* Oxford: Blackwell. (池上嘉彦（訳）. 1967. 『言語と意味』東京：大修館書店)
van der Wouden, Ton. 1994. *Negative Contexts*, Ph. D. Dissertation, University of Groningen.
van Gennep, Arnold. 1909. *Les Rites de Passage.* Paris: Émile Nurry.
Viberg, Åke. 1983. "The Verbs of Perception: A Typological Study," *Linguistics* 21: 123-162.
Vos, J. J., and P. L. Walraven. 1971. "On the Derivation of the Foveal Receptor Primaries," *Vision Research* 11: 799-818.
Voßhagen, Christian. 1999. "Opposition as a Metonymic Principle," Klaus-Uwe and Panther and Günter Radden (eds.), *Metonymy in Language and Thought*, 289-308. Amsterdam/Philadelphia: John Benjamins.
Vries, Ad de. 1976. *Dictionary of Symbols and Imagery* (Revised ed.). Amsterdam: North-Holland.
Wallace, Stephen. 1982. "Figure and Ground: The Interrelationships of Linguistic Categories," in Hopper Paul J. (ed.), *Tense-Aspect: Between Semantics and Pragmatics*, 201-223. Amsterdam/Philadelphia: John Benjamins.
Whitehead, Alfred North. 1929. *Process and Reality: An Essay in Cosmology.* New York: The Free Press.
Wierzbicka, Anna. 1990. "The Meaning of Color Terms: Semantics, Culture, and Cognition," *Cognitive Linguistics* 1(1): 99-150.
Wierzbicka, Anna. 1992. "Personal Names and Expressive Derivation," *Semantics, Culture, and Cognition: Universal Human Concepts in Culture-Specific Configurations*, 225-307. Oxford: Oxford University Press.
Wierzbicka, Anna. 2006. "The Semantics of Colour: A New Paradigm," in Carole P. Biggam and Christian J. Kay (eds.), *Progress in Colour Studies I: Language and Culture*, 1-24. Amsterdam: John Benjamins.
Williams, Joseph M. 1976. "Synaesthetic Adjectives: A Possible Law of Semantic Change," *Language* 52(2), 461-478.
Winters, Margaret E. 2002. "Vantage Theory and Diachronic Semantics," *Language Sciences* 24(5-6): 625-637.
Wittgenstein, Ludwig J. J. 1950-1951. *Bemerkungen über die Farben*, hrsg. von G.E.M. Berkeley: University of California Press, 1977.
Wittgenstein, Ludwig J. J. 1977. *Philosophische Untersuchungen.* Suhrkamp Taschenbuch Wissenschaft 203.
Woodworth, Robert S. 1910. "The Puzzle of Color Vocabularies," *Psychological Bulletin* 7: 325-334.
Yamanashi, Masa-aki. 2000. "Negative Inference, Space Construal, and Grammaticalization," in Laurence R. Horn et al. (eds.), *Studies on Negation and Polarity*, 243-254. Oxford: Oxford University Press.
Yamanashi, Masa-aki. 2002. "Space and Negation—A Congnitive Analysis of Indirect Negation and Natural Logic," *Preceedings of the Sophia Symposium on Negation (Sophia Linguistics Institute for international Communication)*, 133-144. Tokyo: Sophia University. [Masa-aki Yamanashi (ed.) *Cognitive Linguistics* 1, xix-xlix. London: Sage.]
Yamanashi, Masa-aki. 2016. "New Perspectives on Cognitive Linguistics and Related Fields," in Masa-aki Yamanashi (ed.), *Cognitive Linguistics 1*, xix-xlix. London: Sage Publications. [Masa-aki Yamanashi (ed.) 2016. *Cognitive Linguistics* (Vol. 1

~ Vol. 5). London: Sage Publications.]
Young, Thomas. 1802. "Bakerian Lecture: On the Theory of Light and Colours," *Philosophical Transactions of The Royal Society of London* 92: 12–48.
Yule, George. 1996. *Pragmatics*. Oxford: Oxford University Press.
Zadeh, Loth. 1965. "Fuzzy Sets," *Information and Control* 8: 338–353.
Zimmer, Karl. 1964. *Affixal Negation in English and Other Languages: An Investigation of Restricted Productivity* (Supplement to Word 20(2) Monograph), 5.
Zipf, George K. 1949. *Human Behaviour and the Principle of Least Effort*. Cambridge, Massachusetts: Addison-Wesley.

青本和彦・上野健爾・加藤和也・神保道夫・砂田利一・高橋陽一郎・深谷賢治・俣野博・室田一雄（編）．2005．『岩波 数学入門辞典』東京：岩波書店．
有馬道子．2014．『改訂版 パースの思想―記号論と認知言語学』東京：岩波書店．
有光奈美．2011．『日・英語の対比表現と否定のメカニズム―認知言語学と語用論の接点』東京：開拓社．
有光奈美．2012．「香水のネーミングに関する認知活動とマーケティング―英語雑誌広告における具体事例の量的研究」『東洋大学経営論集』80: 151-168.
有光奈美．2013．「見込みの有無に関する表現の意味理解とその動機付け―英語における"a slim chance"と"a fat chance"」『日本認知言語学会第14回論文集』464-476.
栗田健三・古在由重．1979．『岩波 哲学小辞典』東京：岩波書店．
飯田隆．1987．『言語哲学大全1 論理と言語』東京：勁草書房．
五十嵐海理．2008．「形容詞についた un- をめぐる考察」『龍谷紀要』29: 67-79.
池上嘉彦．1975．『意味論』東京：大修館書店．
池上嘉彦．1977．「命名の詩学」『月刊言語』6(1): 56-61.
池上嘉彦．1981．『「する」と「なる」の言語学―言語と文化のタイポロジーへの試論』東京：大修館書店．
池上嘉彦．2000．『日本語論への招待』東京：講談社．
池上嘉彦．2015．「〈視点〉から〈事態把握〉へ―〈自己ゼロ化〉の言語学と詩学」『外国語学研究』17: 1-11.
池田末則・丹羽基二（監修）．1992．『日本地名ルーツ辞典』東京：創拓社．
池田理代子．1972．『ベルサイユのばら②』（マーガレット・コミックス）東京：集英社．
市川浩（中村雄二郎（編））．2001．『身体論集成』東京：岩波書店．
犬塚博彦．2005．「英語音声のリスニングとその意味理解」『東北英語教育学会研究紀要』25: 61-72.
井上謙治・藤井基精（編）．2001．『アメリカ地名辞典』東京：研究社．
内山勝利・神崎繁・中畑正志（編）．2013．アリストテレス『カテゴリー論 命題論』（新版 アリストテレス全集 第1巻）東京：岩波書店．
近江源太郎．2008．『色の名前に心を読む―色名学入門』東京：研究社．
太田朗．1980．『否定の意味』東京：大修館書店．
大月実．1988．「プラトンの言語理論」*Sophia Linguistica* 26: 201-205.
大月実．1995．「フランス語表現に適用したる色彩象徴理論」『日本フランス語フランス文学会関東支部論集』3: 39-50.
大月実．2004．「スウェーデン語色彩象徴論」『桜文論叢』60: 321-344.
大月実．2005a．「二次的名称に現れる認知と命名の対応性」『日本認知言語学会論文

集』5: 34-44.
大月実. 2005b.「日本語色彩表現の史的意味変遷について」『言語表現と創造』19-31. 東京：鳳書房.
大月実. 2008.「命名と名前―命名論の新たな地平」『認知言語学論考』7: 117-167. 東京：ひつじ書房.
大月実. 2010.「英独仏対照言語学―その研究構想と展望」『言語の世界』28(1/2): 139-154.
大月実. 2013.「英独仏対照言語学―言語変種の特性に依る個別言語の性格づけ」『言語の世界』31(1/2): 73-84.
大月実. 2015a.「新規の命名の類型と本質―言語進化におけるその意義」『日本エドワード・サピア協会　研究年報』29: 31-40.
大月実. 2015b.「英独仏対照言語学――文学作品の分析」『言語の世界』33(2): 63-70.
大月実. 2018.「欧米の諸言語におけるジョーク研究序説」『言語の世界』36(1): 43-49.
大野晋. 1962.「日本語の色名の起源について」『Energy』9-3(7). ［エッソ・スタンダード社. 大岡信（編）『朝日選書 139：日本の色』193-199. 東京：朝日新聞社.］
大野晋（編）. 2011.『古典基礎語辞典』東京：角川学芸出版.
興津達朗. 1976.『言語学史』東京：大修館書店.
小野寺典子. 2011.「談話標識（ディスコースマーカー）の歴史的発達―英日語に見られる（間）主観化」高田博行・椎名美智・小野寺典子（編著）『歴史語用論入門―過去のコミュニケーションを復元する』73-90. 東京：大修館書店.
柏野健次. 2012.『英語語法詳解―英語語法学の確立へ向けて』東京：三省堂.
加藤尚武・高山守・久保陽一・滝山清栄・幸津國生・山口誠一（編）. 1992.『ヘーゲル事典』東京：弘文堂.
加藤泰彦・吉村あき子・今仁生美（編）. 2010.『否定と言語理論』東京：開拓社.
金子隆芳. 1988.『色彩の科学』東京：岩波書店.
亀井孝・河野六郎・千野栄一（編著）. 1996.『言語学大事典第 6 巻術語編』東京：三省堂.
川原繁人. 2015.『音とことばのふしぎな世界』東京：岩波書店.
川原繁人. 2017.『「あ」は「い」より大きい！？』東京：ひつじ書房.
川端善明. 1983.「副詞の条件―叙法の副詞組織から」渡辺実（編）『副用語の研究』1-34. 東京：明治書院.
北岡明佳. 2010.『錯視入門』東京：朝倉書店
共同訳聖書実行委員会. 1993.『聖書　新共同訳』東京：日本聖書協会.
金水敏. 2004.「日本語の敬語の歴史と文法化」『月刊言語』33(4): 34-41.
金水敏. 2011.「丁寧語の語源と発達」高田博行・椎名美智・小野寺典子（編著）『歴史語用論入門―過去のコミュニケーションを復元する』163-173. 東京：大修館書店.
金水敏・工藤真由美・沼田善子. 2000.『時・否定と取り立て』東京：岩波書店.
国広哲弥. 1965.「日英温度形容詞の意義素の構造と体系」『国語学』60: 199-213.
国広哲弥. 1967.『構造的意味論』東京：三省堂.
国広哲弥. 1968.「語の用法と意義素」[国広哲弥 1970.『意味の諸相』27-43. 東京：三省堂.]
国広哲弥. 1970.『意味の諸相』東京：三省堂.
国広哲弥. 1981.「第 1 章　語彙の構造の比較」国広哲弥（編集）『日英語比較講座第 3 巻　意味と語彙』15-52. 東京：大修館書店.
国広哲弥. 1982.『意味論の方法』東京：大修館書店.

参考文献

久保圭. 2017.「日本語接辞にみられる否定の意味的多様性とその体系的分類」京都大学大学院人間・環境学研究科博士論文.
栗山健一・曽雌崇弘・藤井猛. 2010.「時間認知の心理学・生理学・時間生物学的特性と精神病理」『時間生理学』16(1): 23-30.
講談社（編）. 1987.『20世紀全記録』東京：講談社.
小松英雄. 2001; 2013 [新装版].『日本語の歴史 青信号はなぜアオなのか』東京：笠間書院.
御領謙・江草浩幸・菊地正. 1993.『最新認知心理学への招待─心の働きとしくみを探る』東京：サイエンス社.
﨑田智子・岡本雅史. 2010.『言語運用のダイナミズム─認知語用論のアプローチ』東京：研究社.
佐々木達・木原研三（編）. 1995.『英語学人名事典』東京：研究社.
佐竹昭廣. 1955.「古代日本語に於ける色名の性格」『国語国文』24-6: 331-346.
佐藤信夫. 1992.『レトリック認識』東京：講談社学術文庫.
篠崎一郎. 2010.「英語の実像の追究─日本語との対照に依る」『言語の世界』28 (1/2): 3-138.
篠崎一郎. 2011.「英語の核心の追究─日本語との対照に依る」『言語の世界』29 (1/2): 5-62.
篠原和子・片岡邦好（編）. 2008.『ことば・空間・身体』東京：ひつじ書房.
篠原和子・宇野良子（編）. 2013.『オノマトペ研究の射程』東京：ひつじ書房.
柴田省三. 1975.『語彙論』東京：大修館書店.
柴田武. 1968.「日本語の色観」『ことばの宇宙』8月号: 2-14.
柴田武. 1988.「色名の語彙システム」『日本語学』7 (1), 18-22.
上代語辞典編集委員会（編）. 1967.『時代別国語大辞典 上代編』東京：三省堂.
城井睦夫. 1989.『"野球"の名付け親─中馬庚伝』東京：ベースボール・マガジン社.
新村出. 1971-1973.「色彩空談」『新村出全集 第4巻』148-152. 東京：筑摩書房.
鈴木孝夫. 1976.「語彙の構造」鈴木孝夫（編）『日本語の語彙と表現』6-26. 東京：大修館書店.
鈴木孝夫. 1990.『日本語と外国語』東京：岩波書店.
鈴木棠三. 1982.『日本俗信辞典 動・植物編』東京：角川書店.
関野美穂. 2015.「芝木好子「十九歳」の仕掛けとその効果の究明」『言語の世界』33 (2): 119-137.
瀬戸賢一. 1995.『メタファー思考』東京：講談社現代新書.
瀬戸賢一. 1997.『認識のレトリック』東京：海鳴社.
高橋義人. 1999.「『色彩論』教示篇解説」ヨハン・ヴォルフガング・フォン・ゲーテ『色彩論 第1巻』604-624. 東京：工作舎.
谷口一美. 2003.『認知意味論の新展開─メタファーとメトニミー』東京：研究社.
辻幸夫. 1991.「カテゴリー化の能力と言語」『月刊言語』20 (10): 46-53.
辻幸夫（編）. 2001.『ことばの認知科学事典』東京：研究社.
辻幸夫（編）. 2002.『認知言語学キーワード事典』東京：研究社.
辻幸夫（編）. 2013.『新編 知言語学キーワード事典』東京：研究社.
常見純一. 1970.「青い生と赤い死」林太良（編）1972.『神話・社会・世界観』47-61. 東京：角川書店.
出口顯. 1995.『名前のアルケオロジー』東京：紀伊國屋書店.
永井均・小林康夫・大澤真幸・山本ひろ子・中島隆博・中島義道・河本英夫. 2002.『事典・哲学の樹』東京：講談社.

中内伸光. 2009.『ろんりと集合』東京：日本評論社.
長野泰彦. 1982.「色彩分類」『現代の文化人類学　認識人類学』107-136. 東京：至文堂.
中村明. 1995.『比喩表現辞典』東京：角川書店.
中村公博. 2005.「アリストテレス生物学における動物と植物の連続性について」『慶應義塾大学日吉紀要. 人文科学』20: 1-15.
中村元. 2000.『思考の用語辞典』東京：筑摩書房.
中村芳久. 2010.「否定と（間）主観性—認知文法における否定」加藤泰彦・吉村あき子・今仁生美（編）『否定と言語理論』424-442. 東京：開拓社.
中村渉・佐々木冠・野瀬昌彦. 2015.『認知類型論』東京：くろしお出版.
鍋島弘治朗. 2001.「「可能性」はなぜ「薄い」のか—比喩と合成の衝突が生産性を抑圧する場合」『KLS』17: 78-88.
鍋島弘治朗. 2003.「「王様」，「罠」，「牢獄」—価値的意味とメタファー」『日本言語学会126回大会予稿集』24-29.
鍋島弘治朗. 2004.「線条的類似性（Linear Iconicity）—自然界の秩序と語順のマッピングに関する日英対照研究」『日本認知言語学会論文集』4: 340-350.
鍋島弘治朗. 2011.『日本語のメタファー』東京：くろしお出版.
西尾寅弥. 1972.『国立国語研究所報告44　形容詞の意味・用法の記述的研究』東京：秀英出版.
西川盛雄. 2006.『英語接辞研究』東京：開拓社.
二ノ宮靖史. 2012.「文字表記における対人適応—その定義と意義」『言語の世界』30 (1/2): 57-62.
日本国語大辞典第2版　編集委員会小学館国語辞典編集部. 2000-2002.『日本国語大辞典 第2版』東京：小学館.
日本数学会（編）. 2007.『岩波　数学辞典　第4版』東京：岩波書店.
野内良三. 2000.『レトリックと認識』東京：NHKブックス.
野内良三. 2003.『実践ロジカル・シンキング入門』東京：大修館書店.
野村益寛. 2008.「アリストテレス派言語学としての認知文法」『英語青年』6: 128-131.
萩澤大輝. 2017.「un-sad類の空白とその動機づけ」『英語語法文法学会第25回大会予稿集』50-56.
服部四郎. 1964.「意義素の構造と機能」『言語研究』45: 12-26.
服部四郎. 1974.「意義素論における諸問題」『言語の科学』5: 1-38.
浜田啓志. 2014.「「2つ」のun-とblocking現象」『日本英語学会第31回大会・第6回国際春季フォーラム研究発表論文集』31: 17-22.
早瀬尚子（編）・吉村あき子・谷口一美・小松原哲太・井上逸平・多々良直弘. 2018.『言語の認知とコミュニケーション—意味論・語用論，認知言語学，社会言語学』東京：開拓社.
平沢慎也. 2012.「「クジラ構文」の構文としての意味はどこにあるか」『英語語法文法研究』19: 50-65.
平沢慎也. 2014.「「クジラ構文」はなぜ英語話者にとって自然に響くのか」『れにくさ：現代文芸論研究室論集』5(3): 199-216. 東京大学.
廣田篤. 2017.「「クジラ構文」に見られる条件性と待遇解釈読み」『英語語法文法学会第25回大会予稿集』57-64.
廣松渉, 他（編）. 1998.『岩波　哲学・思想事典』東京：岩波書店.
深田智・仲本康一郎. 2008.『概念化と意味の世界』東京：研究社.
平凡社. 1988.『世界大百科事典』東京：平凡社.
細川英雄. 1985.「現代日本語の温度形容詞について」『信州大学教育学部紀要』53:

59–67.
細川英雄. 1986.「風は寒いか冷たいか―温度形容詞とその用法について」『国語学研究と資料』10: 1–13.
堀田隆一. 2016.『英語の「なぜ？」に答える　はじめての英語史』東京：研究社.
堀江薫・プラシャント・パルデシ. 2009.『言語のタイポロジー』東京：研究社.
本多啓. 2005.『アフォーダンスの認知意味論―生態心理学から見た文法現象』東京：東京大学出版会.
前田富士男. 1999.「『色彩論』論争篇解説」ヨハン・ヴォルフガング・フォン・ゲーテ『色彩論　第1巻』625–652. 東京：工作舎.
牧野富太郎. 1982.『原色牧野植物大圖鑑』東京：北隆館.
松浪有・池上嘉彦・今井邦彦（編）. 1983.『大修館英語学事典』東京：大修館書店.
マニエーリ，アントニオ. 2011.「色彩語「クレナヰ」の変遷―上代語から中古語まで」『語学教育研究論叢』28: 387–402.
丸山圭三郎. 1981.『ソシュールの思想』東京：岩波書店.
丸山圭三郎. 1983.『ソシュールを読む』東京：岩波書店.
丸山圭三郎. 1985.『ソシュール小事典』東京：大修館書店.
丸山眞男. 1961.『日本の思想』東京：岩波書店.
水地宗明・田中美知太郎（訳）. 1986.『プラトン全集　第2巻　クラテュロス／テアイテトス』東京：岩波書店
南大路振一. 1999.「『色彩論』歴史篇解説」ヨハン・ヴォルフガング・フォン・ゲーテ『色彩論　第2巻』626–650. 東京：工作舎.
三宅鴻. 1979.「色彩語と言語普遍性」『法政大学文学部紀要』25: 15–85.
三宅鴻. 1980.「色彩語と言語普遍性―承前」『法政大学文学部紀要』26: 151–312.
三宅鴻. 1988.「私の色彩語観」『日本語学』7(1): 27–31.
本居宣長. 1793–1801.（本居豊穎校訂・本居清造最校訂 1926）『増補　本居宣長全集 8』東京：吉川弘文館.
籾山洋介. 2006.『日本語は人間をどう見ているか』東京：研究社.
籾山洋介. 2014.『日本語研究のための認知言語学』東京：研究社.
籾山洋介. 2016.「ステレオタイプの認知意味論」『認知言語学論考』13: 71–105. 東京：ひつじ書房.
森岡健二・山口仲美. 1985.『命名の言語学』東海大学出版会.
森田良行. 1977.『基礎日本語 I』東京：角川書店.
森雄一. 2015.「命名論における表示性と表現性―米の品種名を題材に」『成蹊国文 第48号』1 (172)–13 (160).
森雄一・高橋英光（編）. 2013.『認知言語学　基礎から最前線へ』東京：くろしお出版.
八木克正. 2015.「比較構文と同定イディオム―no more ... than の本質」『英語語法文法研究』22: 167–182. 東京：開拓社.
安井稔・中右実・西山佑司・中村捷・山梨正明. 1983『英語学体系 5巻 意味論』東京：大修館書店
山口仲美. 1982.「感覚・感情語彙の歴史」森岡健二・宮地裕・寺村秀夫・川端善明（編）『講座日本語学4 語彙史』202–227. 東京：明治書院.
山下正男. 1983.『論理学史』東京：岩波書店.
山梨正明. 1977.『生成意味論研究』東京：開拓社.
山梨正明. 1988.『比喩と理解』東京：東京大学出版会.

山梨正明．1995．『認知文法論』東京：ひつじ書房．
山梨正明．2000．『認知言語学原理』東京：くろしお出版．
山梨正明．2001．「言語科学の身体論的展開―認知言語学のパラダイム」辻幸夫（編）『ことばの認知科学事典』19-44．東京：大修館書店．
山梨正明．2004．『ことばの認知空間』東京：開拓社．
山梨正明．2009．『認知構文論―文法のゲシュタルト性』東京：大修館書店．
山梨正明．2012．『認知意味論研究』東京：研究社．
山梨正明．2013．「科学哲学から見た言語理論の批判的検討―言語科学の未来に向けて」京都大学退官記念・最終講義，講義ノート．
山梨正明．2016a．「理論言語学における意味研究の歴史と展望」『認知言語学論考』13: 1-34．東京：ひつじ書房．
山梨正明．2016b．『自然論理と日常言語―ことばと論理の統合的研究』東京：ひつじ書房．
弓削隆一・佐々木昭側．2009．『例解・論理学入門』京都：ミネルヴァ書房．
吉村あき子．1999．『否定極性現象』東京：英宝社．
吉村あき子．2010．「否定と語用論」加藤泰彦・吉村あき子・今仁生美（編）『否定と言語理論』332-356．東京：開拓社．
吉村公宏．1995．「名前の「ふさわしさ」考―それを何と呼ぶか」吉村公宏『認知意味論の方法―経験と動機の言語学』157-216．京都：人文書院．
米盛裕二．1981．『パースの記号学』東京：勁草書房．
渡辺三男．1976．『日本の人名』東京：毎日新聞社．
渡辺実．1970．「語彙教育の体系と方法」森岡健二・永野賢・宮地裕（編）『講座 正しい日本語 第4巻 語彙編』289-310．東京：明治書院．

索　引

B

base 224
Blank, Andreas 142
Geeraerts, Dirk 142
Hopper and Traugott 239
Jespersen 235
Johnson 217, 225
Langacker 217, 219, 224
Negative Cycle 211, 235
orientational metaphors 225
profile 224
Searle, John 245
semasiological 159
Viberg, Åke 173
Williams, Joseph M. 172

あ

あだ名 79
アド・ホック・カテゴリー 43
アフォーダンス 43
アリストテレス 5, 36, 91

イェルムスレウ 99
池上嘉彦 248
一次的名前 68
一貫性 147
意味拡張 144
意味の公準 25
意味フレーム 48
意味変化 144
意味論 12, 13
イメージ・スキーマ 32

ヴィエジュビツカ 109
ウィトゲンシュタイン 8, 94
ウィルソン 12

ウルマン 21, 137, 172

詠嘆 160
英独仏対照言語学 248

オースティン 10
大野晋 113
オグデン 17
オズグッド 65
オッカムの剃刀 5
小野寺典子 160
音象徴 60

か

外延 5, 6, 18, 77
ガイガー 98
階層性 68, 164
概念的意味 22
概念メタファー 147
外来語 61
会話の含意 11
会話の公準 11
家族的類似性 43
カテゴリー 36
カテゴリー化 30, 32, 217
カテゴリー形成 31
カテゴリー錯誤 10
カテゴリー論 197
『カテゴリー論』 37
含意 164
感覚語彙 188
慣習化 164
間主観化 154, 159, 165, 166
間主観性 218
緩徐法 200, 215
間接的発話行為 10

カント 39
関連性理論 12

記号論 7
記述 76
記述的否定 204
擬声語 82
起点領域 147
基本的三角形 18
基本レベルカテゴリー 42
規約説［人為説］ 2
強意語 232
共感覚表現の規則性 172
共時的 156
共示的記号 123
凝集性 43
協調の原理 11
金水敏 165
近接性 144

空間認知 197, 217
クジラ構文 241
国広哲弥 113
グライス 11
グラッドストーン 97
『クラテュロス』 2

経験基盤主義 30
敬語 165
ケイとマクダニエル 104
ケイとマッフィ 108
軽蔑的接頭辞 208
ゲーテ 93
ゲシュタルト性 27
言語進化 62
『言語と行為』 10
言語のオルガノン・モデル 16
現代日本語書き言葉均衡コーパス 184
限定用法 184

語彙化 199
語彙分解 25
合成 33
構成性［合成性］の原理 6
構造の一般化 171
交替 19
肯定極性項目 193, 214
肯定文 204
行動主義心理学 20
古典的カテゴリー 130
「個別言語志向的」な類型論 248
コミュニケーション（伝達・通信）の構成要因 72
語用論的強化 164
語用論的推論 151, 186
コンテクスト 12

さ

サール 10
再分析 170
佐久間鼎 17
佐竹昭廣 112
サピア 20
参照点 32

恣意性 15, 62
シーン 28
色彩語 89
色彩象徴研究の原理 127
『色彩論』 91
始源的意味 124
指示 18, 76, 77
事実存在 53
思想 18
事態把握 248
視点理論 106
柴田武 117
指標 7, 41

社会的意味 23
尺度含意 196
借用 141
集合体モデル 43
集合論 197
主観化 151, 154, 159, 164, 166
主体化 171
主題的意味 24
象徴 7, 41
象徴モデル 123
情緒的意味 23
焦点色 42, 102
小反対・準反対 196
所記 15
叙述用法 184, 185
ジョンソン 145
身体性 30
振幅 121
真理条件 192
真理値表 193

遂行分析 10
スカラー含意 200
スクィッシュ 27
スコラ哲学 36
鈴木孝夫 114
スタンロー 118
図地反転 222, 223
図地分化 31
ステルン 18
スペルベル 12

生成意味論 25, 26
生成文法 24
世界の秩序 210

ソクラテス 3
ソシュール 5, 15

た

ターナー 96
ダルメステテール 14
短縮 19

チェックリスト意味論 28
チェンバレン 112
知覚動詞 173
置換 19
知性 180
注意 31
中国語の部屋 245
超越性 65
直接的発話行為 10
チョムスキー 24

通時的 156

定着 33
『ティマイオス』 90
適合 19
転移 19

トートロジー 199, 218
トドロフ 97

な

内包 5, 6, 18, 77
内包的意味 23
鍋島弘治朗 229
名前 44

二次的名前 67
二重否定 216
日本語のメタファー 229
ニュートン 92
認知言語学 42
認知言語学と言語学との差異 35

念押し 161

能記 15

は

パース 7
バーリンとケイ 100
発話行為 10
バルトロメウス・アングリクス 92
反映的意味 23
反対 196
反対関係 233

比較・対照 33
否定 192, 216, 217
否定極性項目 193, 211
否定接頭辞 206
否定の作用域 220
否定のスコープ 204
否定文 204
否定命題 193
非明示的否定性 225
比喩 33
ビューラー 16
表現 76
表現性 49
表示性 49

ファジーロジック 27
ふさわしさ 47
プラトン 2, 90
ブルームフィールド 20, 99
ブレアル 13
フレーゲ 6
フレーム 28, 226
フレーム意味論 29, 226
プロトタイプ 27, 42

プロトタイプ効果 42
プロファイル 218
分節 15
文法化 153, 155, 187

ヘッジ 28
ベン図 222

放射 14
放射状カテゴリー 43, 130
堀田隆一 231
本質存在 53
本性説［自然説］2
翻訳 85

ま

マクローリー 106

三宅鴻 115
ミル 6

矛盾 195
矛盾関係 233
無標 204

明示的な否定文 201
命題の真偽 192
命名 19, 44, 55, 77
命名の適切性 47
命名の文法 74
命名モデル 48
メタ言語否定 203, 218
メタファー 10, 16, 144, 145, 185, 186
メタファー写像 123
メトニミー 144
メトニミー写像 123
メンタルスペース 217, 241

目標領域 147
モリス 7
森雄一 50

や

山梨正明 66, 70, 224, 226

有標 204

用法基盤モデル 31
吉村公宏 48
呼びかけ 160

ら

リーチ 22
力動性 33
理想化認知モデル 202

リチャーズ 17
リミナリティー 96

累加否定 239
類似性 144
類推 19, 163
類像 7, 41
類像性 41, 150

レイコフ 37, 145
レヴィ・ストロース 96
レトリック 216
連合 32
連語的意味 24
連鎖 14, 15

論理学 191
論理記号 193

［編者］

山梨正明(やまなし まさあき／編者代表：関西外国語大学教授)

吉村公宏(よしむら きみひろ／龍谷大学教授)

堀江　薫(ほりえ かおる／名古屋大学教授)

籾山洋介(もみやま ようすけ／南山大学教授)

［著者紹介］

大月　実(おおつき みのる)

現在，大東文化大学外国語学部教授．1987年上智大学大学院外国語学研究科博士後期課程終了．1995年論文博士（言語学）．2009-10英国 Edinburgh 大学大学院言語学英語学研究科（言語進化電算処理研究部門）在外研究，北陸大学外国語学部助教授などを経て現職．主著・主論文に，*A Cognitive Linguistic Study of Colour Symbolism* (Institute for the Research and Education of Language, 2000年)，「命名と名前―命名論の新たな地平」(『認知言語学論考 No. 7』ひつじ書房，2008年)，「英独仏対照言語学：その研究構想と展望」(『言語の世界』Vol. 28, No. 1/2, 2010年)などがある．

進藤三佳(しんどう みか)

現在，京都大学非常勤講師，奈良女子大学非常勤講師．2002年京都大学大学院人間・環境学研究科博士課程修了．博士（人間・環境学）．独立行政法人 情報通信研究機構専攻研究員，米国スタンフォード大学言語学科客員研究員を経て現職．主著・主論文に，*Semantic Extension, Subjectification, and Verbalization.* (University Press of America, 2009年)，「視覚形容詞から強調詞への意味変化：文法化の対照言語学的研究」(『認知言語学論考 No. 8』ひつじ書房，2009年)，Subdomains of Temperature Concepts in Japanese. (*The Linguistics of Temperature*, John Benjamins, 2015年)などがある．

有光奈美(ありみつ なみ)

現在，東洋大学経営学部教授．2003年京都大学大学院人間・環境学研究科博士課程修了．博士（人間・環境学）．東洋大学経営学部講師，准教授などを経て現職．主著・主論文に，『日・英語の対比表現と否定のメカニズム―認知言語学と語用論の接点―』(開拓社，2011年)，Analyzing THE PLACE FOR THE EVENT-type Metonymies from the Perspective of Negative Evaluative Factors (*Revista Brasileira de Linguística Aplicada*, 2015年)などがある．

認知日本語学講座 第4巻
認知意味論
にんちいみろん

2019年 3月 31日　第1刷発行
2022年 8月 15日　第2刷発行

著　者　大月　実・進藤三佳・有光奈美
　　　　おおつき みのる　しんどう みか　ありみつ なみ

編　者　山梨正明・吉村公宏・堀江　薫・籾山洋介

発行所　株式会社　くろしお出版
　　　　〒102-0084　東京都千代田区二番町4-3
　　　　電話：03-6261-2867　FAX：03-6261-2879　WEB：www.9640.jp

装　丁　折原カズヒロ
印刷所　シナノ書籍印刷

© Minoru Ohtsuki, Mika Shindo, Nami Arimitsu, 2019, Printed in Japan
ISBN978-4-87424-785-3 C3080
本書の全部または一部を無断で複製することは、著作権法上での例外を除き禁じられています。